T0157528

Printed in the United States
By Bookmasters

نماذج تربوية تعليمية

معاصرة

الدكتور نبيل أحمد عبد الهادي

دكتوراه علوم تربوية

دكتوراه الدولة في التربية

كلية المعلمين بالرياض

دار وائـل للنشر

الطبعة الثانية

٢٠٠٤

رقم الايداع لدى دائرة المكتبة الوطنية : (2003/11/2385)
371,3
عبد الهادي ، نبيل أحمد
نماذج تربوية تعليمية معاصرة/ نبيل عبد الهادي/ ط2 عمان : دار وائل ، 2004
(344) ص
ر.إ. : : (2003/11/2385)
الواصفات: التربية / أساليب التدريس / التدريس/ طرق التعلم / وسائل التدريس
* تم إعداد بيانات الفهرسة والتصنيف الأولية من قبل دائرة المكتبة الوطنية

ISBN 9957-11-473-5 (ردمك)

* نماذج تربوية تعليمية معاصرة
*الدكتورنبيل احمد عبد الهادي
* الطبعــة الثانيه2004

* جميع الحقوق محفوظة للناشر

دار وائــل للنشر والتوزيع
شارع الجمعية العلمية الملكية - هاتف : 00962-6-5335837
فاكس: 00962-6-5331661 - عمان - الأردن
ص.ب (1746 - الجبيهة)
www.darwael.com
E-Mail: Wael@Darwael.Com

الإهداء

إلى الأطفال الذين يطمحون لمستقبل أفضل،

إلى من دخلوا ذاكرتي ووجداني لكي يشكلوا

حاضراً ومستقبلاً أفضل.

أهدي كتابي

المؤلف

المحتويات

بسم الله الرحمن الرحيم

مقدمة

شهد القرن الماضي تطورات سريعة في ميدان طرق التدريس، حيث ركز على دافعية الطلبة، وجعلهم أكثر نشاطاً وحيوية، ومن الجدير بالذكر أن العديد من الدراسات ركزت على هذا المجال، خاصة فيما يتعلق بعملية التفاعل الصفي، وكيف يكون المتعلم أكثر تفاعلاً مع بيئته الصفية التي ينتمي اليها، وذلك بزيادة تفكيره الذي يعد نشاطاً ذهنياً يقوم به عندما يتعرض لموقف ما، او مشكلة للوصول الى حلول مناسبة، وهذا يتطلب منا نحن المعلمين استخدام نماذج واستراتيجيات تؤدي بالمتعلم للوصول الى التفكير السليم.

إن الكثير من هذه النماذج والطرق تعتمد على نظريات التعلم؛ كالنظرية السلوكية والمعرفية والاتجاهات الانسانية التي تركز على المتعلم وبيئته بشكل متكامل، فلم يعد التعلم اليوم يعتمد على التلقين بل أصبح يهتم بتطوير المنهج وأساليب توصيله الى الطلبة بشكل فعّال.

لقد باتت طرق التعليم الحديث تركز على ارتباط الأسباب بالنتائج بشكل علمي يستند على أسس تؤدي الى التفاعل الصفي الصحيح الذي يؤدي في المحصلة النهائية الى إيجاد التقويم الصحيح.

وقد حرصنا في هذا المؤلف في طبعته الثانية أن نحدد عدة مواضيع متعلقة بذلك، آخذين بعين الاعتبار ما هو جديد من اتجاهات تربوية تعليمية حديثة، تركز على تطور كل من المعلم والمتعلم، وهذا بدوره يؤدي الى تنمية المتعلم من جميع النواحي المعرفية والانفعالية والاجتماعية، وجعله أكثر تفاعلاً مع محيطه الصفي،

وهذا لـن يـتم إلا مـن خـلال ربـط الانشـطة الصـفية بالنشـاطات اللامنهجيـة، وتفعيل دور المتعلم.

وتأكيداً على ذلك، فقد جاء هذا الكتاب بـثلاث عشرة وحدة تتابعت عـلى النحو التالي؛ الوحدة الأولى علاقة طرق التـدريس بعلـم الـنفس التربوي وتعـد مـدخلاً للوحـدات الاخرى، أما الثانية فقد تطرقت الى أسس التعلم مستندة الى النظريـات السـلوكية والمعرفية. أما الثالثة فهـي الاتجاهات المعرفيـة في الـتعلم لـدى مرحلـة ريـاض الأطفال والابتدائيـة. والوحدة الرابعة تطرقت الى التدريب على أنماط التفكير ممـثلاً ذلك بالاتجاهـات السـلوكية والمعرفية والانسانية.

وتطرقنا في الوحدة الخامسة الى أسلوبي الحوار والمناقشة وعلاقتها في تنميـة التفكير لـدى المـتعلم، ممـثلاً ذلك بعـدة اتجاهـات مـن اشـهرها اتجـاه كـل مـن جانيـه هيلداتابا وروثكوف، اما السادسة فتطرقت الى التدريب عـلى التفكير المنطقـي ممـثلاً ذلك بكـل مـن التفكير الاستدلالي والتحليل وطرحت بعض الأمثلة كنموذج سيشمان للتدريب على التساؤل.

أما الوحدة السابعة فتطرقت للتدريب على حل المسألة وتطوير المعلومات، ممـثلاً ذلك في التفكير الموجـه الـذي يـؤدي الى تفعيـل دور المعلـم. امـا الثانيـة فطرحت مقومـات التفكير الإبداعي وأساليب تطويره وكيفية تفعيلة داخل غرفة الصف.

اما التاسعة فتحدثت عن أثر الدافعية، إذ طرحت عـدة نقاط في هـذا المجال مـن أهمها تعريـف الدافعية وكيفيـة تحقيقهـا والعوامـل المـؤثرة فيهـا، وعـدة نقـاط أخـرى. امـا الوحدة العاشرة فكانت عن التعلم التعاوني (طريقـة المجموعـات) وأسسـه وأثـره في تفعيـل دور الطلبة داخل غرفة الصف، اما الحادية عشرة فطرحت التعلم الناشط، وتطرقت الثانيـة عشرة الى خلق الدافعية عن طريق التعلم الناشط، اما الوحدة الثالثـة عشرة فتحـدثت عـن استخدام الألعـاب لتحسـين مسـتوى التعلـيم لـدى التلاميـذ، ممـثلاً ذلك بطبيعـة الألعـاب الاجتماعية والعقلية وأساليب استخدامها.

ولقد تم إلحاق كل وحدة بتطبيقات تربوية، ومخطط هيكلي يوضح أهم الموضوعات التي تطرقت اليها الوحدة، كما تم وضع خاتمة عامة تمثل أهم الموضوعات التي جاءت بها وحدات الكتاب متضمنة أهم النقاط التي توصل إليها الكتاب مع التوصيات. وختاما انتهينا بفهرس لتعريف المصطلحات. وقد اعتمد المؤلف على عدد من المصادر والمراجع والابحاث التي اختصت في هذا المجال، وبالذات على مؤلفات كل من الأستاذ الدكتور عبد الرحمن عدس ومحي الدين توق في مدخل لعلم النفس، وكذلك على محاضرات الأستاذ الدكتور محمد خطاب فكل الشكر لهم والامتنان.

وفي الختام، فإننا نأمل أن يلقى جهدنا قبولاً لدى العاملين في هذا المجال ويجدون فيه النفع للتعرف على الأصول والمبادئ العامة لهذه الأساليب.

والله ولي التوفيق

د. نبيل عبد الهادي

عمان ٢٠٠٤

١٥

الوحدة الأولى

علاقة طرق التدريس بعلم النفس التربوي

* أهداف الوحدة.

* تمهيد.

* تعريف بعلم النفس التربوي.

* ما هي أهداف علم النفس التربوي ؟

* علاقة علم النفس التربوي بالعلوم الأخرى.

* مجالات علم النفس التربوي.

* علم النفس التربوي وطرق التدريس.

* تطبيقات تربوية.

* الخلاصة.

أهداف الوحدة الأولى

- التعريف بعلم النفس التربوي.
- تحديد أهداف علم النفس التربوي.
- تحديد علاقة علم النفس التربوي بالعلوم الاخرى.
- التعرف على مجالات علم النفس التربوي.
- تحديد علاقة علم النفس التربـوي باختيـار الأسـاليب المناسبة.
- استخلاص التطبيقات التربوية لهذا الموضوع.

الوحدة الأولى

علاقة طرق التدريس بعلم النفس التربوي

تمهيد

يعتبر هذا المجال من الموضوعات المهمة في التربية وعلم النفس، لاسيما أنه سيقودنا إلى اختيار طرق تدريسية مناسبة. وقد ظهرت جذور هذا الموضوع منذ بدايات القرن العشرين. الذي يُعد من الأساسيات العامة لعملية التدريس؛ لذلك لابد من اختيار استراتيجيات تعليمية مناسبة تتوافق مع قدرات وإمكانيات الطلبة العقلية من ناحية، والمستوى المنطقي من ناحية أخرى.

وحتى نحدد ذلك سنستعرض في هذه الوحدة عدة مجالات منها تعريف علم النفس التربوي وعلاقته بالعلوم الأخرى ومجالاته، وعلاقته باختيار الطرق والاستراتيجيات المناسبة، وتكمن أهمية هذا الموضوع في كونه سيؤدي إلى عملية التفاعل بين الطلبة والمعلم، والإطار الصفي الذي ينتمون إليه.

تعريف علم النفس التربوي

يعد علم النفس التربوي (Educational Psychology) فرعا من فروع علم النفس العام، فهذا الفرع يهتم بالتعليم، فالباحث في تاريخ العلوم الانسانية يجد أن هذا الفرع نشأ حديثا، وكان من اهدافه تحليل عملية التعلم وتفسيرها، لا سيما وأن علم النفس العام في غايته القصوى يهدف الى تفسير السلوك البشري والتنبؤ به، خاصة وأن الإنسان اكثر الكائنات الحية تعقيدا، ويحتاج إلى دراسة سلوكه بصورة دقيقة وواضحة. (١)

فيعرف "علم النفس التربوي بأنه ذلك العلم الذي يدرس سلوك المتعلم داخل غرفة الصف، ويهتم بتطوير المعلم من ناحية الكفايات الأدائية، وتطوير المنهج من ناحية الأهداف والمحتوى والأساليب والأنشطة والتقويم".

ويعتبر هذا الموضوع ذا أهمية في دراسة السلوك التعليمي، وقد تفرع عن علم النفس في وقت مبكر، فمهمته دراسة الظاهرة السلوكية التعليمية بطريقة علمية منهجية، فهو يعتمد على الوقائع الجزئية والمشاهدات والملاحظات بهدف الكشف عن القوانين التي تخضع للظواهر، فعلم النفس التربوي يبحث في مشكلات النمو التربوي، وتمارسه المدرسة من حيث أنها المؤسسة التي اصطنعها المجتمع للإشراف على تربية أفراده.

فالإطار العام لهذا العلم يشمل موضوعات تحدد نواحي تربوية تقوم على المشاهدة، وجمع الوقائع لتحديد طبيعة الظاهرة، ودراستها بطريقة علمية موضوعية تستند إلى أسس البحث العلمي.

إن الموضوع العام لعلم النفس التربوي هو دراسة عملية النمو التربوي الذي تختص به المدرسة التي أصبحت اليوم من المعالم الرئيسية لحضارة هذا القرن ومجتمعاته المتقدمة والنامية على حد سواء. فتمارس مهماتها التربوية في ضوء فلسفة تربوية معينة، فهذا العلم يدرس محددات عملية النمو، والطرق التربوية التي تتناسب ومراحل النمو المختلفة، وكيف يتم تنظيم العملية التربوية التعلمية وفقا لثقافة المجتمع.

فهذا العلم يسعى إلى إكساب الطالب مجموعة المهارات السلوكية والعادات الانفعالية والفكرية والاتجاهات بطريقة متكاملة، بحيث يحقق ذلك التوافق السوي مع أقرانه ضمن الإطار الصفي الذي ينتمي إليه.

يسعى علم النفس التربوي إلى ترجمة الأهداف التربوية العامة والخاصة إلى أساليب وطرق تعليمية، تؤدي في المحصلة النهائية إلى تعليم متكامل يقوم على

---

(١) أحمد زكي صالح، علم النفس التربوي.

إكساب الطالب مهارات وخبرات تؤدي إلى تعلم أفضل. والشكل رقم (١-١) يوضح ذلك:

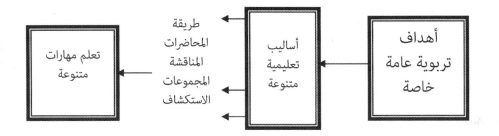

وبصورة عامة فإن علم النفس التربوي يهتم بتنظيم العملية التعليمية بشكل متكامل، بحيث يترجم الأهداف التعليمية إلى مقومات سلوكية، وهذا لا يتم إلا عن طريق استخدام أساليب متنوعة، ويقاس ذلك عن طريق استخدام الاختبارات التحصيلية المتنوعة.

ما هي أهداف علم النفس التربوي؟

للإجابة على مثل هذا السؤال، يمكن القول إن هذا العلم يحقق هدفين في مجال التعليم الصفي لدى تلاميذ المدارس الابتدائية:

الأول: توليد المعرفة الخاصة بالتعلم وتنظيمها على نحو منهجي بحيث تشكل نظريات ومبادئ ومعلومات ذات صلة بالطلبة المتعلمين.

الثاني: صياغة المعرفة في أشكال متعددة تمكن كل من المعلمين والتربويين من استخدامها وتطبيقها على التلاميذ بصورة مباشرة أو غير مباشرة، والشكل رقم (١-٢) يوضح ذلك:

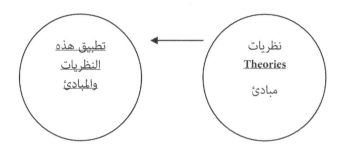

يشمل الجانب النظري مبادئ ونظريات وقوانين في مجال تنظيم التعلم، ويتناول خصائص المتعلم الحركية والانفعالية والنفسية والمعرفية، وفي هذا الجانب يحدد الأدوات المناسبة لتطبيقها.

أما الجانب التطبيقي، فيشتمل على تنظيم المعارف والنظريات، بحيث يَسُهل استخدامها من قبل المتعلم وتؤدي به إلى اكتساب المعارف "بصورة إيجابية مباشرة".

وتشير الدراسات في مجال استخدام الأساليب والأنشطة إلى أن علم النفس التربوي يهدف إلى حل المشكلات التي يواجهها كل من المعلم والمتعلم، وهذا متمثل بتحديد وتفسير الأهداف التي تكون غير واضحة ومحددة، فالهدف بحد ذاته تصور مستقبلي لما سيقوم به المتعلم، ويكون قابلاً للقياس، بحيث يقوم هذا العلم بتحديده وتفسيره وتحليله.

كما تشير بعض الدراسات في هذا المجال إلى أن هناك مشكلات متعلقة بخصائص الطلبة، فعلم النفس التربوي من خلال أبحاثه يوضح القدرات العقلية لدى المتعلمين والمشكلات التي يعانون منها.

كما أن هناك مشكلات متعلقة بالتعلم تتمثل في اتباع مجموعة الطرق والأساليب التي تسلكها في إيصال المعلومات والحقائق، بحيث يؤدي ذلك في المحصلة النهائية إلى إعاقة عملية التعليم.

وأخرى متعلقة بعملية القياس والتقويم، فالهدف من موضوع علم النفس التربوي حل المشكلات المتعلقة بهذه الناحية، حيث يقوم هذا العلم بتحديد الأسس

العامة المتعلقة بعمليتي القياس والتقويم، خاصة في مجال إصدار الحكم الشامل المتكامل. فهذا العلم يقوم على تحديد إجراءات محددة مترابطة متناسقة حتى يصل إلى حكم شامل وموضوعي. فالهدف من دراسة علم النفس التربوي، تشخيص المشكلات التربوية التعليمية وتحديد الحلول لها بشكل مباشر.

علاقة علم النفس التربوي بالعلوم الأخرى

لعلم النفس التربوي علاقات وطيدة بالعلوم التربوية الأخرى، لا سيما بأنه كغيره من العلوم الأخرى، وقد تطور هذا العلم في الخمسين سنة الماضية، بحيث أصبح موضوعاً مهماً لجميع الباحثين، فاتسعت ميادينه وأصبحت لها علاقة بالعلوم الأخرى، فعلى سبيل المثال هناك علاقة بينه والنمو البدني او علم النفس التطوري، الذي يبحث في التطور الجسدي والعقلي فهذه العلاقة متكاملة متبادلة ووثيقة. وسنوضح مزيداً من الأمثلة التي تبين ذلك:

هناك علاقة بين علم النفس التربوي والقياس والتقويم، من خلالها يتم تحديد أدوات تشخيصية كالاختبارات التحصيلية الكتابية والأدائية، ومن خلالها يتم تقييم أداء كل من المعلم والمتعلم.

أما علاقة علم النفس التربوي بالإدارة التربوية من خلال هذه العلاقة نحدد الأسس العامة التي تقوم عليها الإدارة التربوية، ويتمثل ذلك في تحديد وتشكيل أسس الإدارة المدرسية، التي تقوم على مفاهيم تربوية تؤدي إلى تفعيل العملية التربوية.

وتكمن أهمية علم النفس التربوي بالنسبة للعلوم التربوية، في معرفة مستوى تحصيل الطلبة، ويكون ذلك بقيام أبحاث ودراسات تربوية تؤدي إلى تحسين مستوى أداء كل من المعلم والمتعلم، وإلى إيجاد أساليب تعليمية حديثة، توصلنا في المحصلة النهائية إلى زيادة كفاءة المتعلم، واستثارة دافعية الطلبة للتعلم. ومن الأمثلة على الأساليب التربوية الحديثة طريقة الاستكشاف، والتعلم بواسطة

المجموعات. فالكثير من الدراسات التربوية أشارت إلى فعالية الطرق الحديثة. ويمكن إجمال ذلك بالشكل رقم (١-٣):

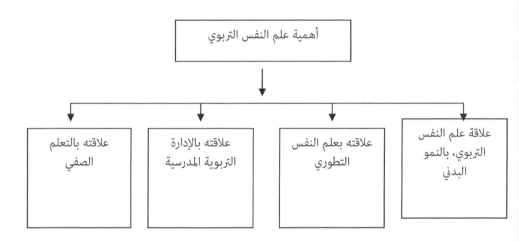

ويُعرف التعلم من وجهة نظرة علم النفس التربوي، بأنه مجموعة النشاطات التي يقوم بها المعلم نحو المتعلم لتحقيق الأهداف، ويرى بأن الهدف التربوي يعتبر من أساسيات التعلم، فأي تعلم يسعى في المحصلة النهائية إلى تحقيق الأهداف التربوية التعليمية، لا سيما أنه يسعى إلى إحداث تغييرات في سلوك الفرد ومعارفه ومستوى خبراته واتجاهاته وقيمه، ولا ننسى بأن التعلم تختلف أنواعه باختلاف مصادره، فهناك التعلم التلقيني والاستكشافي. إن هدف التعلم بشكل عام هو تنمية للاتجاهات والقيم، والبحث في المشكلات العلمية والاجتماعية والتربوية واتخاذ القرارات المناسبة لحلها.

مجالات علم النفس التربوي

يدرس "علم النفس التربوي" (Educational Psychology) كل ما يدخل في إطار عملية النمو التربوي التعلمي المهاري، ولذلك يمكن حصر الموضوعات التي يدرسها هذا العلم في تحديد وظائف المؤسسات التعليمية التربوية، وهي على النحو التالي:

اولاً: المقومات السلوكية للأهداف التربوية:

يعرف الهدف التربوي بأنه تصور مستقبلي ما سيقوم به المعلم تجاه المتعلم، فالهدف بحد ذاته يتكون من مدخلات التعلم ونتاجاته، وهذا المجال يحدده علم النفس التربوي بشكل مباشر ودقيق، فمهمته تكمن في ترجمة الأهداف إلى مقومات سلوكية، بمعنى آخر إكساب المتعلم العادات السلوكية والفكرية والاجتماعية والانفعالية التي يجب غرسها لدى الطلبة، حتى يتم انشاء مجتمع صالح يمتلك التكنولوجيا، متكيفا مع متطلبات العصر ـ الحالي، وهذا يقتضي من الباحثين في هذا المجال أن تكون لديهم قدرة خاصة ومهارة فنية على تحليل الهدف ووضع الأسس والمبادئ العامة لتطبيقه، وهذا لا يتم إلا بتحليله إلى مجموعة من الأداءات السلوكية، حتى يتسنى للعاملين في مجال العلوم التربوية تطبيق ذلك بسهولة، خاصة في مجال التعليم. ولتوضيح ذلك يمكن طرح المثال التالي:

لو أراد مدرس اللغة العربية للصف الثالث الإبتدائي أن يدرس موضوع القراءة، فلابد له أن يحدد مجموعة الأهداف السلوكية التي يحتوي عليها درس القراءة، فلو كان موضوع الدرس (رحلة في قطار)، فحتماً إنه سيضع الأهداف المعرفية، والنفس حركية، والوجدانية الانفعالية. بحيث يحددها على الشكل التالي:

- أن يقرأ التلميذ الدرس قراءة سليمة جهرية معبرة.

- أن يتعرف التلميذ على معاني المفردات الجديدة.

- أن نُنّمي لدى التلميذ حب النظام.

وبالتالي سيحقق المعلم الأهداف التعليمية التي وضعناها قبل البدء في تنفيذ الحصة الصفية.

ثانياً: الشخصية وتكوين النفسي:

تعرف الشخصية بأنها ذلك الكل المتكامل من النواحي الجسدية والنفسية السلوكية التي تُكوّن منظومة متكاملة، ولدراسة ذلك لابد من وضع معيار أساسي لفهم الظاهرة السلوكية التي تقوم بها الشخصيات المختلفة، ويرى أحمد زكي صالح

في كتابه (علم النفس التربوي) بأن الشخصية هي تكوين فرضي، أي مفهـوم نفـترض وجوده من حيث الإطار المنظم لمجموعة العلاقات الوظيفية، التي تعبر عـن العلاقـات بـين الأحـداث السلوكية من ناحية وبين الأحداث البيئية من ناحية أخرى[1].

فعلم النفس التربوي يحدد مجموعة المعايير والأنظمة التي تدرس السلوك الشخصي التفاعلي ضمن إطار غرفة الصف، ولذلك فإن مجموعة المحفزات التي يقدمها المعلم تشكل الدافعية التـي تـؤدي الى زيـادة التفاعـل الصفـي عنـد التلاميـذ، كـما أنهـا تـؤدى الى توافق شخصية التلميذ مع الموقف التعليمي. وتشير الدراسات التربوية إلى أن تطبيق بعض المبـادئ والنظريات التربوية يؤدي إلى المحافظة على استدامة السـلوك التعليمـي عـن طريـق تقـديم بعض المحفزات للمتعلم، بحيث يؤدى ذلك إلى توازن بين المتعلم والبيئة التعليمية، والشكل رقم (١-٤) يوضح ذلك:

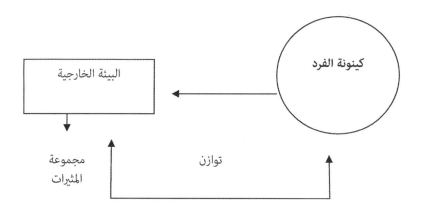

ومن خلال اتباع طرق تعليمية متطورة يمكن توجيه السـلوك نحـو مواقـف تعليميـة معينـة، بحيث يؤدى إلى زيادة مستوى التعلم، وهذا يكوّن الاتصال التعليمي بشكل أفضل.

---

(١) أحمد زكي صالح، علم النفس التربوي، ص٢١.

ثالثاً: مراقبة دورة النمو المعرفي:

إن نمو أي كائن حي يُعد ظاهرة طبيعية، والنمو الإنساني نموذج واضح لهذه الظاهرة، لا سيما وأن نمو الإنسان يعتبر عملية معقدة وطويلة إذا ما قورنت بالكائنات الأخرى.

فالنمو ظاهرة كلية شاملة، والإنسان ينمو جسمياً وعقلياً واجتماعياً ولغوياً، ومما لاشك فيه أن هذه الظواهر بحاجة إلى دراسات تجريبية طولية أو مستعرضة، لأنه توجد فروق في بعض ظواهر النمو وأبعاده، وهذا ما يبحثه علم النفس التربوي. خاصة في تحديد مستوى النمو المعرفي لدى الجماعات المختلفة وفقاً لبعض العوامل كالناحية الوراثية والسلوكية التي لابد من تفسيرها بشكل محدد ودقيق.

وترتبط دراسة النمو بنشوء مفهوم علم النفس التربوي، لا سيما وأن هذه الناحية بحاجة إلى التفسير والتحليل، ويمكن توضيح ذلك من خلال المثال التالي:

يمكن دراسة أثر خبرات الأطفال التعليمية في زيادة مستوى الذكاء لديهم، ويشمل ذلك تطوير المستوى اللغوي، والتعامل مع المشكلات العقلية المعرفية، والمفاهيم الرياضية الذهنية، إن هذه الدراسة ترتبط بين متغيرين الخبرة والذكاء المعرفي. فمتغير الخبرة يرتبط بالبيئة، أما متغير الذكاء فيرتبط بالوراثة، ومن هنا يأتي دور علم النفس التربوي بدراسة هذه الظاهرة وتحليلها وتفسيرها وفقا لاجراءات تجريبية ميدانية.

رابعاً: التنظيم الانفعالي العاطفي:

تكمن مهمة علم النفس التربوي في تشكيل منظومة عاطفية لدى المتعلم، تستدل عليها من خلال محركات السلوك ودوافعه التي تؤدي إلى الثبات الانفعالي الذي نعني به مجموعة التنظيمات السلوكية تجاه موقف معين، وهذا يمكن تشكيله من خلال مجموعة الإجراءات التعليمية المنتظمة المتسلسلة، وبتزويد الطالب بمجموعة من المعارف والمعلومات التي تستخدم في هذا الميدان المهم.

تعد الأمور الانفعالية وتوازنها من النواحي المهمة في تشكيل الإطار التنظيمي التعليمي لدى الطلبة، بحيث يؤدي إلى زيادة مستوى تحصيلهم خاصة إذا شعروا بالرضا عن أنفسم وقدروها بشكل صحيح، فالكثير من الدراسات التربوية في هذا المجال أكدت أن التلاميذ الذين يكون لديهم ثبات انفعالي يكون مستوى تحصيلهم المدرسي أكثر من بقية الآخرين.

خامساً: التنظيم المعرفي:

لنظريات علم النفس التربوي اهمية في تنظيم المستوى المعرفي المتمثل بالإدراك كالتذكر والاستدعاء والتحليل والتفسير، ونعني بهذا التنظيم مجموعة الأساليب التي يستخدمها المتعلم لتحقيق أغراضه. حيث تشير النظرية المعرفية إلى أن المعلومات كلما كانت دقيقة ومنظمة فستؤدي إلى استدعاء بشكل أفضل. ويصبح لدى التلاميذ القدرة على الإدراك المعرفي (Cognitive perception) بشكل منظم. ويمكن توضيح ذلك بالشكل رقم (١-٥)

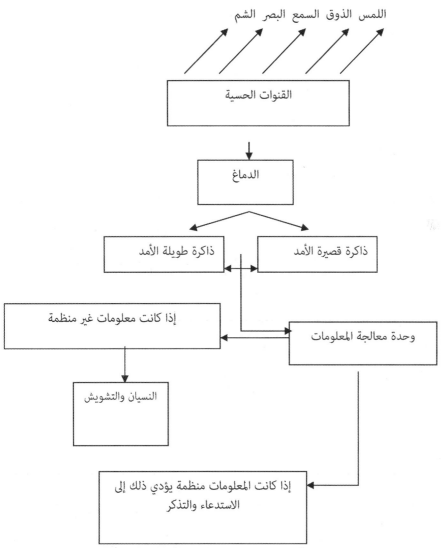

اللمس الذوق السمع البصر الشم
القنوات الحسية
الدماغ
ذاكرة طويلة الأمد
ذاكرة قصيرة الأمد
إذا كانت معلومات غير منظمة
وحدة معالجة المعلومات
النسيان والتشويش
إذا كانت المعلومات منظمة يؤدي ذلك إلى الاستدعاء والتذكر

يوضح الشكل السابق أثر تنظيم المعلومات والمعارف من خلال عملية التنظيم المعرفي. فعلم النفس التربوي بنظريته يحدد الأساليب والطرق ذات علاقة بتفعيل عملية التعلم "Learning"[(١)].

(١) نبيل عبد الهادي، النمو المعرفي عند الأطفال ، ص ٦٥ .

سادساً: مشكلة التعلم:

تنتشر الكثير من مشكلات التعلم ضمن المدارس كبطء التعلم، وعدم الانتباه والتركيز، وهذا ما يسمّى بصعوبات التعلم، ولابد من وضع خطة علاجية لها ناجعة لحل مشكلات التعلم، وهذا ما يدرسه علم النفس التربوي، ويمكن أن ندرس المشكلات السلوكية والتحصيلية ونطبق النظريات والمبادئ التي تؤدي إلى تشخيص صعوبات التعلم وحلها. لاسيما وأن بعضها يشخص أسباب صعوبات التعلم، كاستخدام الطرق التعليمية الخاطئة، وعدم التقييم الصحيح، وقد يرجع ذلك إلى عدم توافق المناهج مع قدرات الطلبة وإمكانياتهم الفعلية. فعلم النفس التربوي يحدد سمات وصفات التعلم الجيد الفعّال الذي يؤدي إلى تفعيل دور التعلم وتسهيله.

سابعاً: علاقة علم النفس التربوي بالقياس والتقويم:

العلاقة بين علم النفس التربوي والقياس والتقويم علاقة وطيدة، إذ إن الأهداف العامة للقياس والتقويم تتمثل في وضع الاختبارات التي تمتاز بالصدق والثبات والموضوعية، فعلم النفس التربوي يضع الإطار العام لهذا المجال الذي وظيفته الأساسية تقييم الطلبة بشكل موضوعي دقيق، يؤدي في المحصلة النهائية إلى تقييمهم وتصنيفهم.

وتشير الدراسات التربوية إلى أن علم النفس التربوي، يحدد الأطر العامة لتشكيل العملية التربوية التعلمية المنتظمة، ولذلك لا بد للمعلم من تفعيل العملية التعلمية ضمن الإطار الصفي.

فالعلاقة بين المجالين قوية ومتماسكة، لاسيما وأن القياس والتقويم يرتبطان ارتباطاً وثيقاً بمجال علم النفس التربوي. ومن خلال هذين المجالين نستطيع قياس قدرات الطلبة التحصيلية والانفعالية والاجتماعية واتجاهاتهم وآرائهم.

ثامناً: قياس العلاقات الاجتماعية:

يُعد قياس العلاقات الاجتماعية من الأمور الهامة في العملية الصفية التعليمية، خاصة وأن هذه العملية تمكّن من استخدام بعض المقاييس كمقياس السيسيومتري الذي يحدد الصفات العامة للمبحوث، ويقيس الصفات الاجتماعية ومستوى العلاقات التي تحدد مكانة الفرد ضمن السياق الاجتماعي الذي ينتمي إليه، ومما لاشك فيه أن علم النفس التربوي يدرس علاقة المتعلم بغيرة من المتعلمين وعلاقته بالمعلمين، وعلاقة المتعلم بالتنظيم العام في المدرسة، من حيث أنها تشكل الإطار الاجتماعي وما يحويه من علاقات اجتماعية مترابطة بين الطلبة مع بعضهم.

تاسعاً: التوافق النفسي والاجتماعي:

فالتوافق النفسي والاجتماعي يعتبر من أسس الصحة النفسية العامة التي لا بد للطالب أن يكون متوافقاً مع كل من البيئة المدرسية والاقران، حتى يتسنى له أن يكون تحصيله مرتفعاً وعالياً والشكل رقم (٦-١) يوضح ذلك:

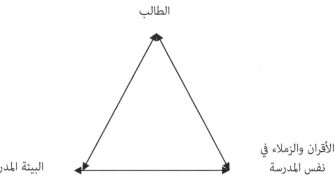

الطالب

الأقران والزملاء في
نفس المدرسة

البيئة المدرسية

وهذا بدوره يؤدي إلى زيادة تحصيل أكاديمي مرتفع، ويؤدي أيضاً إلى توافق وانسجام داخل المدرسة بصورة إيجابية، فعلم النفس التربوي يحدد الأسس العامة لعملية التفاعل والتوافق والانسجام الاجتماعي، التي تؤدي في المحصلة النهائية إلى ارتفاع مستوى التحصيل الدراسي.

هذا مجمل ما جاء به علم النفس التربوي، في تحديد المجالات التربوية التي لها علاقة بالعملية التربوية التعليمية، والتي تعدّ الأساس العام لعملية التعليم الفعّال.

من خلال استعراض الأدب التربوي السابق في هذا المجال نجد أن علم النفس التربوي يشكل حجر الأساس في تحديد مستوى التعليم لدى التلاميذ واكتشاف الفروق الفردية بينهم، وتحديد مستوياتهم عن طريق وضع الأسس العامة لعملية التقويم التي لها أهمية في الكشف عن نقاط القوة والضعف لديهم وتصنيفهم ضمن الصف واتخاذ القرار المناسب بذلك، ويمكن ان يستخدم في وضع الأسس العامة لعملية الإرشاد التي لها علاقة في توجيهم ضمن المجال التعليمي الذي يبدعون فيه.

علم النفس التربوي وطرق التدريس:

يعد علم النفس التربوي من الأسس العامة التي ترتكز عليه طرق التدريس، ممثلاً ذلك في طرحه لمجموعة نظريات خاصة في مجال التعلم لذلك قامت هذه الطرق باختيار الاستراتيجيات المناسبة لتفعيل دور المعلم، وطريقة تقديم المعلومات، ولهذا لابد أن تستند على طريقة يتم اختيارها على أسس نراعي خلالها الفروق الفردية بين المتعلمين واختيار السبيل الأمثل لإيصال المعلومات والمعارف لدى الطلبة، ممثلاً ذلك باختيار مجموعة خطوات إجرائية تؤدي الى تشكيل المعارف واستيعابها، وهذا يتم عن طريق اتباع النظرية السلوكية على سبيل المثال، ويمكن تحديد المعارف المناسبة وفقاً لقدرات وامكانيات الطلبة المعرفية، ومن خلال

عرض ما سبق يمكن تحديد أربع نقاط توضح علاقة طرق التدرس بعلم النفس التربوي:

١- اختيار الأسس العامة لنظريات التعلم وتطبيقها بطريقة إجرائية عند القيام بعملية التعلم Learning .

٢- تحديد المعارف ومستوياتها استناداً إلى إمكانيات وقدرة المتعلمين المعرفية.

٣- تحديد اجراءات من شأنها أن تزيد مستوى التفاعل الصفي داخل غرفة الصف.

٤- تحديد إجراءات التقويم المناسب استنادا الى نظريات التعلم التي جاء بها علم النفس التربوي.

التطبيقات التربوية

من خلال عرض ما تقدم حول ماهية علم النفس التربوي نجد أن هذا المجال يعتبر من أساسيات التعليم، بحيث يحدد كيفية تفعيله بشكل دقيق، ولذلك يمكن إجمال أهم التطبيقات التربوية لهذه الوحدة في النقاط التالية:

١. تحديد إستراتيجيات تعليمية مناسبة، تساعد على تفعيل عملية التعلم بشكل أفضل.

٢. تحديد النظريات التعليمية المناسبة واستخدامها بشكل أفضل، بحيث يتناسب ذلك مع مستوى الطلبة وفقاً للفروق الفردية.

٣. استخدام تقنيات تزيد من مستوى التعلم عن طريق اتباع التعزيز المناسب.

٤. إيجاد علاقة بين كل من علم النفس التربوي والقياس بحيث يتم بناء اختبارات محكية أو مرجعية لها دور هام في عملية التقويم الصحيح.

٥. تعريف الطلبة بأسس البحث العلمي الميداني، خاصة في دراسة الظواهر الاجتماعية والطبيعية والتربوية؛ بحيث يمكن للفرد استخدام الطريقة التجريبية التي تقوم على قسم العينة إلى مجموعتين، تجريبية وضابطة للقياس أو دراسة الظاهرة بشكل صحيح ودقيق.

٦. تعريف الطلبة بكيفية تحديد مجتمع الدراسة، وكيفية اختيار عينة ممثلة لطبيعة المجتمع المراد اجراء التجربة عليه. ويتم ذلك عن طريق بناء الجداول الممثلة للعينة.

الخلاصة

تطرقنا في الوحدة السابقة لعدة نقاط تشكل ماهية علم النفس التربوي الذي يشكل الأساس في تفعيل عملية التعلم، ثم عرفنا علم النفس التربوي، وعرضنا أهدافه وعلاقته بالعلوم الأخرى ومجالاته والتطبيقات التربوية. ويمكن توضيح ذلك بالشكل رقم (١-٧):

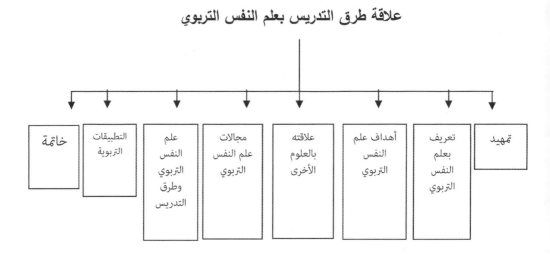

علاقة طرق التدريس بعلم النفس التربوي
تمهيد
تعريف بعلم النفس التربوي
أهداف علم النفس التربوي
علاقته بالعلوم الأخرى
مجالات علم النفس التربوي
علم النفس التربوي وطرق التدريس
التطبيقات التربوية
خاتمة

من خلال عرض ما سبق يمكن طرح السؤال التالي:

نرى بأن هناك علاقة وطيدة بين استراتيجيات التدريس والنظريات السيكولوجية التربوية، وهذا يقودنا إلى السؤال التالي ما هي أهم النظريات التي يمكن أن يكون لها أهمية في عملية التدريس، حيث يكون ذلك مدار بحثنا في الوحدة الثانية.

الوحدة الثانية

أسس التعلم

* أهداف الوحدة

* تمهيد.

* الإشراط الكلاسيكي.

* الإشراط الإجرائي.

* التعزيز الثانوي.

* تشكيل السلوك.

* المتغيرات التي تؤثر على التعزيز.

* التعلم ذو الاستجابات المتعددة.

* التعلم عن طريق الفهم المعرفي.

* النظريات الرياضية في دراسة التعلم.

* التطبيقات التربوية.

* الخلاصة.

أهداف الوحدة الثانية

- أن يتعرف الطالب على أساسيات التعلم الإشراطي.
- أن يتعرف الطالب على أساسيات التعلم الإجرائي.
- أن يحدد الطالب أهمية التعزيز في عملية التدريس.
- أن يتعرف الطالب على تشكيل السلوك.
- أن يحدد الطالب أهم المتغيرات التي تؤثر على السلوك.

الوحدة الثانية

أسس التعلم

تمهيد

يعد التعلم عاملاً حاسماً في تحليل السلوك وفهمه واستيعابه، لهذا فإن غالبية علماء النفس السلوكي يميلون إلى تفسيره استناداً الى ارتباطه بالمثير والاستجابة، وهذا لا يعد تكويناً لبعض العادات فقط، بل يرجع ذلك الى تكوين التعلم الترابطي أي الربط بين المثير والاستجابة، تكوين بعض الاتجاهات، ممثلاً ذلك بالتفكير وعادات التعبير العاطفي، ولهذا تعد أسس التعلم قائمة على الترابط والتشكيل بين مجموعة من المثيرات التي تستجر استجابتها، بحيث تشكل مكونات السلوك ومع التكرار والتشكيل يتكون التعلم. ونظراً لهذا المفهوم سنتطرق في هذه الوحدة الى الاشراط الكلاسيكي والإجرائي والتعزيز الثانوي، وكيفية تشكيل السلوك، والمتغيرات التي تؤثر على التعزيز والتعلم ذو الاستجابات المتعددة، والتعلم عن طريق الفهم المعرفي والنظريات الرياضية في دراسة التعلم.

الاشراط الكلاسيكي

وهو جزء لا يتجزأ من فروع النظرية السلوكية، حيث من الممكن توضيح معالم هذا النوع من التعلم الترابطي ، عن طريق دراسة التجربة الخاصة الشرطية التي بدأها العالم الروسي ايفان بافلوف (Evan Polove) (١٨٤٩-١٩٣٦)، ومما يجدر ذكره أنه كان عالماً فيزيولوجيا ونتيجة لعدة ملاحظات، قام بها وجد أن هناك بعض الاستجابات غير متعلمة كوضعه الطعام على فم الكلب ومن ثم سيلان لعابه، وفي ضوء ذلك علّم الكلب كيف يستجيب لمثيرات أخرى، لا صلة لها بالنواحي البيولوجية، وقد تضمنت تجربته في وضع الكلب في قفص زجاجي ، وتقديم له

مسحوق اللحم فكان الكلب عندما يرى المسحوق يقدم له، فإن ذلك يؤدي الى سيلان لعابه، وقد أطلق على سيلان اللعاب بالاستجابة الطبيعية، لأن هذه الاستجابة لا تكون متعلمة، وقد كان بافلوف بدءاً قد وضع جرساً، عندما لا يؤدي قرعه إلى سيلان لعاب الكلب، وهذا يعد مثيراً حيادياً بحيث لا يؤثر على استجرار استجابة سيلان اللعاب، ولكن عندما قرع بافلوف الجرس مع قطعة لحم أدى ذلك الى استجرار استجابة سيلان اللعاب، وهذه الاستجابة تعد شرطية لأنه اشترط قرع الجرس بتقديم قطعة اللحم ومع التكرار أصبح صوت الجرس بدون تقديم قطعة اللحم يؤدي إلى استجرار سيلان اللعاب، وقد وضحنا في هذه المقدمة البسيطة كيفية تكوين الربط بين المثير الشرطي والحيادي، بحيث أدى ذلك الى تكوين استجابة شرطية، اذ من الممكن تقديم تعريف للعملية التي تم بها التعلم الكلاسيكي، وهذا النوع يطلق على التعلم الإشرطي، اذ يمكن ان يعرف على أنه تكوين او تقوية الرابطة من المثير الشرطي والاستجابة، وهذا يتم من خلال تكرار تقديم المثير غير الشرطي مع الحيادي، ولهذا يتكون السلوك، ويمكن أن نوضح ذلك بالشكل رقم (٢-٨)

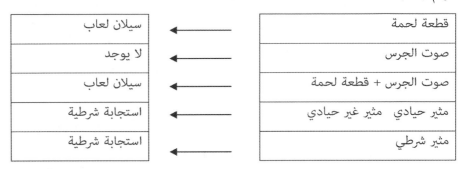

قطعة لحمة	←	سيلان لعاب
صوت الجرس	←	لا يوجد
صوت الجرس + قطعة لحمة	←	سيلان لعاب
مثير حيادي مثير غير حيادي	←	استجابة شرطية
مثير شرطي	←	استجابة شرطية

ولهذا تعد أسس هذا التعلم مستندة الى تشكيل السلوك التعليمي عن طريق الارتباطات بين المثيرات المختلفة بين بعضها وتشكيلها للسلوك، ومن خلال التعديل بهذا السلوك ينتج هناك التعلم الواضح المحدد، ومن خلال ذلك يمكن أن يكون

لاستمرار التعزيز في هذا النوع من التعلم زيادة في تكرار السلوك، بينما عدم استمراريته يؤدي الى المحو بمعنى عدم ظهور السلوك التعليمي.

الإشراط الإجرائي

ويعد النوع الثاني من التعلم السلوكي، حيث يستند هذا التعلم الى تدريب العضوية، وهذا ما جاء به عالم النفس الامريكي سكنر (Skiner) وتلاميذه بعدة تجارب أوضح مفهوم السلوك الاجرائي، ومن المعلوم أن الاشراط الكلاسيكي يكمل الإشراط الاجرائي، حيث إن معظم المبادئ الخاصة بهذا التعلم متشابهة، على اية حال يمكن القول بأن شروط التجربة وظروفها تختلف في النوع الأول عنها في النوع الثاني، كما تختلف في بعض المقاييس المستخدمة في قياس قوة الاشراط في النوعين.

وتشير هذه النظرية إلى أن سكنر ميز بين نوعين من السلوك وهما: السلوك الاستجابي (Responenc) والاجرائي(Operant)، فالسلوك الاستجابي هو الذي يحدث كنتيجة مباشرة لحدوث المثير، كما أن الافعال المنعكسة غير الشرطية التي ورد ذكرها قد بحثت التعلم الشرطي الكلاسكي.[1]

وتتمثل تجربة سكز على الحمائم عندما وضع إحداهن في قفص ووضع عدة أقراص بألوان مختلفة (كالأحمر والأصفر والاخضر) حيث دربت الحمائم بأن النقر على اللون الاخضر يعزز استجابة الحمائم، حيث دربت عدة مرات حتى اصبحت استجابتها واضحة ومحددة وعندما تعرضت الحمائم لنفس الظروف قامت الحمائم بنفس السلوك ويطلق على ذلك اشراط اجرائياً، ويتحقق ذلك بالتدريب المسبق على السلوك حيث يطلق على ذلك سلوكاً اجرائياً.

التعزيز الثانوي

من خلال عرض ما سبق نجد أن العضوية تستجيب لمثير الشرطي بشكل مقبول، ولذلك يمكن استخدام هذا المثير نفسه ليعزز استجابة شرطية لمثير جديد،

---

(١) عبد الرحمن عدس، محي الدين توق، المدخل الى علم النفس، ص ٩٧.

بمعنى آخر إن المثير الحيادي يكتسب خصائص المثير غير الشرطي، لهذا اطلق على هذا النوع من الاشراط بالاشراط من المرتبة الثانوية، لا سيما أنه ارتبط بالمثير غير الشرطي.

إن المبدأ العام المرتبط في مواقف التعليم الاشراطي الاجرائي يمكن التعبير عنه بأنه أي مثير يمكن إن يصبح معززاً إذا تم ربطه بمثير معزز، بمعنى آخر انه كلما ارتفعت حرية المثير الجديد أدى إلى الربط في حالته بشكل أصعب.

ملخص القول إن التعزيز الثانوي في حالة الاشراط الاجرائي يمكن أن يرتبط في مدى علاقة المثير الحيادي مع المثير غير الشرطي، ويتوقف ذلك على مدى استجابة العضوية في تلك الفترة الزمنية للقيام بذلك، ومدى الانجاز الذي تشعر به العضوية.

وتشير بعض المؤلفات كمؤلف (عبد الرحمن عدس وتوق ١٩٩٢) إلى أن قيمة المعزز الثانوي مشتقة بالأصل من ارتباطها بالمعزز الأولي، وفي حالة تعلم الاستجابة فإن المعزز الثانوي يكون هدفا ثانويا. [١]

إن المعزز الثانوي حالما يتم تكوينه فإنه يصح باستطاعته تقوية استجابات جديدة، غير الاستجابات التي كانت سائدة لدى العضوية سابقا، وان بمقدوره ان يقوم بكل ذلك بدوافع جديدة تختلف عن الدوافع التي كانت سائدة لدى العضوية في مرحلة تدريبه الاولى. كما ان التعزيز الثانوي يزيد بكثرة من درجة احتمال حصول الإشراط إذ إن كل شيء تم تعلمه من خلال اللعب، حيث يتم تعزيزه لتقوية الارتباط بين المثيرات والاستجابات، فإن إمكانات التعلم ستصبح محددة، ويمكن أن تبني العضوية عادات جديدة.

---

(١) عبد الرحمن عدس، محي الدين توق، المدخل إلى علم النفس، ص٤٠.

ملخص القول إن التعزيز الثانوي يبنى على نوعية المثير غير الشرطي، بحيث يجذب الاستجابات التي يعززها، ويشكل السلوك التعليمي والشكل رقم (٢-٩) يوضح ذلك:

تشكيل السلوك:

يعتبر هذا الموضوع من الموضوعات المهمة، خاصة فيما يتعلق ببناء أسس التعلم، حيث يتم ذلك عن طريق ربط المثير الحيادي بالمثير الطبيعي، فيصبح ذلك مقترنا به بشكل أساسي، وعندها يتم بناء المهام الأساسية في تشكيل السلوك الجديد لدى العضوية ويتم ذلك عن طريق الممارسة والتكرار، واتباع هذا النوع من التعزيز يؤدي إلى بناء السلوك الجديد، وخير مثال على ذلك تجربة (إيفان بافلوف) التي تم ذكرها سابقاً.

كما أن تشكيل السلوك التعليمي الجيد يُعدّ من متطلبات التعلم الجيد، وهذا لا يتم إلا من خلال بناء التعلم الإجرائي الذي تعيد العضوية حساباتها في تشكيل سلوكها من خلال التدريب الذي حصلت عليه.

كما ان هناك دورا هاما لنظرية المحاولة والخطأ في تشكيل السلوك، خاصة في اكتشاف العضوية الطريق الصحيح الذي يوصلها إلى الحل السليم لمشكلاتها، ويتمثل ذلك فيما جاءت به نظرية ثورنديك (Throndik) التعلم بالمحاولة والخطأ.

إن تشكيل سلوك العضوية يتوقف على مجموعة من المواقف التي تتعرض لها، والتي تكون بحاجة إلى مجموعة من الحلول، هذا من ناحية؛ والتدريب والممارسة والخبرة من ناحية أخرى، وعلى هذا الأساس يمكننا أن نضع عدة أسس تكون ذات أهمية في تفعيل بناء السلوك الجديد:

١- وجود مشكلة تتعرض لها العضوية تتوجب الحل.

٢- البحث عن طرق مناسبة لحلها عن طريق اقتران بعض المثيرات الحيادية بالطبيعية في بعض الأحيان، القيام ببعض المحاولات سواء كانت صحيحة أم خاطئة بحيث تؤدي إلى وجود السلوك الجديد المتعلم بصورة غير مباشرة.

٣- اتباع أساليب التدعيم والتعزيز، وهذا بدوره يؤدي إلى تثبيت السلوك الجديد وتدعيمه.

٤- المتابعة المستمرة في تدعيم السلوك التعليمي الجديد لدى العضوية لكي لا تحدث عملية المحو.

خلاصة القول، إن مجموعة التجارب التي قام بها رواد النظرية السلوكية كانت في مجملها أساسا عاما في بناء السلوك التعليمي لدى العضوية، حيث كانت بمثابة مجموعة القواعد والأسس والإجراءات المتبعة في بناء السلوك التعليمي، حيث يمكن استخدم ذلك في تشكيل السلوك التعليمي للأطفال.

المتغيرات التي تؤثر على التعزيز:

يؤكد علماء النفس بأن هناك عددا من المتغيرات الخاصة التي تؤثر على التعزيز كنوعيته وكيفية تقديمه، إذ لابد من التركيز على علاقة التعزيز بالتعلم، فكلما زادت كمية التعزيز زاد مستوى التعلم، وهذا ما جاءت به دراسة واطسون على فئران المتاهة.

وعلى أية حال فإن لنوعية التعزيز أثرا واضحا على سلوك العضوية، خاصة إذا قدم بصورة مستمرة فسيصبح عديم الفائدة للعضوية، حيث إن مجموعة المثيرات التعزيزية المقدمة ذات فعالية خاصة في تشكيل السلوك التعليمي وإلا فقد التعزيز أهميته وفعاليته وأصبح عديم الجدوى في استثارة السلوك التعليمي لدى العضوية.

أما عن الكيفية الإجرائية لتقديمه فتكون من خلال مجموعة الإجراءات المتناسبة مع مستوى العضوية من ناحية، والمواقف التي تتعرض له العضوية من ناحية أخرى، وخير مثال على ذلك مجموعة المواقف التي يتعرض لها الطلبة في مواقف تعليمية مختلفة وهذا بدوره يشكل نقطة البدء في التعلم، فلابد لنا كمعلمين من اتباع إجراءات تعزيزية مناسبة لتنشيط التعلم الجيد لدى المتعلمين.

التعلم ذو الاستجابات المتعددة

ونقصد به التعلم الذي يعتمد على مجموع متنوعة من الاستجابات المختلفة التي تفرضه مجموعة المواقف المختلفة، وهذا بدوره يضم تلك المجموعة بحيث تؤدي إلى تعليم استجابات متعددة ومتنوعة، وهذا يقوم على نقطتين هما المهارات الحسية، والاستظهار.

ونعني بالمهارات الحسية الحركية تلك المهارات التي تدخل فيها حركات العضلات بشكل متناسق وواضح، وهذا يكون عندما تكون الحركات تحت سيطرة الحواس. كركوب الدراجة، أو العزف على آلة موسيقية، أو فك بعض الألعاب كألعاب الليجو ، وهذا بدوره يتطلب من العضوية أن تتبع مجموعة من الاستجابات المتعددة المترابطة، كما أن هذه الحركات تتطلب ضرورة السيطرة الحسية على الحركات الجسدية، بحيث تشكل مجموعة المهارات التي نطلق عليها مسمّى الحسية الحركية وبذلك تشكل آلية التعلم الصحيح.

أما الاستظهار: فنقصد به الحفظ غيبا لمصطلح يقابل ذلك حفظ المعنى، فهذا بدوره لا يتم إلا من خلال ربط مجموعة الاستجابات المتعلقة في كل من المصطلح والمعنى المرتبط به، وهذا يشكل البناء الأساسي للتعلم.

وقد قامت دراسات عديدة حول الاستظهار وأشهر من قام بذلك "جون كلين" (Jonen Kenn)، حيث طبق طريقة بالتدريس مفادها، تقديم بعض المثيرات ذات العلاقة بموضوع الدرس، حيث وجد بأن هناك علاقة بين تذكر الطلبة للمفردات

وجمل الدرس بطريقة اللعب والاستظهار، كما وضح بأن وجود طريقة واضحة بين الاستظهار والمثيرات المختلفة يؤدي إلى استجابات مختلفة في التعلم.

وتأكيدا على ذلك يمكننا التوصل إلى نتيجة مفادها بأن التعلم عن طريق الاستجابات المتعددة، يتطلب منا كمعلمين إيجاد مثيرات مختلفة مترابطة بموضوع الدرس، بحيث تشكل الفهم العام له، ممثلا ذلك بإيجاد الوسائل والأساليب ذات الصلة الوثيقة بموضوع الدرس، وهذا بدوره يشكل ارتباطا هاما في الموضوع المطروح من قبل المعلم، ويمكن أن نوضح ذلك عن طريق النموذج رقم (٢-١٠):

يشير النموذج بأن هناك علاقة بين تقديم المثيرات وحدوث الاستجابات الذي تم عن طريق الربط فيما بينها. ولذلك لابد من التأكيد بأن التعلم الذي يتم عن طريق الاستجابات المتعددة يتطلب منا تقديم مثيرات ذات صلة بالموضوع بشكل متكامل.

التعلم عن طريق الفهم المعرفي

يتخذ هذا التعلم نقطة وسطية بين التعلم الإشراطي الكلاسيكي، والتعلم المعرفي، حيث يمزج بين النظريتين السلوكية والمعرفية، بحيث يشكل التعلم المعرفي الكامل المتكامل.

فالسلوكيون يرون أن هذا النوع من التعلم وفق لطبيعة ارتباط مجموعة من المثيرات بالاستجابات، في حين أن المعرفيين يؤكدون على أهمية ربط ذلك في تغير البناء المعرفي وتشكيل البنية المعرفية المتكاملة.

وهناك بعض الآراء والاتجاهات، كنظرية الجشتلطية على سبيل المثال، ترى بأن للاستبصار أهمية في تكوين أساسيات هذا التعلم، حيث يتم ذلك عن طريق ربط الموقف الكلي المتكامل، بحيث يشكل الفهم العام المترابط وهذا لا يتم إلا عن طريق ربط الأجزاء بالكل، فالتركيز على الفهم الكلي يشكل التعلم. وهذا ما أكده (كوهلر) في نظريته الجشتلطية.

كما أن هناك العديد من النظريات ركزت على هذا التعلم كنظرية تولمن، ونظرية تعلم المكان وغيرها.

النظريات الرياضية في دراسة التعلم:

أشارت هذه النظريات إلى تحليل علاقات القائمة التعليمية بشكل رياضي، حيث اهتمت هذه النظريات بنوع من التفضيل في تحديد وتعريف العلاقات التربوية التعليمية القائمة، ومن أشهر هذه النظريات، نظرية هل سبنس (Spences) التي حاولت تطبيق المبادئ والأنظمة الرياضية في دراسة مجرى التعلم على شكل معادلات رياضية ارتباطية يتحكم في ذلك دوافع المتعلم.

وهناك نظريات عديدة حاولت تفسير ذلك مثل نظرية ايستس أو نظرية المعاينة على المثير، وتؤكد هذه النظريات على أهمية الارتباط بين المثيرات والاستجابات وأن أهمية الارتباط تكمن في تحديد خصائص المثيرات التي تستجر الاستجابات، بحيث تشكل فترات منتظمة يتكون من خلالها التعلم الصحيح.

التطبيقات التربوية

من خلال عرض ما جاء في هذه الوحدة موضوعات تتعلق بالأساس البنائي للتعلم الصحيح، فإننا يمكننا كباحثين وتربويين الاستفادة منها:

١- تحديد الأسس العامة لعملية التعلم والعمل على تطبيقها بشكل صحيح.

٢- اتباع بعض النظريات والعمل على تطبيقها في مجال التعلم الصفي كما يمكننا الاستناد عليها في عملية التفاعل الصفي.

٣- بناء علاقات ذات صلة في تحديد أهمية التعلم.

الخلاصة:

من خلال عرض ما سبق تم استعراض كل من الإشراط الكلاسيكي والإجرائي، والتعزيز والمتغيرات التي تؤثر على التعزيز، والتعلم ذي الاستجابات المختلفة، والتعلم عن طريق الفهم المعرفي، والنظريات الرياضية في دراسة التعلم وهذا بدوره يقودنا إلى بناء استراتيجيات تعليمية مناسبة، داخل غرفة الصف خاصة في مجال إيجاد آلية تؤدي إلى التفاعل الصفي وهذا ما يقودنا إلى بناء اتجاهات تربوية تعليمية في مراحل التعليم المختلفة.

الوحدة الثالثة

الاتجاهات المعرفية في التعلم لدى مرحلة رياض الأطفال والابتدائية

* أهداف الوحدة

* تمهيد

* مفهوم التعلم

* التعليم وأساليبه في مرحلة رياض الاطفال

* اهداف التعليم واساليبه في المرحلة الابتدائية.

* اتجاهات اختيار طريقة التعليم

* المبادىء التي ينبغي مراعاتها عند اختيار الطريقة التعليمية.

* خصائص الأطفال المعرفية في مرحلة رياضي الأطفال والمرحلة الابتدائية

* مطابقة الاسلوب التعليمي بالتراكيب المعرفية لدى الطفل.

* تطبيقات تربوية

* الخلاصة

أهداف الوحدة الثالثة

- التمييز بين مفهوم التعليم والتعلم.
- التعرف على اساليب التدريس المستخدمة في رياض الاطفال.
- معرفة الاتجاهات التي يتم مـن خلالهـا اختيـار طريقـة التـدريس المناسبة للاطفال.

الوحدة الثالثة

الاتجاهات المعرفية في التعلم لدى مرحلة
رياض الأطفال والابتدائية

تمهيد

بعد ما تمت الاشارة إلى أسس التعلم، وبعد طرحنا لبعض الاتجاهات السلوكية في الوحدة السابقة، فسنتطرق في هذه الوحدة الى الاتجاهات المعرفية في تحديد مستويات الأساليب المختارة في تشكيل التعلم الافضل لدى الاطفال في مرحلتي رياض الأطفال والابتدائية، آخذين بعين الاعتبار عملية الفروق الفردية بينهم، ولذا سنتطرق في هذه الوحدة إلى عدة نقاط، منها: مفهوم التعلم والفرق بينه وبين التعليم، والأساليب التعليمية المستخدمة في مرحلة رياض الاطفال، واهداف التعليم وأساليبه في المرحلة الابتدائية واتجاهاته في اختيار طريقة التعليم، والمبادىء التي ينبغي مراعاتها عند اختيار الطريقة التعليمية، وخصائص الاطفال المعرفية في كل من مرحلة رياض الاطفال والابتدائية. ومطابقة الاسلوب التعليمي بالتراكيب المعرفية لدى الطفل. والتطبيقات التربوية لهذه الوحدة.

* مفهوم التعلم:

يسود التعلم كافة انواع النشاط البشري تقريبا، حتى انه لا يوجد نمط من انماط السلوك بدون تعلم، ويمكن القول إن عملية التعلم تُعد عملية اساسية في الحياة. حيث تؤدي الى تغير السلوك، والانسان يتعلم انماط سلوك مختلفة عن طريق الحياة اليومية والخبرة، والتعلم من ناحية لغوية هو تغير في اداء الفرد، بحيث يتأثر التلميذ بالملاحظة والتقليد والتفاعل مع البيئة التي ينتمي اليها. ويمكن القول إن التعلم وجد منذ أن وجد الانسان، ولا يتم إلا عن طريق الممارسة والخبرة وتفاعل الفرد مع الاطار الفيزيائي والاطار الاجتماعي الذي ينتمي إليه. والسؤال

المطروح علينا ما الفرق بين عملية التعلم والتعليم؟ ان التعلم عملية ذاتية ليست منظمة، بينما التعليم عملية مقصودة ومنظمة وفق اهداف ومنهاج اكاديمي متكامل. فالتعلم عشوائي بينما التعليم مقصود ورسمي تقوم به المؤسسة التعليمية المتمثلة في رياض الاطفال والمدارس الابتدائية والثانوية، والكليات والمعاهد والجامعات بقصد زيادة المستوى المعرفي لدى الطالب من ناحية كيفية وكمية، ومن هنا جاءت فكرة التعليم المعرفي المقصود، أما مفهومه التربوي الحديث فهو عبارة عن مجموعة النشاطات التي يقوم بها المعلم لتحقيق الاهداف التربوية.

اما الهدف التربوي فهو احداث تغييرات في سلوك الفرد ومعارفه ومستوى خبراته واتجاهاته وقيمه، وهذا قد يعني ان هناك نوعاً من التعليم يمتاز بتلقين المعلومات، ونوعاً آخر يمتاز باكتشاف المعارف كما يهدف التعليم الى تنمية الاتجاهات والقيم والبحث في المشكلات العلمية والاجتماعية، وتنمية مهارات الافراد المعرفية.

فالتعلم الذاتي مهمته تنمية مهارات الافراد ليصبحوا قادرين على مواجهة مشكلات الحياة الحاضرة، كما أنه يساعدهم على التكيف والتوافق مع الحياة المستقبلية، ولذا تختلف اهداف التعليم واساليب الحياة في مرحلة تعليمية الى اخرى وفقا للفروق الفردية بين المتعلمين استناداً الى حاجاتهم النمائية وخصائصهم المعرفية.

* التعليم واساليبه في مرحلة رياض الاطفال:

يمتاز التعليم في مرحلة رياض الاطفال بأنه مجموعة من الانشطة التي يقوم بها المختص في هذا المجال. وهذا متمثل بتوفير البيئة التعليمية المناسبة والارشاد التربوي المناسب، لإحداث النمو السليم للطفل، ويكون ذلك في تحديد ميول الاطفال وقدراتهم ومواهبهم، والعمل على تنميتها وفقا لقدراتهم، وقد يتم ذلك عن طريق تحديد برنامج يراعي القدرات الجسدية. وينعكس ذلك بالتمرينات

الرياضية كالجري والقفز. اما من ناحية معرفية عقلية، فيتمثل بتزويد الطفل بمعلومات كافية يراعى فيها قواعد الصحة العامة ووظائف التغذية ووسائل الوقاية من الحوادث والامراض والسلامة العامة.

ولتحقيق ذلك يجب زرع بذرة المطالعة كقراءة الكتب لدى الاطفال. وتزويدهم بالمهارات التي تمكنهم من اشباع حاجتهم الاساسية، وايجاد الحرية المسؤولة والمنظمة لديهم، كمهارة ضبط النفس، التعود على الضبط الذاتي، وبناء على هذا، فالتعليم في مرحلة رياض الاطفال يهدف الى تحقيق نوعين من الاهداف:

أ- اهداف قريبة يومية، تتمثل في اكساب الطفل مهارات الضبط النفسي الذاتي.

ب- اهداف بعيدة نسبيا، ويتم تحقيقها عن طريق عدة نقاط، ويتفرع عنها عدة أهداف
جزئية:

١- تنمية القدرات الحسية للطفل، وذلك بتوفير الادوات والالعاب التي تنمي قدراته الحسية.

٢- تنمية القدرات العقلية، كالقدرة على التذكر والتحليل والتفكير، وهذا يتم عن طريق توفير الالعاب التي تسند الى الناحية المعرفية.

٣- تنمية المهارات الخاصة، المتمثلة بالاتصال بالآخرين ومساعدتهم على التعبير الذاتي وهذا لا يتم إلا عندما يكون الطفل اجتماعيا مع الآخرين.

٤- تنمية الثقة بالنفس لدى الطفل، وذلك بجعله يعتمد على ذاته، ويحترم نفسه والآخرين.

٥- تنمية القيم الروحية والاخلاقية لدى الطفل.

٦- تنمية حاسة التذوق الجمالي والفني لدى الطفل.

٧- اعداد الطفل للانتقال الى المرحلة التعليمية كالمرحلة الابتدائية باتباع اساليب تربوية تؤدى إلى تقبله لهذه المرحلة ويمكن تحقيق ذلك باتباع الاساليب التالية:

أ- اسلوب اللعب: يتعلم الاطفال خلاله ممارسة العمل، وهو بمثابة العمل الجدي عند الكبار، وهذا ما أكده عدة باحثين في هذا المجال أمثال (فروبل) و(منتسوري).

ب- التركيز على استخدام الكتب المصورة: وهذا بدوره ينمي الخيال عند الاطفال.

ج- الرحلات والزيارات القصيرة لمشاهدة الحدائق العامة، كحدائق الطيور والحيوانات المختلفة: حيث يتعلم الطفل من خلال هذه الزيارات الملاحظات الحسية المباشرة التي تنمي قدرات الاطفال على الابداع.

د- التمثيل ولعب الادوار: وهذا يجعل الاطفال قادرين مستقبلا على التوافق مع الحياة اليومية.

* أهداف التعليم وأساليبه في المرحلة الابتدائية:

يهدف التعليم في المدرسة الابتدائية الى تنمية شخصية الطفل من جميع جوانبها المختلفة الجسمية والعقلية والاجتماعية والانفعالية والروحية.

أ- النمو الجسمي:

تهتم المدرسة الابتدائية بالنمو الجسمي للطفل، ولا يقتصر ـ هذا الاهتمام. على التمرينات الرياضية كالجري والقفز فحسب، بل يشمل ايضا تزويده بالمعلومات الكافية كنشر قواعد الصحة العامة والوقاية من الحوادث، ولا يتم ذلك الا من خلال المطالعة، كقراءة الكتب والمحاضرات، وزيارة المرافق الصحية والعلمية، والاطلاع على الاعمال التي تقوم بها. بالمحافظة على الصحة العامة. ويمكن استخدام الافلام والصور لتنمية العادات الصحية السليمة، كعادة الاكل والنوم والجلسة الصحية، كل ذلك يؤدي الى تنمية الناحية الجسمية لدى التلاميذ.

ب- النمو العقلي:

لا تقتصر تنمية القدرات العقلية لدى الطفل على تزويده بالمعلومات والمعارف فقط، بل ينبغي ان يتعدى ذلك بأن يربط المعلم المعارف والمعلومات

بمواقف الحياة الواقعية المأخوذة من البيئة التي ينتمي اليها، وهذا يتم بتزويده بالمهارات اللازمة للحياة اليومية. ومن وسائل النمو العقلي ايضا، قراءة الكتب والمجلات العلمية، فأسلوب التدريس الجيد والزيارات العلمية الميدانية للمعارض والمتاحف والاسواق والمؤسسات، تؤدي الى تنمية القدرة على التحليل والتفكير والنقد البناء، ويجب ان يأخذ المعلمون بعين الاعتبار تعريف الطفل على الحقائق بصورة علمية موضوعية تناسب طبيعة مرحلة التفكير التي يمر بها.

ج- النمو الاجتماعي:

يُعد النمو الاجتماعي للطفل من الجوانب المهمة في حياته، بحيث يمكن ان يتحقق النمو الاجتماعي لديه، من خلال تعريفه بالنظم الاجتماعية والوظائف التي تقوم بها، ويمكن تنمية مهارات الاتصال الاجتماعي ببنائه علاقات اجتماعية ايجابية عن طريق علاقته مع رفاقه واسرته والحي الذي ينتمي اليه، فيعرفه على حياة الجماعة ويحدد مسؤولياته كفرد ضمنها، وينمي مهارة المشاركة وحسن المعاملة مع الآخرين، وهذا بدوره يجعله متوافقا ومتكيفا اجتماعياً ومتحملا لمسؤوليته.

د. النمو الانفعالي العاطفي:

يُعّرف الانفعال، بأنه حالة توتر يتعرض لها الطفل نتيجة لمواقف معينة، ويمكن ان يتحقق النمو العاطفي او النفسي- او الانفعالي للاطفال، بالعمل على تنمية الصفات والاتجاهات التي تجعلهم يحترمون الآخرين ويتقبلونهم، وأن تنمي ثقتهم بأنفسهم وتشبع حاجاتهم العاطفية المتمثلة بالأمن والطمأنينة واتاحة الفرصة لهم ليعبروا عن ذاتهم من خلال الانشطة المدرسية المختلفة، كما أن لمعاملة البيت والمدرسة الاثر الكبير في تحقيق الاتزان الانفعالي.

هـ- النمو الروحي او الديني:

يتمثل ذلك في تنمية قدرات الطفل على التمييز بين ما هو باطل، وما هو خير أو شر، وما هو جميل او قبيح، ويتضمن ايضا تنمية الشعور بالرضا عن الحياة.

كما يتحقق النمو الروحي والتذوق الفني لدى الطفل من خلال ممارسة تذوق الادب. وتنمية الاحساس المرهف للجمال، بتكوين المثل العليا والقيم المختلفة. كالقيم الدينية التي تمثل ركنا هاما في ذلك، كما يمكن تعليمه ذلك من خلال سرد قصص الابطال والمشاهير في تاريخ الامة العربية والاسلامية والعالمية. [1]

وعلى المعلمين في المدرسة الابتدائية، ان ينموا العادات والقيم الاخلاقية وهذا لا يتم الا من خلال المحاضرات للتلاميذ، وتعويدهم على ممارسة الاخلاق الحميدة، وتعليمهم القدوة الحسنة، والنصح والارشاد، الذي يؤدي الى تنمية القيم الروحية والدينية عند الاطفال.

*** اتجاهات اختيار طريقة التعليم:**

تُعرف الطريقة بأنها الاسلوب الذي يستخدم في تنظيم المعلومات، كما تعرف بأنها الاسلوب او الاتجاه او المنحى. اما الطريقة في التربية فتشمل الاساليب التي يستخدمها المعلم في ايصال معلوماته للتلاميذ. وتعد الطريقة أنموذجاً من نماذج سلوك المعلم في تخطيط اعماله وطرق تدريسيه لمادة محددة.

وقد تتضمن اعمال التعليم قيادة الصف وضبطه، ويتمثل ذلك في اجراءات جذب اهتمام الطلاب والمحافظة على الهدوء والنظام أثناء نقل التلاميذ المادة التعليمية، والاهتمام بالواجبات المدرسية التي يحددها، وتصحيح الاجابات الخاطئة واجراءات تقويم الطلبة.

وتشير بعض الدراسات التربوية في مجال الاساليب التدريسية، إلى وجود تصنيفين هما:

أ- طرق تعليم حسب المصدر

ب- طرق تعليم حسب العموميات والخصوصيات.

ومن الامثلة على التعليم حسب المصدر عدة طرق اهمها:

---

(١) يسرية صادق، تصميم البرنامج التربوي للطفل، ص ٧٢.

١- طرق راجعة لتقاليد معينة في التعليم كأن يمارس بعض المعلمين طرقاً مارسها معلموهم من قبل.

٢- طرق منبثقة من البيئة الاجتماعية، وهي طرق تعليمية يستخدمها المعلمون من بيئاتهم الاجتماعية كاستخدام أساليب التعزيز، حيث يعزى هذا الاسلوب الى انماط سلوكية تعلمها المعلمون من اجدادهم او آبائهم او معلميهم.

٣- طرق مستمدة من فلسفات تربوية معينة كطرق التعليم المستمدة من فلسفة (فروبل) و(سبنسر) و(رسو) و(بستالوزي) و(منتسوري).. الخ، فهناك بعض طرق الفلسفية التربوية تعطي الحرية للطفل اثناء عملية التعلم ان يتعلم بنفسه وتهيئة البيئة المناسبة له، ويمكن القول بأن هذه الطرق مستمدة من فلسفة رسو في تعليم الاطفال.

٤- طرق صادرة عن حاجات المعلم: يستخدم بعض المعلمين طريقة تدريسية تكون نابعة من حاجة المعلم لتأكيد ذاته ويكون هذا في استخدام طريقة المحاضرة وغيرها.

٥- طرق مستمدة من ظروف المدرسة او البيئة الخارجية، حيث يستخدم المعلمون بعض الطرق التدريسية، مستعينين بأولياء الامور في ضبط سلوك التلاميذ، والمساعدة في الاسهام في عمليه التدريس مع المعلمين.

٦- طرق تعليمية تعتمد على نتائج الابحاث العلمية التربوية، وهذا ما تقوم به مراكز البحث والتطوير التربوي في الجامعات والمؤسسات التعليمية الاخرى. في إعداد الابحاث والتقارير في مجال أساليب التدريس، حيث يمكن الاستفادة من نتائجها في تحسين عملية التدريس.

ومن الامثلة على تصنيف طرق التعليم حسب **العموميات الخصوصيات**:

أ- طرق التعليم العامة.

ب- طرق التعليم الخاصة.

وتشمل طرق التعليم العامة ثلاث فئات:

١- فئة محورها المعلم كأسلوب للمحاضرة.

٢- فئة محورها المختبر التربوي والمشروع التربوي.

٣- فئة محورها الحوار الجماعي كالندوة الجماعية.

اما طرق التعليم الخاصة فمتمثلة بتعليم المباحث المتنوعـة، كأسـلوب تعليم الرياضيات، وتعليم العلوم واللغة، وبشكل عام يمكن القول إن طـرق التعليـم الخاصـة تنبـع من طرق متنوعة في مجال تدريس المواد المختلفة.

* المبادىء التي ينبغي مراعاتها عند اختيار الطريقة التعليمية:

عند تدريس مادة معينة لصـف مـا، يجـب عـلى معلـم المـادة ان يراعـي المبادىء التالية:

١- تحديد اهداف التعليم والغرض منها: وقد نعزو اختلاف طريقة التعليم من معلم الى آخر لاختلاف الاهداف من مادة الى اخرى، فعلى سبيل المثال تدريس موضوع المطر في مادة العلوم يختلف عنه في مادة انشاء اللغة العربية، خاصة فيما يتعلق بالاهداف، حيث تكون الاهداف في مادة العلوم تستند الى تكوين الغيوم وكيفية سقوط الامطار، بينما في موضوع إنشاء اللغة العربية فتستند الى نواح انفعالية ذاتية.

٢- طبيعة الموضوع ومدى علاقته بخبرات التلاميذ السابقة: فمن الموضـوعات التي يمكن ان يدرسها المعلم تحتاج الى اسلوب المحاضرة او الشرح او التفسير، بينما موضوعات اخـرى يستخدم فيها المعلم اسلوب المناقشة واشراك التلاميذ، وقد يستخدم اكثر من اسلوب في موضوع محدد. حيث يفضل الباحثون في مجال اساليب التـدريس استخدام اكـثر مـن اسلوب في شرح موضوع معين، وهـذا بـدوره يـؤدي الى استثارة الـذاكرة عنـد التلاميـذ ويؤدي الى تطور التفكير لديهم.

٣- طبيعة الموضوع او المادة التعليمية: ان طبيعة المادة تفرض الاسلوب التدريسي ـ المناسب فعلى سبيل المثال المواد النظرية يستخدم في تدريسها بعض وسائل الايضاح، كمواد الاجتماعيات تستخدم فيها الخرائط، بينما المادة التطبيقية كالكيمياء والفيزياء تستخدم المختبرات لتوضيحها. حتى وسائل تقييم الطلبة تختلف تبعا لطبيعة المادة التعليمية فعلى سبيل المثال مواد الكيمياء والفيزياء تستخدم فيها الاختبارات الادائية التي تكون من خلال المختبر، بالاضافة الى الاختبار النظري. اما المواد النظرية كالتاريخ والجغرافية فتستخدم فيها الاختبارات المقالية او الموضوعية.

٤- طبيعة المتعلم: يجب ان يراعي المعلم خصائص التلاميذ كالفروق الفردية بينهم، وهذا بدوره يؤثر على اسلوب المعلم في طرح المادة وعلى استعداد التلاميذ.

٥- مراحل التعليم واختلاف مراحل النمو عند التلاميذ: هذا يؤثر على اسلوب طرح المادة التعليمية، فطريقة التدريس في رياض الاطفال تختلف عن المدرسة الابتدائية او الاعدادية او الثانوية.

٦- امكانات المدرسة من حيث الصفوف المناسبة والوسائل المعينة والمختبرات يؤثر ذلك على اسلوب المعلم.

٧- المعلم وثقافته التربوية والفلسفية يؤثر على طريقة طرحه للمعلومات او على اسلوبه. فمن المتفق عليه ان الطريقة الناجحة هي الطريقة المرنة القابلة لتكيف التلميذ والمعلم مع تغير المواقف.

ان المبادىء السابقة يجب ان يأخذها المعلم بعين الاعتبار، حتى يتسنى له تحقيق اسلوب تدريسي ناجح يؤدي الى تقدم تلاميذه.

* خصائص الاطفال المعرفية في مرحلة رياض الاطفال والمرحلة الابتدائية:

ان نظرية جان بياجيه المعرفية حددت تطور التفكير عند الاطفال بأربع مراحل اساسية محددة، وهي على النحو التالي: المرحلة الحس حركية، مرحلة ما قبل العمليات، العمليات المادية والعمليات المجردة، لهذا ينبغي معرفة الخصائص المعرفية عند الاطفال، حتى يتسنى لواضعي المناهج والمدرسين تدريس التلاميذ بصورة تتلاءم مع طبيعة المرحلة الفكرية التي يمرون بها. [١]

ان الاطفال في كل من الروضة والمدارس الابتدائية يمرون بمرحلة ما قبل العمليات والعمليات المادية؛ لذا فالاساليب تستند الى طرق تعليمية تتناسب مع المستوى الفكري للطفل.

ولهذا لا بد لواضعي المنهاج والمدرسين من معرفة الخصائص الفكرية التي يمتاز بها الاطفال من ناحية التفكير، وهذا يتمثل في وضع الاهداف والمحتوى المناسب مع طبيعة تفكير التلاميذ ومن هذا المنطلق يجب ان نراعي ثلاث نقاط:

١- طبيعة المرحلة العقلية التي يمر بها الاطفال، ومن ثم تحديد طبيعة المنهاج والاسلوب التعليمي والوسائل المعينة.

٢- الأخذ بعين الاعتبار طبيعة الاهداف التربوية، وكيفية تحقيقها عن طريق اختيار طريقة تدريسية ذات فعالية.

٣- تحديد التقويم المناسب للطلبة.

والنقاط الثلاث آنفة الذكر تساعدنا على تحديد اسلوب تدريسي مناسب لخصائص الاطفال المعرفية.

* مطابقة الاسلوب التعليمي بالتراكيب المعرفية لدى الطفل:

حتى يتمكن المربي او المعلم من تقديم اسلوب تعليمي متوافق مع التراكيب المعرفية عند الاطفال، لا بد ان يأخذ بعين الاعتبار القدرات العقلية عند تلاميذه،

---

(١) محي الدين توق، اساسيات في علم النفس التربوي، ص ٤٥.

وحتى يتسنى له تقديم المعلومات بشكل ناجح فإن ذلك يتطلب أخـذ النقـاط التاليـة بعـين الاعتبار:

١- ان يتيح المعلم للطفل استخدام حواسـه وذلـك بتعريضـه للمثيرات الحسـية؛ اذ يـتعلم الطفل من خلالها معالجة الموضوعات المطروحة.

٢- ان تفكير الطفل في مرحلة ما قبل المدرسة يكون عملياً، وينبغي تـوفير الفـرص التعليميـة له كاللعب والنشاطات الاخرى.

٣- ان يكون لدى المعلم الالمام بالقدرات العقلية لدى التلاميذ، متمثلاً في الذكاء، لا سيما وإن كان حسيا أم حركيا عندهم في مرحلة الدراسة، ويمكن تنميـة قـدراتهم المعرفيـة مـن خلال اتاحـة الفـرص لهـم للتعبير عـما يشاهدون مـن حركـات عـن طريق التمثيـل واستعمال ألفاظ اللغة وتقليـد الحركـات مما ينمي قدرة الملاحظـة والتـذكر لـديهم ويجعلهم قادرين على التخزين وينمي قدراتهم العقلية.

٤- ان قدرة الطفل على تذكر الالفاظ والصور الحسية تفوق قدرته على تذكر المعاني المجردة، ولهذا ينبغي على المعلم ربط الخبرات للمتعلمـين بالبيئـة المبـاشرة، مثـل اللعب وسرد القصص.

٥- لا بد من تنويع الخبرات المباشرة لتمكين الطفل مـن تكوين مفـاهيم يستطيع تصنيفها وفقا للاشياء التي تمت مشاهدتها واستنتاج الخصائص المشتركة الرئيسية فيما بينها.

٦- اتاحة الحرية للطفل في مواجهة المشكلات التي تتحدى قدراته، وتحفـزه عـلى المضي- في الوصول الى حلها مما يتطلب من المعلـم ان يختار المشـكلات المناسـبة التي تـؤدي الى استثارة قدرات الطفل العقلية، لا سيما أن طرح المشكلات السهلة يؤدي الى الملل.

٧- يمتاز الطفل في مرحلة ما قبل المدرسة بكثرة الاسئلة، وينبغي على المعلم ان يساعده عـلى تعلم كيف يسأل ومتى يسأل.

٨- يستطيع الطفل ان يتخيل قبل ان يتكلم بصورة وافية، وهذا يتم في السنة الثانية، ويمكن القول إن قراءة القصص التي تحتوي على رسوم، وعمل اشكال من المعجون في مرحلة ما قبل المدرسة يؤدي الى تنمية الخيال عند الاطفال وتساعدهم على نمو قدراتهم على الادراك في المستقبل ويمكن تدريبهم على التمييز بين الواقع والخيال تدريجيا ما بين الرابعة والخامسة.

٩- يمكن استخدام الاساليب الاستدلالية القائمة على الاستقراء والقياس في تدريس الاطفال الذين هم في سن السابعة بصورة مبسطة، فقد اشارت نتائج الدراسات العلمية بأن القدرات الاستدلالية تبدو بوضوح في سن العاشرة ويؤخذ بعين الاعتبار نوع المادة الدراسية التي تستند الى الطريقة الاستقرائية كتعليم العلوم واللغة.

بينما يمكن استخدام القياس في هذا السن - العاشرة - في تدريس الرياضيات او الطريقتين معا.

*** التطبيقات التربوية:**

نستنتج من طرح المواضيع السابقة في هذه الوحدة ان اختيار المنهج وطريقة التدريس يجب ان تأخذ بعين الاعتبار المستوى العقلي الذهني الذي يمر به الاطفال في الروضة والمدرسة الابتدائية، ويجب ان يكون هناك مستوى من النشاطات اللامنهجية التي تعمل على ترسيخ المعلومات عند الاطفال في المرحلة الابتدائية. وهذا يتم من خلال ايجاد نوع من الاتزان ما بين المنهج الرسمي والنشاطات اللامنهجية.

اما فيما يتعلق بالاتجاهات التدريسية فيجب أن تكون متماشية مع المستوى العقلي الذي يمر به التلاميذ ومستمدة من الفلسفات التربوية للمجتمع من فلسفات تربوية اخرى كفلسفة بستولوزي التربوية ومنتسوري، حتى يتنسى للمربي من تصميم طريقة تؤدي في المحصلة النهائية الى تفكير علمي منظم لدى المتعلمين.

الخلاصة

لقـد تناولت هـذه الوحـدة مفهـوم الـتعلم، وعـدة اتجاهـات واسـاليب في عمليـة التدريس، وخصائص الاطفال المعرفية في مرحلة رياض الاطفال والمرحلـة الابتدائيـة ومطابقـة الاسلوب التعليمي بالتراكيب المعرفية لدى الاطفال.

ويمكن اجمال ذلك في المخطط التالي:-

أساليب تعليم رياض الاطفال والمدرسة الابتدائية

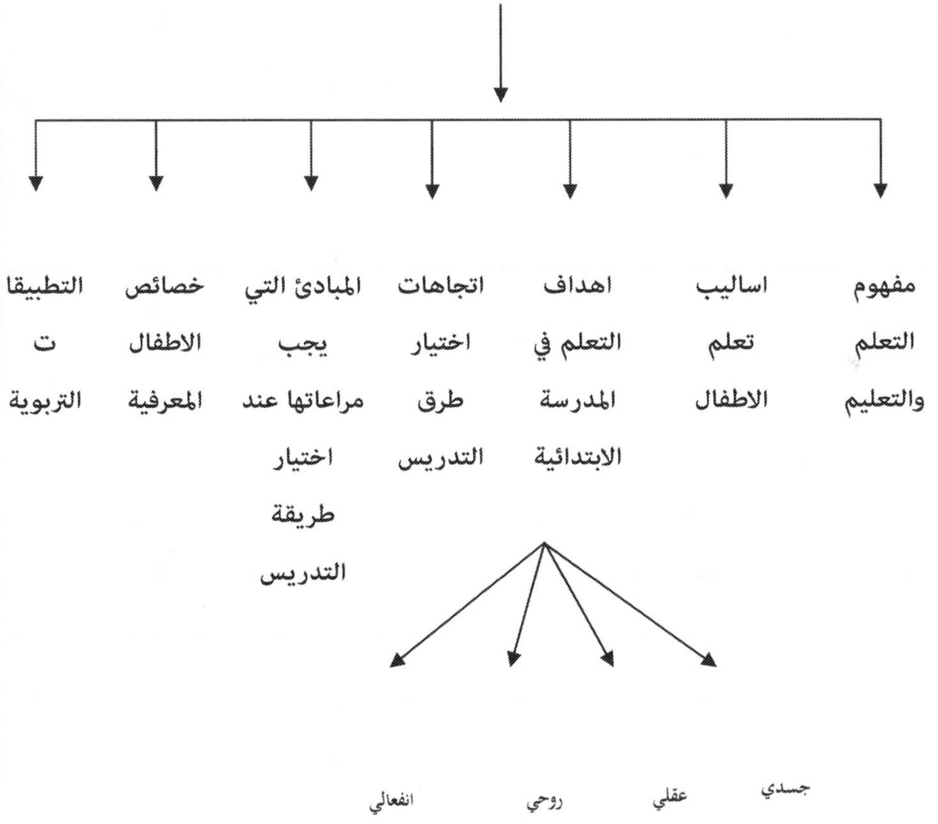

| مفهوم التعلم والتعليم | اساليب تعلم الاطفال | اهداف التعلم في المدرسة الابتدائية | اتجاهات اختيار طرق التدريس | المبادئ التي يجب مراعاتها عند اختيار طريقة التدريس | خصائص الاطفال المعرفية | التطبيقات التربوية |

جسدي   عقلي   روحي   انفعالي

٦١

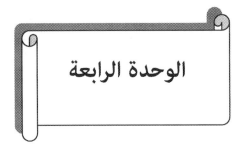

الوحدة الرابعة

التدريب على أنماط التفكير

* أهداف الوحدة

* تمهيد

* الاتجاهات السلوكية في التفكير

* الاتجاهات المعرفية في طرق تعلم التفكير

* اتجاه اوزبل في التفكير

* الاتجاهات الانسانية في التفكير

* التطبيقات التربوية

* الخلاصة

أهداف الوحدة الرابعة

- التعرف على أنماط التفكير

- الإلمام بمفاهيم الاتجاه السلوكي في تعلم التفكير

- التعرف على اتجاه اوزبل بالتفكير

- التعرف على الاتجاهات الانسانية في تعلم التفكير

- استنتاج تطبيقات تربوية

الوحدة الرابعة

التدريب على أنماط التفكير

تمهيد

ان كلمة تفكير تشير الى كثير من انماط السلوك المختلفة والى انواع عديدة من المواقف، وكثيرا ما تطرح اسئلة كثيرة في هذا الموضوع مثل: هل تفكر الحيوانات؟ هل التفكير مستمر عند الانسان؟ هل يتميز التفكير دائما بالعقلانية، وهل الذكاء والتفكير مصطلحان مترادفان؟

وكمقدمة للاجابة على هذه الاسئلة ومثيلاتها فلابد من تعريف التفكير. يُعرف "اوسجود" (Osgood) التفكير بأنه تمثل داخلي للاحداث والوقائع والاشياء الخارجية، وهو بمعنى آخر يمكن القول بأن التفكير يحدث في موقف لا تتوفر فيه ظروف خارجية بالمثيرات والدلالات المرتبطة بالاستجابة الصحيحة المطلوبة. وانما يقوم الكائن العضوي بعملية التفكير متمثلة بالتخيل والتحليل والتذكر والاستدعاء، وهذه العمليات تكون عند الانسان، أما بالنسبة للحيوانات فيكون لديها الاستجابة المرجأة (Deloyed Response) والتعلم التنازلي (Alterngtive Learning).

كما يفترض بعض العلماء بأن التفكير لا يختلف عن التذكر، فالتفكير يبرهن على وجود مواقف معقدة وهذا يعني أنه سلوك يتتبع لحل المشكلة (Solving of problem) ، فيعرفه "همفري" (Hephry) بأنه ما يحدث في خبرة الكائن العضوي، سواء كان انساناً ام حيوانا حين يواجه مشكلة يتعرف عليها ويسعى لحلها.

فالمشكلة تنشأ لدى الكائن حين لا يمكن ان يصل الى هدفه بالطرق المباشرة المتاحة، فالحل يمكن ان يكون له دلالة على التفكير، ويمكن فهم معنى التفكير اذا استخدمنا الابحاث العلمية والتربوية، خاصة اذا تعرفنا على مفهوم المتغيرات الدراسية المستقلة والتابعة والوسيطة، من خلال اكتشاف تأثيرها، ويمكن وضع الفرضيات، اذ يعتبر ذلك بداية التفكير العلمي. وبالتالي نجد التفكير يرتكز على ناحية علمية منطقية، حيث لا نستطيع تفسير جزء من السلوك الا اذا فسرنا السلوك ككل، لذلك قد ينشأ لدينا تفكير مشوش نتيجة نقص الادلة والمعطيات الكاملة، لهذا فقد اختلف علماء النفس في تفسيرهم للعلاقة بين التفكير وطبيعة الموقف.

فالسلوكيون مثلا يحددون المشكلة بأنها موقف يحتوي على مثير يستثير العضوية ويؤدي ذلك الى استجابة تتناسب مع طبيعة الموقف، فعندما يؤكد السلوكيون على أهمية ارتباط بين المثيرات والاستجابات مثل م – س او (R-S) فإن الشرطة الموجودة بين المثير والاستجابة تعني تفكير.

اما بياجيه فيشير الى عملية التفكير بأنها تتم في ضوء عملية التمثيل – والتواؤم والتكيف والتوازن، اما النظرية الجشتلطية (gap) فإنها تستخدم مفهوم الفجوة بين تكرار الاستجابة وتوقفها للوصول الى حل فيعد ذلك تفكيراً، وترى بأن النقص في مجموعة الشروط يؤدي الى بدء النشاط سعيا للوصول الى مفهوم تكاملي من خلال معرفة العلاقة بين الكل والاجزاء. ويستخدم "بارثليت" (Bartliet) مفهوم الفجوة بأنها نقص المعلومات او الادلة للوصول الى نتائج دقيقة حول مشكلة معينة.

ملخص القول إن عملية التفكير لدى جان بياجيه نوعية، تتوقف على طبيعة المرحلة التي يمر بها الطفل من ناحية، وعلى تغير البنية المعرفية من ناحية أخرى، اما السلوكية فتعتمد على الخبرة والممارسة. وهذا ما يميز عملية التفكير بين النظرية المعرفية والسلوكية.

وهناك اتجاه آخر يفسر عملية التفكير عند الكائن الحي، بأنها شبيه ما يحدث في الحاسب الالكتروني (Computer)، فالحواس الخمسة عند الكائن الحي يطلق عليها اسم المدخلات، وعمليتا الاستنتاج والتحليل تسمى بالمخرجات (Out put)، كما ان المتغيرات تحتل أهمية بالغة في تحديد سير عملية التفكير.

من خلال ما تقدم يمكن ان نوضح ذلك بالشكل رقم (٤-١١):

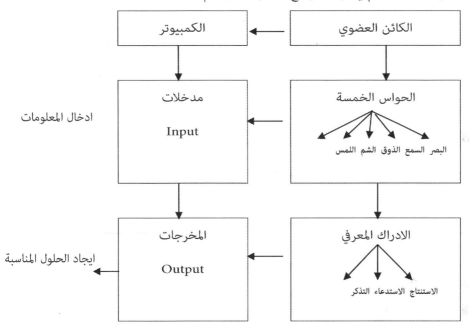

ويرى (ابو حطب) بأن استخدام فكرة المتغير الوسيط لها اهمية في تحديد طبيعة التفكير وانماطه، وهذا بدوره يؤدي الى التوصل الى حلول ذات صلة في المشكلة، ويمكن تحديد نوعين من الحلول:

أ- الحلول التباعدية　　　　ب- الحلول التقاربية.[1]

---

(١) فؤاد ابو حطب، التفكير، ص ٤٥.

إن هذه الحلول تتوقف على مقدار المعلومات المعطاة المتضمنة لطبيعة المشكلة، فقد تكون هذه المعلومات قليلة او كثيرة، فحين يكون مقدار المعلومات قليلاً يكون اتجاه الحل تفكيراً تباعدياً، ولا بد ان يكون الاستنتاج قائماً على الحدس، اما حين يكون مقدار المعلومات كثيرا فإن وجهة الحل تكون تفكيراً تقاربياً، ونمط الاستنتاج يكون استدلالياً، وهذا النمط يسود في أغلب اختبارات الذكاء التقليدية. اما اذا كانت المعلومات قليلة ووجهة عمل التفكير تباعدياً، فإن نمط الاستنتاج في هذه الحالة يسمى بالطلاقة (Fluency)، اما اذا كانت المعلومات كثيرة والعمل التفكيري تباعدياً فإن نمط الاستنتاج يسمى بالمرونة (Flexibilicy) والجدول رقم (٤-١) بعنوان أثر مقدار المعلومات في الاستنتاج يوضح ذلك:

كثيرة	قليلة	مقدار المعلومات نوع التفكير
نمط استنتاجي استدلالي	نمط استنتاجي حدسي	التفكير التقاربي
نمط استنتاجي يسمى بالمرونة	نمط استنتاجي يسمى بالطلاقة	التفكير التباعدي

ولتوضيح ذلك لا بد ان نطرح مثالاً على تحديد نوع الحل الذي يرتبط بالتفكير، وقد يكون حلاً تباعدياً أو تقاربياً. لنفترض أننا نريد دراسة اسباب التسرب في المدارس الابتدائية. ففي حالة الحل التباعدي يكون مقدار المعلومات قليلة وتكون غير مترابطة، وهذا متمثل في تحليل هذه الظاهرة بأن أسبابها تعزى للتخلف الدراسي، وقد تكون تلك المعلومات غير دقيقة.

اما الحل التقاربي فيشمل معلومات كثيرة مترابطة، ويتمثل ذلك في دراسة أسباب التسرب الدراسي، حيث تتوفر لنا معلومات وادبيات سابقة في هذا المجال،

وإذا كانت هذه المعلومات مترابطـة في نتائجهـا، فـإن هـذا يـؤدي إلى وجـود حلـول تقاربيـة دقيقة.

الطلاقة Fluency

وهي مجموعة الاستجابات الناتجة في وقت محدد مستندة الى موقف معين، او هي عملية تداعي الكلمات والمعاني المختلفة، وهناك عدة انواع لها كالطلاقـة اللغويـة، ممثلـة في القدرة على اعطاء مصطلحات جديدة، او أشكال أو رموز أو معاني.

المرونة Flexibility

وهـي ذلـك الـنمط التفكـيري الـذي يتطلـب تـوفر مقـدار معـين مـن المعلومـات، واستخراج هذا المقدار من التعليمات التي يتلقاها المفحوص، مع تأكيد على العمل التفكـيري التباعدي، إن هذا النمط من التفكير يكون ذا طابع حـر ويختلـف عـن الطلاقـة، مـن ناحيـة مقدار كمية المعلومات (أي عدد الاستجابات وسرعة صدورها)، اما المرونة فإنها تعتمـد عـلى الخصائص الكيفية للاستجابات وتقاس بمقدار تنـوع هـذه الاسـتجابات، بمعنـى آخـر إن نمـط استنتاج الطلاقة هو عدد الاستجابات التي تصدر عن المفحـوص بيـنما نمـط اسـتنتاج المرونـة فيهتم بتنوع الاستجابات وفقا لطبيعة المثيرات.

الاستدلال Reasoning

هو ذلك النمط من التفكير الذي يتطلب منـا اسـتخدام اكبر قـدر مـن المعلومـات، بهدف الوصول الى حلول تقاربية، ومن اهم انواع الاستدلال الاستقراء والاسـتنباط ويمكـن ان يعرف الاستدلال بأنه الانتقال في التفكير من العام الى الخاص او من الكل الى الجزء [١].

---

(١) ول ديورانت، قصة الفلسفة؛ ترجمة فتح الله محمد ، ص ١١٤.

من خلال ما تقدم يمكن القول إن الطلاقة مجموعة الاستجابات الناتجة عـن موقـف محـدد، اما المرونة فتعرف بأنها النمط التفكيري الذي يتطلب توفير قدر كبير من المعلومات، ويمكـن توضيح ذلك بالشكل رقم (٤-١٢):

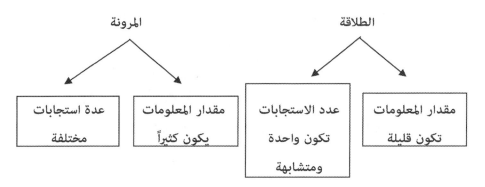

الحدس Intuitive

إن عملية الحدس هـي إدراك غير شعوري، ويعرفـه "يونـغ" (Jung) بأنـه عمليـة الادراك اللاشعوري المباشر للامكانيات والاحتمالات الكامنة في الاشياء، اما بياجيه فيعرفه بأنـه عملية معرفية قبل أن تكون منطقية، أو عملية بدائية ليس فيها نوع من التحليل المباشر.

"بوثيليت" (Bouthilet) ترى بأن الحدس هـو القـدرة عـلى الوصـول الى تخمينـات (gusses) صحيحة دون أن يتعرف المرء كيف وصل اليها.

بعض العلماء من امثال "وستكوت" (Westcott) يرى بأن الحدس عملية يصل إليها المرء إلى الاستنتاج عن طريق مقدار ضئيل من المعلومات.

فالحدس في مجمله نمط تفكيري يصل المرء مـن خلالـه الى حلـول دون مقـدمات واشهر من كتب في هذا المجال علم "ما وراء النفس"(Parapsychology)*.

---

* علم ما وراء النفس يدرس ظواهر نفسية حدسية كالاستشعار عن بعد، والحاسة السادسة.

* **الاتجاهات السلوكية في التفكير:**

لقد استند هذا الاتجاه على تجارب بافلوف (pavlov) التي قامت على اساس تحديد الاشراط الكلاسيكي التقليدي، متمثلاً ذلك بإدخال مفاهيم واساليب جديدة لتعديل السلوك Behovior، من خلال استخدام الاشراط الكلاسيكي. نرى بأنه يستند الى تسلسل وتنظيم المهام التعليمية، حيث تقدم المثيرات بصورة تدريجية على شكل خطوات ويتم تعزيز كل خطوة من هذه الخطوات حتى يصبح المعلم قادرا على فهمها.

ولو خضنا في تفاصيل تجربة بافلوف لرأينا ارتباط المثير الشرطي (صوت الجرس) مع المثير غير الشرطي (قطعة لحم) واقترن الاول مع الثاني بتقديم قطعة لحم للكلب بحيث ادى ذلك الى استجرار اللعاب. وهذا يعني تسلسل وتنظيم المهام التعليمية. ومن خلال ذلك تبرز فكرتان اساسيتان لدى السلوكين هما:

أ- المثير والاستجابة غير الشرطية.

ب- الاستجابة المشروطة.

ومن خلال دراسة النظرية السلوكية بشكل متكامل وشامل يبرز لدى السلوكيين مفهوم التعزيز، "Renforcement" حيث يعرف بأنه اجراء يقدم للعضوية بهدف زيادة سلوك مرغوب فيه.

(١) التعزيز Renforcement

يحدث التعزيز عندما تعطي المعلمة بعض الحلوى او المديح للاطفال عند الاجابة الصحيحة على سؤال ما، وتكون المعززات بأشكال مختلفة كالجوائز المادية والمعنوية مما يؤدي الى تكرار السلوك الايجابي ويجعل الفرد يثق بنفسه. كما ان التعزيز يعتبر اداة فعالة لزيادة السلوك. ومن هذا المنطلق يمكن القول إن التعزيز قد ينقسم الى عدة اقسام منها التعزيز الايجابي والتعزيز السلبي. والنموذج (٤-١٣) يوضح ذلك :

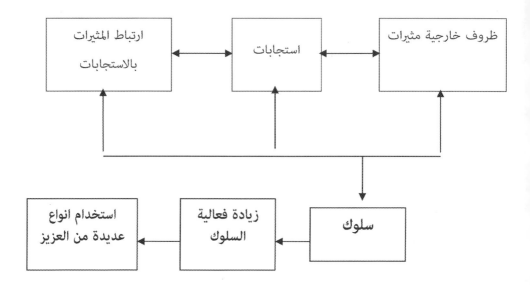

فالتعزيز الايجابي هو تقديم مثير مرغوب فيه بهدف زيادة سلوك مرغوب فيه كتقديم قطعة حلوى او اعطاء نقود للطفل الذي يقوم بكتابة درسه، بينما التعزيز السلبي هو حذف مثير مرغوب فيه بهدف زيادة سلوك مرغوب فيه، كمنع الاطفال من مشاهدة التلفزيون حتى يتسنى لهم مذاكرة دراستهم، والجدول (٤-٢) يوضح ذلك:

نوع التعزيز / الاجراء	**الايجابي**	**السلبي**	**السلوك**
اضافة مثير مرغوب فيه	×		**يؤدي الى زيادة السلوك المرغوب فيه**
حذف مثير مرغوب فيه		×	**يؤدي الى زيادة سلوك مرغوب فيه**

وقدمت بعض الدراسات والابحاث اشارت الى أهمية اجراء التعزيز وهذا متمثل في استخدام التعزيز المستمر والمتقطع، وذو الفترة الثابتة، والنسبة المتقطعة والفترة المتقطعة. (١)

(١) محي الدين توق، اساسيات في علم النفس التربوي، ص ٦٥.

(٢) نظرية التعلم الاجتماعي (Social learning Theory)

تعتبر هذه النظرية من الاتجاهات السلوكية التي تسمى بالتعلم الاجتماعي او التعلم بالتقليد، ومن اشهر روادها اندرسون "بندورا" (Bandora)، الذي أكد بأن الاطفال المعززين، يصبحون نماذج يحتذى بهم من قبل الاطفال الآخرين في الصف، بينما غير المعززين يحاول تقليد زملائهم الذين عززوا، وهذا يساعد على التعلم السريع ويؤثر على مستوى استجابتهم، يؤدي الى ايجاد استجابات مرتبطة بالمثيرات وبالتالي الى التعليم الفعال.

(٣) الاشراط الاجرائي:

هو فرع من النظرية السلوكية وهذا الاشراط يعزى الى سكنر (Skinner)، الذي يرى بأن الاستجابات الشرطية هي استجابات اجرائية، وذلك لأن العضوية تكون اكثر نشاطا في البحث للحصول على المكافآت وتعمل على تجنب المواقف المؤلمة، وهذا متمثل في تجربته على الحمائم. حيث العضوية في هذه التجربة تقوم بعدة استجابات خاطئة، إلى أن تصل الاستجابة صحيحة، وتعدل الاستجابات اثناء فترة تدريب العضوية، بحيث تقل الاستجابات الخاطئة، وحين تتعرض الحمائم لموقف آخر فإنها تستخدم الاستجابات الصحيحة ويتم تشكيل السلوك.

(٤) النظرية الربطية:

فرع من الاتجاهات السلوكية وتعرف بأسلوب المحاولة والخطأ، وهذه النظرية تعزى الى "ثورندايك" (Thorndike)، وحسب رأي هذه النظرية فإن التعلم يتم بطريقة المحاولة والخطأ. وعند تحليل هذه العملية يكشف لنا عن وجود تأثير عدة عوامل هي الدافعية والمشكلة، والمحاولة التجريبية، النجاح عن طريق الصدفة. ومفاد هذه التجربة بأنه وضعت قطة جائعة في قفص وضع خارج القفص سمكة، وهذا ما يطلق عليه الوضع المثيري، وكان يوجد في القفص رافعه، فقامت القطة بعدة محاولات خاطئة، الى ان وصلت الى السمكة، فتم وصولها الى المثير

عن طريق ضغطها على الرافعة بطريق الصدفة بحيث ادى ذلك الى تعزيزها. وأدى الى تشكيل السلوك وترى هذه النظرية بأن المحاولات الخاطئة تقل في كل مرة شبيهة للمرة السابقة تقع العضوية تحت تأثيرها.

(٥) النظرية الجشتلطية

من اشهر رواد هذه النظرية "كوهلر" (Kohlar)، الذي يرى بأن التعلم يتم من خلال وقوع العضوية في مشكلة وقيامها بعدة محاولات خاطئة، ولكن توقفها وربطها لمجموعة العلاقات المحيطة بالمشكلة يساعدها على الحل، وهذا ما يطلق عليه بالاستبصار. فإن هذه النظرية ترى بأن الكل المتكامل أكبر من أجزائه.

لذلك نرى بأن التعليم يتم من خلال ربط العلاقات مع بعضها للوصول الى حل المشكلات.

من خلال عرض ما تقدم يمكن طرح الاسئلة التالية:

- ما الفرق بين التعليم الجشتلطي والربطي؟
- ما الفرق بين التعلم الكلاسيكي والاجرائي؟

من خلال استعراض النظرية الربطية، نجد بأن العضوية التي تمثل بالقطة، قامت بعدة محاولات خاطئة، ولكنها بالصدفة قامت بمحاولة صحيحة أوصلتها إلى هدفها، وبالتكرار قلت المحاولات الخاطئة وحلت محلها المحاولات الصحيحة، والشكل رقم (٤-١٥) يوضح ذلك:

وبذلك يتشكل السلوك الصحيح المعزز.

اما النظرية الجشتلطية فتقوم العضوية بعدة محاولات خاطئة، ولكنها سرعـان مـا تأخذ برهة من الوقت من خلالها تصل الى المحاولة الصحيحة والشكل رقم (٤-١٦) يوضح ذلك:

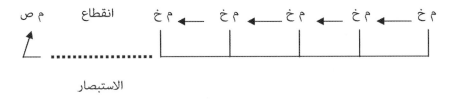

الاستبصار

فالفرق بين النظرية الاولى والثانية، بأن الأولى تأخذ العضوية الاستمرارية وبطريقـة الصدفة تصل إلى المحاولة الصحيحة، بينما الثانية تصل إلى الحـل عـن طريـق التفكير والاستبصار.

أما الجواب عن السؤال الثاني، فنجد أن التعلم الكلاسيكي لا يكون فعالاً اذا ما قيس بالتعلم الاجرائي، فالتعلم الاول يكون عرضة للمحو، بعكس الثاني الـذي يكون فعالاً ويكون ثابتا لدى المتعلم، اما العضوية (الكائن الحي) فيكون خاملا غير ناشط في التعلم الكلاسيكي، بعكس التعلم الاجرائي الذي تكون فيه العضوية اكثر نشاطا وقدرة على تحديد هدفها بصورة دقيقة وصحيحة.

* اهم الافتراضات الأساسية في نماذج التعلم السلوكية:

إن النظرية السلوكية (S-R Theory) تستند الى ثلاثة افتراضات في تفسيرها للسلوك وهي على النحو التالي:

* ان تفسير السلوك لا يستند الى عوامل داخلية فقط، وانما الى عوامـل خارجيـة في فهـم الظاهرة، فالملاحظة لـدى الافراد هـي سـلوك قابل للقياس (السلوك يظهـر مـن خلال الاستجابة) ويمكن القول إن هذا الافتراض يعتبر اهم فرق بين الاتجاه السلوكي والمعرفي.

* ان العضوية تستجيب للمثيرات البيئية، وان السلوكات تتغير نتيجة لاختلافها، بمعنى انها ارتباط بين المثيرات والاستجابات وتتكرر عن طريق التعزيز.

* ان السلوك يتغير نتيجة لتغير الظروف المحيطة، وان السلوكات اداءات متعلمة او معدلة تؤثر عليها البيئة، فالسلوكيون يؤكدون على اهمية البيئة اكثر من المعرفيين.

* مفاهيم التعليم النظرية السلوكية:

ان المفاهيم التعلمية في النظرية السلوكية تركز على عدة نقاط من اهمها:

١- التركيز على ارتباط المثير بالاستجابة لتشكيل السلوك، أو التعلم.

٢- التعزيز يعتبر من المفاهيم الاساسية التي تشكل السلوك أو التعلم.

٣- ضبط المثير يؤدي الى ضبط السلوك والتعلم بصورة محددة.

٤- ضبط الاستجابة يؤدي الى تحديد عملية التعلم. كأن يقوم الفرد باستجابة واحدة نحو مثيرات مختلفة وهذا ما يطلق عليه بالتعميم.

ويمكن توضيح المفاهيم السابقة من خلال النقاط التالية:

أ- تقديم المثيرات التي تستدعي الاستجابة المناسبة لدى المتعلم

ب- تشكل السلوك المرغوب فيه من خلال تعزيز الفرد بعد كل استجابة يقوم بها.

ج- تعزيز الاستجابات بالسرعة الممكنة والدرجة المناسبة.

* الاتجاهات المعرفية في طرق تعلم التفكير:

ان النظرية المعرفية ركزت على كل من البناء والادراك المعرفي، وان المعرفة هي اصطلاح يشير الى الادراك والفهم وتتضمن عمليات شعورية واعية كما يرى اصحاب هذه النظرية بأن نمو الطفل يتم نتيجة للتفاعل بين العوامل الوراثية والعوامل البيئية.

ويطلق أيضاً على النظرية المعرفية بالنظرية البنائية، حيث يرى "بياجيه" ان الطفل يتعلم عن طريق التمثل اما عملية المواءمة فتسمى بعملية التوازن لأنها تعمل على التوافق بين الاطر الداخلية والواقع الخارجي.

كذلك حدد بيايجه اربع مراحل متباينة في عملية تطور وتعلم التفكير عند الاطفال وهي الحس حركية وما قبل العمليات، والعمليات المادية والعمليات المجردة وتتم من خلالها عملية التوازن، كما يؤكد على اهمية تفاعل البيئة والوراثة معا في تحديد ذكاء الفرد.

كما ركز على قدرة التفكير وارتباطه بمستوى خبرات الفرد، نتيجة للمواقف، وهناك اربعة عوامل تؤثر في النمو المعرفي حسب وجهة نظره وهي:

١- الخبرات الطبيعية بالاشياء.

٢- الخبرات الاجتماعية النابعة عن تفاعل الفرد مع البيئة.

٣- النضج والنمو العصبي.

٤- التوازن الذي يحدث بين العمليات الفكرية.

ان مجموعة الخبرات الاجتماعية والفيزيائية التي يتعرض لها الطفل ناتجة عن تفاعله مع اقرانه تؤدي الى زيادة المفاهيم وتعديلها لديه، كمفاهيم الحجم والوزن والطول. كما أن النضج يرتبط بطبيعة المرحلة العقلية التي يمر بها الطفل وله تأثير على طرق تعلم التفكير لديه وهذا تأكيد لما جاء به بياجيه في انتقال الطفل من مرحلة الى اخرى [1]. ويمكن ايجاز المراحل التي اكدها بياجيه بالمراحل التالية:

أ- المرحلة الحس حركية من الميلاد – سنتين:

هذه المرحلة ترتبط بالمرحلة العقلية التي يمر بها الطفل حيث يتم في هذه المرحلة تكوين الابنية المعرفية التي من خلالها يتمكن من تطوير ذكائه ومستوى خبراته وتتشكل هذه المرحلة في عدة اسس:

(١) نبيل عبد الهادي، النمو المعرفي عند الطفل، ص٥٠.

١- ادراك الاشياء حيث ينظر الطفل الى الخشخشة التي تكون بجانبه.

٢- دوام البيئة أي تبقى معالم البيئة حيث يبقى الطفل محتفظا بها.

٣- الهوية الذاتية؛ لا يدرك الطفل بأن ذاته تختلف عن امه أو عن الآخرين ويعتبر العالم جزءاً منه وهذا ما يسمى "التمركز حول الذات" (Ego Sentralization).

٤- يربط بين السبب والنتيجة. ومثال ذلك أن يفهم الطفل ان ارتداء ملابسه يعني الذهاب الى نزهة.

٥- النية او القصد يبدأ الطفل في هذه المرحلة اتخاذ القرار وهذا متمثل في توجيه السلوك مثل وضع الكرسي للصعود على الطاولة للحصول على شيء.

٦- التقليد: حيث يقلد الطفل في هذه المرحلة والديه في مجمل سلوكهما من حيث الكلام والحركات.

ويرى بياجيه ان مراحل النمو العقلي متصلة ومتسلسلة بشكل ثابت بالرغم من الفروق الفردية بين الاطفال من ناحية النمو المعرفي.

ب- مرحلة تفكير ما قبل العمليات (٢-٧ سنوات)

هذه المرحلة كما يراها علماء النفس المعرفي تمتاز بالنقاط التالية:

١- نشوء اللغة لدى الطفل وتصبح اداة للتفاهم.

٢- يُكّون الاطفال عدة صور ومفاهيم متعلقة بالعالم الخارجي الذي ينتمون اليه.

٣- التفكير الرمزي حيث يعطى الطفل للاشياء اسماء ويعبر عنها عن طريق الحواس والحركة.

٤- التصور الادراكي حيث تبدأ عند الطفل القدرة على التحليل للاشياء من ناحية اللون والشكل والحجم.

٥- يبدأ التمركز حول الذات في التناقص تدريجيا.

٦- التصنيف البسيط القائم على متغير واحد كأن يصنف الاشياء تبعا للحجم والوزن واللون والطول.

٧- التفكير النوعي في هذه المرحلة تبدأ نواة هذا التفكير، حيث يبدأ في فهم العلاقات الرياضية البسيطة .

٨- الاحيائية يتمكن طفل في هذه المرحلة ان يضفي صفة الحياة على الجمادات، وهذا ما يظهر من خلال العابه.

٩- المفاهيم الرقمية تبدأ قدرات الطفل في هذه المرحلة بالتعامل مع الارقام والرموز.

ج- مرحلة العمليات المادية (٧-١١ سنة)

يبدأ الطفل في هذه المرحلة بالتفكير المنطقي لكنه غير مجرد، يتعلم في هذه المرحلة التفكير الموضوعي والقياسي والاستقرائي، فإذا قمنا بصب انائين متساويين من الماء في اناء آخر فإن الطفل يدرك ارتفاع السائل او انخفاضه وهذا يرجع الى معرفته بالطول وبالعرض. وفي هذه المرحلة يدرك العلاقات بين المتغيرات. فعلى سبيل المثال اذا كانت أ = ب و ب = جـ فإن الطفل يدرك بأن ب = جـ وهذا يدل على فهم العلاقات.

د- مرحلة العمليات المجردة ١١، ١٥ سنة

تتصف هذه المرحلة بوجود التفكير الفرضي الاستدلالي (التجريد) حيث ان الطفل في هذه المرحلة يستطيع ان يعلل بعض الظواهر الفيزيائية كتبخر الماء، الذي يؤدي في النهاية الى سقوط الامطار ويعلل جميع الظواهر على اساس منطقي علمي. فالخبرة في هذه المرحلة تؤثر على الامور الانفعالية والاجتماعية والاخلاقية والجمالية.

المنهج من وجهة نظر النظرية المعرفية النمائية:

ان البرامج التي طرحتها النظرية المعرفية تبحث في نمو الاطفال معرفياً وطرق تعلمهم التفكير، وتتضمن البرامج المعرفية انشطة لتعليمهم كاللعب التركيبي والتمثيلي والدرامي والالغاز والعمل الفني والانشطة التعليمية الاخرى كالموسيقى

والرقص. وهناك بعض الانشطة التي تقوم على التفكير الرياضي، ومن الامثلة تلك المناهج التي قامت على مباديء بياجيه منهج فورمان (Forman) الذي اعتمد في منهجه على دمج الانشطة التعليمية مع بعضها البعض بحيث تكون مرتبطة بالبيئة، لذلك نحتاج لبيئة غنية بالمثيرات، تؤدي الى استثارة دافعية الطلبة. وتطوير تفكيرهم والشكل رقم (١٧-٤) يوضح ذلك:

درس بعنوان جغرافية الأرض

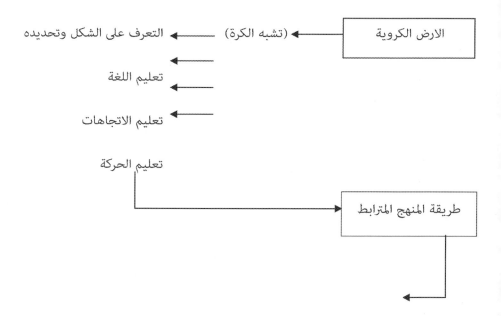

الربط بين الاشياء المتشابهة ← يؤدي الى استثارة دافعية الطلبة للتعلم

* اتجاه اوزبل في التفكير:

إن هناك كثيراً من الدراسات تؤكد بأن اتجاه اوزبل في التفكير قريب من الاتجاه المعرفي، حيث يركز على المعرفة السابقة في التخطيط لعملية التدريس ويعتمد في الاساس على درجة تنظيم الفكر، فالمعنى عند المتعلم يتوقف على

الارتباط بين اجزاء البنية المعرفية والمعلومات، وبذا يكون التعليم واضحاً ويتصف بعدة صفات منها:

١- ان يكون التعلم جوهريا ويكون له معنى.

٢- ان يكون التعلم طبيعياً.

٣- ان يكون لدى المتعلم قدرة على ربط الخبرة الحالية مع مجموعة الخبرات السابقة.

أشكال التعلم ذي المعنى:

ان لهذا النوع من التعلم عدة اشكال منها:

١- التعلم بالرموز (التمثيلي).

٢- تعلم المفاهيم.

٣- التعلم الاستكشافي.

٤- التعلم الاستقبالي.

٥- التعلم التمثيلي.

(١) التعلم التمثيلي:

ان الفرد يتعلم معنى الرموز المختلفة من خلال عملية التعلم اللغوي، التي تعتبر من اكثر الانشطة واهمها، وان عملية التعلم التمثيلي ليست مقتصرة على التعلم بالصور، وانما تشمل على تسمية الاشياء واعطاء تفسير لكيفية حدوثها اضافة الى اعطاء الحروف والافعال المختلفة التي تؤدي الى تعلم اللغة بشكل متكامل في الصفوف الدنيا.

(٢) تعلم المفاهيم:

يرى اوزبل إن هذا النوع من التعلم له جانبان هما:

- الجانب المنطقي (وجهة نظر يتفق عليها الجميع ومسلم بها).

- الجانب السيكولوجي (وجهة نظر تختص بالفرد نفسه).

٨١

فمن الناحية المنطقية يتم تعلم المفاهيم ويشير الى ظواهر موجـودة في مجـال معـين او فئـة محددة، وان التعليم المنطقي يشير الى مجموعة من الخصائص المتوافرة في فئات محددة.

ومن خلال النمو المعرفي يستطيع الفرد اكتساب المعنى للمثيرات المختلفة التـي لهـا ارتباط بتكوين البيئة المعرفية، وايجاد درجة من الربط بين البنية المعرفية الجديدة والسابقة وهذا لا يتم الا من خلال عملية التنشئة الاجتماعية، والتعلم المتقن.

* مراحل تعليم المفهوم من وجهة نظر اوزبل:

لقد حدد اوزبل مراحل تعلم المفهوم في ثلاث مراحل:

١- مرحلة ادراك المفهوم: يمكن ادراك المفهوم مـن خـلال اعطـاء العنـاصر وايجـاد المكونـات للمفهوم مع عناصر البيئة المعرفية، حتى يصل المتعلم الى درجة تامة من اعطاء المعنـى المناسب للمفهوم.

٢- تسمية المفهوم: يمكن تسمية المفهوم باطلاق رمز أو كلمة محددة حول مفاهيم محـددة والتي ترتبط بالمعنى الدال على المفهوم.

٣- تعلم القضايا: وهذا متمثل بايجاد العلاقة ما بين مفهومين وأكثر، وذلك بايجاد مجمـوع الخصائص المشتركة ما بين العنـاصر المختلفـة كمحاولـة للوصـول الى المبـدأ العـام الـذي يندرج تحت هذه العناصر. وهذا بدوره يتيح لنا التعلم الاستكشافي.

* التعلم الاستكشافي:

في هذا النوع من التعلم يمارس المتعلم نشاطاً يتم من خلاله التغير والتبديل في بنية العناصر المعرفية للمادة، حتى يصل الى معنى مناسب او الى عناصر المشكلة المـراد حلهـا. ان هذا النوع من التعلم لا يمكن استخدامه في جميع المواقف التعليمية.

* التعلم الاستقبالي:

يرى اوزبل بأن التعلم الاستقبالي يتمثل باستقبال الخبرات بشكل تلقائي، حيث يستقبل الفرد المفاهيم والمعارف الجديدة ويربطها بخبراته السابقة، وبذلك يكون قد وصل الى تعلم أفضل، متمثل بإعادة تنظيم المادة التي تم ربطها بالخبرات السابقة، فالتعلم الاستقبالي ذو المعنى يقوم على اعطاء التلاميذ مفهوماً له دلالة.

وقد ركز ايضا على المعرفة السابقة في عملية التخطيط الدراسي، كأهمية المادة وطريقة التدريس، ويرى بأن المعنى هو العلاقة بين المادة المراد تعلمها والطريقة التي بني عليها المحتوى.

كما انتقد اوزبل الاتجاه السلوكي في التعلم، حيث أكد بأنه لا يمكن ان يتم التعلم عن طريق ارتباط المثير بالاستجابة، كما بين بأن التعلم يقوم على قضيتين هما:

أ- طبيعة المعرفة   ب- طبيعة بناء المادة.

ويرى بأن تعلم المادة التي لها معنى يكون اسهل على المتعلم من المادة التي ليس لها معنى. والمثال التالي يوضح ذلك:

لو قام معلم بشرح قصيدة شعرية ترتبط بالنواحي المادية الفيزيائية لطبيعة ارض سهلية فإن ذلك يسهل على الطلبة الصغار استيعابها من قصيدة أخرى تقوم على الأمور المجردة.

التعلم بالقضايا

يقصد به طرح مشكلة معينة، او موضوع محدد يثير تساؤلات عند الطلبة حول هذا الموضوع، ومن خلال هذه التساؤلات واجاباتها يصبح لديهم الالمام الكافي بطبيعة هذا الموضوع المراد تعليمه، وبذلك يتم ترسيخ العناصر الهامة التي يرتكز عليها الموضوع.

ما الفرق بين الاستكشاف والاستنتاج؟

تشير الدراسات المتعلقة في نظرية "اوزبل" (Osabell)، بأن الاستنتاج عملية عقلية نتوصل من خلالها الى حلول متعددة ومرتكزة على التفكير المنظم المنطقي المتناسق، ومثال ذلك ما يحدث في العلوم الطبيعة كالكيمياء والفيزياء والعلوم الاخرى.

فإذا حضرنا تجربة في مجال الكيمياء فإنها تكون عبارة عن خطوات اجرائية متسلسلة مترابطة. ولتكن التجربة على سبيل المثال كلوريد الصوديوم، وإننا نحضر مادة الكلور (Cl^-) ومن ثم مادة الصوديوم (Na^+)، فإنه تحت ظروف معينة نجري التجربة فيحدث لدينا التفاعل الكيماوي وتنتج المادة الجديدة.

اما الاستكشاف فنعني به ارتباط مجموعة من المعارف يتم اكتشافها بطريقة عرضية غير مقصودة او موجهة وهذا ما يحدث عند اكتشاف ظاهرة طبيعية بطريقة الصدفة ومن ثم تتم دراستها.

*** الاتجاهات الانسانية في التفكير**

أكدت هذه الاتجاهات على أهمية إعطاء الاطفال حريتهم في التعلم، والتفكير، ومن اشهر مفكري هذا الاتحاه بستالوزي وفروبل ومنستوري.

اتجاه بستالوزي:

ولد المربي السويسري جون هنري بستالوزي في زيورخ ١٧٤٦م ويعدّ من اشهر المربين الحديثين، عاش حوالي ثمانين عاما، وقام على رعاية الاطفال اليتامى والمشردين من كل مكان. كتب الكثير من المقالات حول الفلسفة الانسانية، وقد اسس ملجأ للايتام في ستانز (Stanz) ومدارس ابتدائية في بورغدروف. وعدة معاهد تهتم بالاطفال. لقد تأثر هذا الفيلسوف بآراء روسو.

واهتم في التربية الخلقية التي يمكن تحقيقها عن طريق العمل والنظام، ويؤكد على ان النشاط الفكري مقتصر على بعض التمرينات في اللغة والغناء

والقراءة، وكان يرى ان البيت هو اساس التربية الانسانية، حيث اصدر عدة كتب ركزت على تربية الاطفال.

آراء بستالوزي التربوية:

لقد حدد عدة آراء تربوية كان من اهمها:

* التربية الصحيحة يجب ان تسير حسب القوانين الطبيعية لنمو الطفل، لأن التربية تعتبر عملية نمو عضوي متكامل لكافة ملكات الشخص وقواه الجسمية والعقلية والخلقية.

* تهدف فلسفته الى اهتمام بالطفل لكونه محور العملية التربوية.

* ان التربية الاساسية يجب أن تبدأ من البيت، وهذا يتم عن طريق عملية التنشئة الاجتماعية Socialization.

* ان اساس التعليم يجب ان يكون عن طريق التأمل، ويرى ان هناك ثلاثة انواع من التأمل الحسي، العقلي والفلسفي.

* يؤكد على مبدأ تحليل المعرفة وتعليمه للاطفال حتى يستطيعوا أن يفهموا او يتعرفوا على ما يحيط بهم.

من خلال دراسة فلسفة بستالوزي التربوية يمكن ايجاز ما تضمنته الأنشطة العقلية:

١- الاهتمام بالنشاطات العقلية المتمثلة في تدريس الرياضيات.

٢- الاهتمام بالنطق السليم المتمثل بتدريس اللغة.

٣- الاهتمام في تنمية الحواس المتمثلة في تدريب الطفل على فك وتركيب الاشياء المختلفة.

من خلال استعراض النقاط السابقة، نجد فلسفة "بستالوزي" (Bastlozy) تركز على نمو الطفل جسديا وعقليا واجتماعيا، وهذا بدوره يؤثر على كل من عملية التنشئة الاجتماعية والتعليم، بحيث يؤدى إلى بناء شخصية متكاملة من جميع النواحي. ويمكن توضيح ذلك من خلال الشكل رقم (٤-١٨):

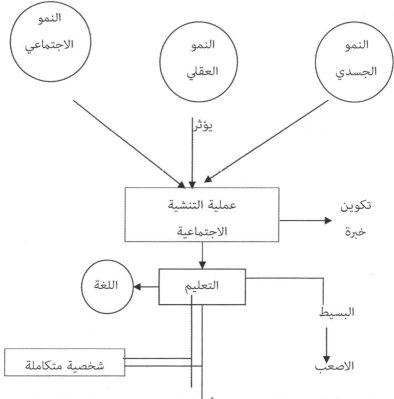

من خلال استعراض النموذج السابق نجد أن التعليم يستند على خبرة المتعلم، وارتباط التعليم بتطور اللغة، وان تعليم أي فرد يبدأ من الابسط والانتقال الى الاصعب، وعدم الانتقال بالتعليم من نقطة الى اخرى دون اتقان النقطة السابقة، بحيث يؤدي التعلم الى النمو المتكامل، واكتساب المهارة.

هذا مجمل ما جاء به بستالوزي في فلسفته التربية الانسانية.

اتجاه فروبل التربوي:

ولد فردريك فروبل في عام ١٧٨٢ لأب قسيس بروتستنتي في احدى قرى المانيا، وارتبط اسمه باسم رياض الاطفال وقد تأثر بآراء وافكار بستالوزي، وقد بدأ

حياته مهندسا معماريا، ولكنه سرعان ما اتجه الى مهنة التعليم، حيث يعتبر من أعظم المربين في القرن التاسع عشر على الاطلاق، فاهتم في تنمية شخصية الطفل.

لقد كانت المدرسة بالنسبة له المكان الذي ينمو الطفل فيها نمواً طبيعياً من الناحية الجسدية والعقلية والاجتماعية والنفسية.

اهتم باللعب بصفته الوسيلة التي تنمي شخصية الطفل، واهتم في بعض الانشطة التي تنمي قدرات الطفل الفنية كالرسم وقص الورق.. الخ.

وقد كتب عدة كتب تتعلق في رياض الاطفال اهمها كتاب تربية الانسان الذي يتعلق بملاحظة سلوك الاطفال في البيت والمدرسة من خلال سنوات متلاحقة.

من اهم افكاره التربوية:

١- ان التربية هي عملية طبيعية تقوم بها المجتمعات الانسانية

٢- إن لكل طفل كياناً عضوياً متكاملاً ينمو من خلال النشاط الذاتي.

٣- إن الهدف الاعلى للتربية هو تحقيق النمو المتكامل الشامل المترابط الذي يشمل نمو الجسدي والعقلي الذي يؤدي الى تنمية كافة جوانب الشخصية.

٤- لقد أكد بأن الفرد يعتبر جزءاً عضوياً من الجماعة.

ويمكن ايجاز اهم المبادىء التي نادى بها فروبل:

التأكيد على تحقيق النمو الشامل المتكامل المترابط والاهتمام بالنشاطات الذاتية التي تنبع من مبدأ حرية التعليم الذي يمنح المتعلم الاعتماد على قدراته وامكانياته للتفاعل مع الاخرين، وهذا لا يتم إلا من خلال انشطة اللعب.

اما بالنسبة للانشطة فقد اكد فروبل على اهمية تعلم مبادىء الرياضيات عن طريق الادراك الحسي للاشياء، وتعلم مبادىء اللغة باستخدام الحواس والملاحظة، وتدريب الاطفال على المشاهدة الطبيعة، وعلى المحادثة فيما بينهم، وهذا يتم في

مرحلة رياض الاطفال، وتنمية الادراك الحسي عند الطفل وهذا لا يتم إلا عن طريق التمييز بين الاشكال والالوان والاصوات. [(١)]

ان المتفحص لنظرية فروبل التربوية نجدها قد ركزت على بنية رياض الاطفال، من ناحية البناء، والتجهيزات وأساليب التدريس، وطريقة تفاعل الطفل مع الآخرين، واستثارة الدافعية لديه عن طريق تقديم المعززات له، والتركيز على اللعب بصفته النموذج الأفضل في بناء شخصية الطفل.

كما حدد فردريك فروبل دخول رياض الاطفال ما بين أربع الى ست سنوات، وفي هذه السن يكون الطفل أكثر تقبلا وألفة للأشياء، والاعتياد عليها، ويدرك الاستمرارية في الحياة، كما انه حدد العدد المناسب في الصف الواحد من (١٨) الى (٢٥) طفلا في كل غرفة، وهذا بدوره يؤدي الى التفاعل داخل غرفة الصف.

كما دعا الى اتصاف المعلمة بالخبرة المتعلقة بحياة الطفل، وكذلك أن تأخذ بعين الاعتبار المرحلة العقلية التي يمر بها الطفل وان تتصف بصفات خلقية وشخصية، حتى يتسنى لها من نقل المعارف والاهتمام بالطفل. [(٢)]

اتجاه منتسوري التربوي:

مربية ايطالية ولدت ١٨٧٠-١٩٥٢ نالت شهادة الطب واهتمت بأمراض الاطفال ودراسة الافكار التربوية للذين سبقوها امثال بستالوزي وفروبل وتأثرت بأفكار الفيلسوف الفرنسي جون ايتارد.

في عام ١٩٠٠ اسست اول مدرسة تجريبية خاصة بالاطفال المتخلفين عقليا، واستخدمت ادوات تدريب الحواس التي ابتكرها ايتارد وسيجان. وقد صممت مجموعة اخرى من الادوات التعليمية مبنية على افكارها، وقد سميت مدارسها

---

(١) نبيل عبد الهادي، الملامح الاساسية لخطة تربية الطفل في ست سنوات الاولى. اطروحة دكتوراة.

(ببيوت الاطفال) التي انشأتها ١٩٠٧، حيث كانت عبارة عن بيئات أعدت لتحسين مستوى الاطفال من الناحية النفسية والاجتماعية.

طريقة منتسوري في التعليم:

لخصت منتسوري طريقتها في عبارة قصيرة كانت لها معان واسعة وهي حرية الطفل في بيئة معدة له. ويمكن ان نجمل طريقتها في التعليم بالنقاط التالية:

١- ان الاطفال ليسوا متساوين في قدراتهم ورغباتهم.

٢- ان على المعلمين والمشرفين ان يوجهوا اعمال الأطفال وأداءاتهم.

٣- ان واجب المشرفين والمعلمين تهيئة الظروف المناسبة للاطفال في نموهم.

٤- ان نمو الاطفال يحتاج متطلبات معينة تبعا للتطور البيولوجي للطفل.

٥- يجب ان تتوفر ادوات تعليمية مناسبة لتسهل عملية التعلم.

٦- يجب ان تعد بيئة تعليمية متوفرة في جميع الامكانيات المادية التي تسهل عملية التعلم.

نستخلص من النقاط السابقة ان المربية منتسوري تؤكد على اهمية الفروق الفردية بين الاطفال وعلى اهمية البيئة التعليمية وطريقة التدريس التي تركز على الطفل نفسه كما انها تركز على كفايات المعلمة الشخصية المهنية، وهذا بدوره يؤدي الى تنمية شخصية الطفل والنموذج رقم (٤-١٩) يوضح ذلك:

تنوع الاساليب التعليمية	+	شخصية معلمة متكاملة	=	شخصية طفل متكاملة

فلسفة منتسوري التربوية:

لقد قامت فلسفة منتسوري التربوية على اساس الاهتمام بحواس الطفل التي تتأثر بالمنبهات الخارجية التي تحيط به، كما ركزت في فلسفتها التربوية على اهمية

(٢) المرجع السابق.

التعلم الاستكشافي، وهذا لا يـتم إلا عـن طريـق اعطائـه الحريـة في التعليم، وتقـوم ريـاض الاطفال عندها على فكرة التربية الفردية.

لقد ركزت على الانشطة العقلية ضمن فلسفتها التربوية وهذا متمثل في النقاط التالية:

١- ابتكار العاب تعلم الاطفال مبادىء القراءة والكتابة والحساب.

٢- استخدام لغة هامة وهذا يتم من خلال تأكيدها على عملية المحادثة بـين الاطفـال التـي تؤدي الى اعطاء الاطفال ثقةً بأنفسهم.

٣- الاهتمام بإدراك الاطفال الحسي، وهذا يتم عن طريق توفير الادوات والوسائل التي تـؤدي الى تطوير الناحية الحسية عند الاطفال.

٤- الاهتمام بنشاط الاطفال الذاتية التي تؤدي الى تطور تفكيرهم.

هذا مجمل ما جاءت به منتسوري في فلسفتها التربوية التعليمية.

* التطبيقات التربوية:

في هذه الوحدة تم التطرق الى عدة اتجاهـات في عمليـة تعلـم طـرق التفكـير عنـد الاطفال كالاتجاه السلوكي والمعرفي واتجاه كل من اوزبل والاتجاه الانساني المتمثل في فلسفة بستولوزي وفروبل ومنتسوري ويمكن من خلال ذلك التوصل الى النقاط التالية:

١- ان تعلم طرق التفكير يتم بصورة منطقيـة علميـة متمثلـة باستخدام طريقـة الاستدلال وارتباط الخبرات السابقة باللاحقة في معالجة فهم المعلومات الجديدة.

٢- ان الاتجاهـات التعليميـة السـلوكية تأخـذ بعـين الاعتبـار ان للبيئـة دوراً هامـا في عمليـة التعليم، وكذلك ارتباط الاستجابات بالمثيرات وتشكيل وزيادة السلوك الـذي يـتم عـن طريق التعزيز.

٣- ان الاتجاهات المعرفية تؤكد على اهمية العمليات المعرفية في عملية التعلم كالتمثل والمواءمة والتكيف والتوازن.

٤- ان اتجاه اوزبل يؤكد على اهمية تصنيف الاشياء وهذا يتم عن طريق التعليم ذي المعنى والتعليم الاستقبالي والاستكشافي.

٥- اما الاتجاه الانساني فركز على التعلم الشامل المترابط القائم على اعطاء حرية للطفل. والاهتمام به من جميع النواحي الجسدية والعقلية والاجتماعية والنفسية.

من خلال النقاط السابقة نستنتج انه يمكن الاستفادة من هذه الوحدة في اعداد منهج يأخذ بعين الاعتبار الفروق بين الاطفال والطرق التدريسية الملائمة القائمة على اساس علمي مناسب مع قدرات الفرد. ويمكن توضيح ذلك بالجدول (٤-٣) التالي:

الاتجاه	طريقة التدريس
الاستدلالي	الاستنباط، والاستقراء
السلوكي	ارتباط المثيرات بالاستجابات
الجشتلطية	التركيز على الاجزاء من خلال الكل المتكامل
المعرفية	التركيز على البناء المعرفي
اوزبل	تصنيف الاشياء وربطها بانواع التعلم المختلفة
الانساني	التركيز على التعلم الشامل المترابط القائم على اعطاء حرية
التربوي الحديث	تركيز على كل من المعلم والمتعلم والبيئة

الخلاصة

لقد تم استعراض أهم العوامل التي تمثل انماط التفكير عند الاطفال في كل من الروضات والمدارس الابتدائية، متمثلا ذلك في الاتجاه السلوكي والمعرفي واتجاه كل من اوزبل والاتجاهات الانسانية ثم قام المؤلف بوضع أهم التطبيقات التربوية، والنموذج التالي يوضح ذلك:

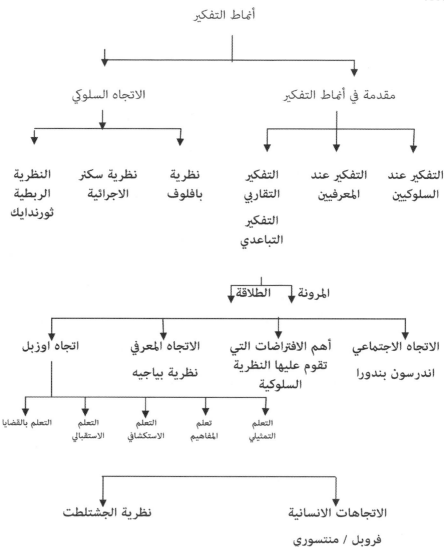

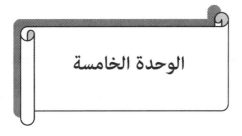

الوحدة الخامسة

أسلوبي الحوار والمناقشة في تنمية التفكير

* أهداف الوحدة
* طريقة المناقشة

أهداف الوحدة الخامسة

* أن يتعرف الطالب على خصائص المعلم الناجح.
* أن يحـــدد الطالـــب أهـــم المبـــادئ الاجرائيـــة التـــي تـــؤدي إلى تنمية الحوار التعليمي.
* أن يتعرف الطالب على أهم مبادئ طريقة المناقشة الصفية.
* أن يحدد الطالب أهم المبادئ في طريقة الحوار الصفي.
* أن يتعرف على طريقة جانيه بالتدريس
* أن يتعرف الطالب على أهم مبادئ هيلداتابا.
* أن يتعرف الطالب على طريقة رثكوف في التدريس
* أن يستنتج الطالب تطبيقات تربوية صفية.

الوحدة الخامسة

أسلوبي الحوار والمناقشة في تنمية التفكير

تمهيد

تركز هذه الوحدة على اهمية اسلوبي الحوار والمناقشة في تنمية التفكير، الذي له دور هام في تبيان اهمية اساليب التعليم. ونستطيع القول ان اول من استخدم طريقة الحوار الفيلسوف اليوناني (سقراط)، وتقوم على مرحلتين، المرحلة الاولى تعرف بمرحلة التهكم بواسطتها كان يتمكن سقراط ان يزعزع الفكرة عند صاحبها، اما الثانية تعرف بمرحلة توليد الافكار يتم الكشف من خلالها عن الحقيقة النهائية. [1]

ويرى هيجيل بأن ركائز الحوار تقوم على ثلاثة مرتكزات، فكرة، وفكرة مضادة وفكرة جديدة والشكل رقم (٥-٢٠) يوضح ذلك:

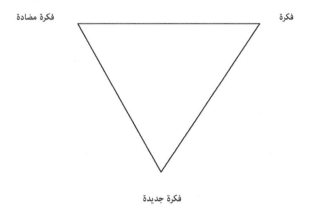

فكرة مضادة   فكرة

فكرة جديدة

الفكرة تعني رأي الشخص الأول، اما الفكرة الثانية فتعني الرآي الأخر، وتلك الفكرة الجديدة تعني ارتباطاً بين الفكرتين لكي تشكل شيئاً جميلاً، وهذا ما يطلق

---

(١) ول ديورنت، قصة الفلسفة، ترجمة فتح الله محمد، ص ٨١.

عليه بجدليه هيجل التي لها دور هام في تنمية التفكير من خلال الربط بين التشابهه والاختلاف في ايحاء وتوليد الأفكار الجديدة التي لها أهمية في بناء الأفكار والمعتقدات، ويتم هذا من خلال عملية الحوار والمناقشة في تنمية التفكير المنطقي فمن خلال عرض الشكل يتحدد موضوع الحوار الذي له دور هام في تنمية الافكار بشكل متكامل.

ويمكن لهذه الطريقة ان تطبق في مدارسنا الحالية، وهي عبارة عن جدل وحوار بين المعلم والتلميذ، وتستطيع القول إنها ناجحة بالرغم من بعض الانتقادات التي وجهت اليها، التي تمثلت بأن المعلم قد لا يستطيع ضبط الصف، وتوجيه انتباه تلاميذه.

ان هذه الطريقة تمتاز بصفات وخصائص تميزها عن باقي الطرق التدريسية الاخرى كإعطاء الحرية للتلاميذ وتبسيط المادة الدراسية، والتركيز على شخصية التلميذ وتقديم المعلومات بطريقة ناجحة.

*** خصائص المعلم الناجح في عملية الحوار التعليمي.**

ان طريقة الحوار بحاجة الى معلم متمكن من المادة الدراسية، يستطيع نقل المعلومات بشكل صحيح ودقيق، ويكون ذا شخصية متمكنة في قيادة الطلبة، ويمكن ايجاز ذلك في النقاط التالية:

١- تعمق المعلم في مادة تخصصه او القضية التي يدور حولها الحوار.

٢- ان يتمتع المعلم بمهارة في صياغة الاسئلة وتوجيهيها.

٣- ان يكون لديه المام في العلوم التربوية وعلم النفس.

٤- ان يقوم بالتحضير المسبق للمادة.

٥- يجب ان يتمتع بالقدرة على الانتباه الدائم لإجابات التلاميذ حتى يقيّم مستوى الحوار بينهم فيتسنى له توجيههم بصورة صحيحة.

*** المبادىء الاجرائية لعملية الحوار التعليمي في التربية الصفية.**

لقد اكد المربون المحدثون انه يجب ادخال تعديلات على الحوار السقراطي لكي يتناسب مع عملية تدريس المواد كاللغات والعلوم والرياضيات ومواد اخرى. وهذا يتمثل في المبادىء التالية:

١- تحديد التوقيت المناسب لطرح اسئلة الحوار التي يوجهها المعلم.

٢- استخدام اسلوب الحيرة لاستثارة تفكير التلاميذ.

٣- يجب ان تكون الاسئلة مناسبة لطبيعة التلاميذ، بحيث لا تشكل لهم التوتر النفسي.

وعلى المعلم أن يدير عملية الحوار بشكل ناجح وحتى يحقق ذلك يجب عليه اتباع الاستراتيجيات التالية:

أ- تقصير مدة الحوار بحيث لا تتعدى من (١٠-١٥) دقيقة.

ب- ان يتحاور المعلم مع كل التلاميذ ويشركهم جميعا في المناقشة للوصول الى النتائج المطلوبة.

ج- على المعلم ان يستخدم اسلوب التشويق والمرح في عملية الحوار.

د- ان ينقل التلاميذ من حالة الحيرة والتناقض الى حالة الانتباه والاستمرارية في الحوار.

هـ- ان يركز على اجابات التلاميذ وتصحيحها من خلال عملية الحوار.

هذه النقاط السابقة تساعد على انجاح عملية الحوار بشكل متكامل.

***استراتيجيات موجهة للحوار التعليمي في التربية الصفية.**

بالاضافة الى الاسئلة المباشرة المتتابعة التي يستخدمها المعلم في مادة الحوار التعليمي التي تعتبر الركن الاساسي لعملية التدريس بطريقة الحوار، فقد تستخدم في الحوار الاستراتيجيات التالية:

١- استعمال الوسائل المعينة:

تمكـن مهمـة المعلـم في جعل التلاميـذ يتـذكرون المعلومات والحقائق العلميـة المطلوبة، بحيث تكون لكل مادة طريقة تدريس تختلف عن باقي المواد الاخرى. وقد يعرض المعلم بالاضافة الى الاسئلة بعض الوسائـل المعينـة التي تـؤدي الى تثبيت عمليـة الحوار، ويتلخص ذلك في النقاط التالية:-

أ- عرض الرسوم او الصور او الخرائط بشكل مرئي ومقروء.

ب- اعطاء لمحة عن الموضوع من قبل المعلم قبل عرض الوسائل.

ج- بدء الحوار من قبل المعلم والتلاميذ من خلال الوسيلة المعروضة.

٢- اختيار الموضوع:

يستخدم المعلم في عملية الحوار احد الاسلوبين؛ الاستقراء او الاستنتاج، حيث يفضل بعض المعلمين استخدام الاستقراء في حالة المعرفة المحدودة لموضوع الحوار من قبل التلاميذ، اما اذا كانت معرفتهم بالموضوع متقدمة فتستخدم طريقة الاستنتاج، وعلى ايـة حالـة فإن المعلم عند اختياره لموضوع الحوار الفرعي فإنه يلجأ الى اعتبارين هما:

أ- اهمية قيمة المادة التدريسية بالنسبة للتلاميذ التي تبنى على اساسها عملية الحوار.

ب- تحديـد الطرق التعليميـة المناسبـة للموقـف التعليمـي، وهـذا يحـدد عمليـة الحوار وخصائصها من جانب، ويحدد استعداد الطلبة، من جانب آخر.

مثال على ذلك، إذا كان موضوع الحوار يتعلق حول الانهار في سوريا فعندئذ يناقش المعلم كافة المعلومات المتعلقة بهذا الموضوع كأسمائها، فروعها، امتدادها، منابعها، الغزارة المائية، وبعد ذلك ينتقل الى موضوع آخر.

ويتحكم في موضوع الحوار أمران هما، شرح المعلومات التي يتم إعطاؤهـا مـن قبل المعلـم، ومن ثم اجابات التلاميذ على موضوع الحوار.

٣- نوعية الاسئلة التي تتعلق بموضوع الحوار:

يجب ان تكون الاسئلة لها علاقة وثيقة بموضوع الحوار، وعلى المعلم ان ينوع بطرح الاسئلة، مراعيا بذلك عملية الفروق الفردية بين الطلبة، ويستخدم الطرق المناسبة التي تؤدي الى تثبيت المعلومات، وهذا لا يتم الا باستخدام الاسئلة الجيدة الواضحة المتعلقة بموضوع الحوار، والمعلومات التي تحدد الطريقة والاسلوب للمعلم يوضحها الجدول رقم (٥-٥).

علاقة المعلومات بطريقة الحوار أو أسلوبه

* نوع او مستوى المعلومات	الطريقة او الاسلوب
* معلومات اساسية ومعروفة من قبل التلاميذ	لا يركز عليها المعلم ولا يعرضها بشكل مباشر
* معلومات اساسية غير معروفة من قبل التلاميذ	يركز عليها المعلم ويوجه معظم الاسئلة حولها
* معلومات اساسية نسبيا غير معروفة من قبل التلاميذ	يعرضها المعلم ولا يركز عليها بشكل مباشر
* معلومات اساسية نسبيا ولكن يصعب فهمها من قبل التلاميذ	يستخدم المعلم اسلوب تدريس بسيط ليتم تعلمها بشكل تدريجي.

من خلال استعراض الجدول السابق يمكن للمعلم أن ينوع في الأساليب، خاصة في تقديم المعلومات، وطريقة طرح الاسئلة التي لها اهمية في استثارة دافعية التلاميذ للتعلم.

٤- مراجعة مادة الحوار:

ان مراجعة مادة الحوار تهدف الى تحقيق الكفاية التعليمية، ومعرفة الموضوعات التي تصعب على التلاميذ لكي يتسنى للمعلم التركيز عليها في عملية الحوار، كما عليه ان يحضر لهذه الطريقة اسئلة شاملة تمتاز بنقطتين هما:

أ- الشمولية لموضع الحوار، بحيث لا تركز على نقطة واحدة او موضوع محدد.

ب- تكون متدرجة بمعنى ان يبدأ المعلم بالاسئلة التي تتعلق بالامور السهلة، ومن ثم ينتقل الى الامور الصعبة، ويكرر الاسئلة التي تحتوي على نقاط مهمة.

٥- تصحيح الاخطاء:

من أجل استمرارية عملية الحوار بطريقة صحيحة، على المعلم ان يقوم بتصحيح الاخطاء التي يقع فيها التلاميذ بشكل غير مباشر، وهذا يتم من قبله او من قبل التلاميذ بعضهم البعض، وقد يلجأ المعلم لإعطاء الاجابة الصحيحة مباشرة للتلاميذ وهذا بدروه يؤدي الى تفعيل عملية الحوار التعليمي.

ان الحوار التعليمي يقوم على الاسئلة المتتابعة بالنسبة للتلاميذ، كما يشير الباحثون التربويون ان مدة الحوار التمهيدي (Warming up) يجب ان لا تزيد على ١٠-١٥ دقيقة في كل حصة تدريسية للطلبة للكبار، بينما الصغار من (٥-٧) دقائق في كل حصة تدريسية.

* طريقة المناقشة

يستخدم اسلوب المناقشة في التعليم كأسلوب مستقل لدراسة موضوعات مختلفة تحتاج الى الاستيعاب والتعليل والتركيب، والى تكوين مهارات عقلية مختلفة عند التلاميذ، لهذا يتطلب ان يستخدم التلاميذ معلوماتهم ويحللوا هذه المعلومات. ويمكن ان تستخدم طريقة المناقشة في موضوعات مختلفة كالتاريخ والمسرحيات ومواد التطبيق. أو حول موضوع واحد له علاقة بموضوعات اخرى.

أساليب التدريس

وتستخدم المناقشة ايضا في التطبيق العملي، حيث تؤدي الى زيادة وعي التلاميذ وادراكهم للموضوعات التي يطبقونها بعد مناقشتهم لها. كما تستخدم عدة اساليب تدريسية كطريقة المشروع وتمثيل الادوار وغيرها، وبذلك يشعر التلاميذ بأن ما سيقومون به من نقاش سيؤدي الى تطوير افكارهم ومعارفهم.

ان طريقة المناقشة تتم بصورة جماعية، ولكن السؤال الذي يطرح نفسه هنا؛ متى يكون المعلم قادرا على استخدام المناقشة الجماعية؟ حينما تكون المناقشة اكثر اساليب التعليم فاعلية ويكون المعلم قادرا على تنظيمها ويكون ديمقراطيا واسع الاطلاع وايضا متكلماً بصورة طلقة وواثقا من نفسه ومتواضعا.

الإعداد للمناقشة

ليس الهدف من المناقشة مجرد الحصول على كمية المعلومات او شرح موضوع معين، بل ينبغي تدريب التلاميذ على التفكير العلمي ونشرـ الاتجاه الديمقراطي عندهم، فالنقاش يؤدي الى تقبل آراء الآخرين وعدم التعصب لآراء محددة.

ولتحقيق اهداف المناقشة لا بد من الاعداد الدقيق لها ويتطلب الاعداد للنقاش المراحل التالية:

١- قراءات شاملة للموضوع:

ان المعلم الذي يستخدم النقاش يجب ان تكون لديه معرفة شاملة، إذ يتوجب عليه ان يقوم بقراءات واسعة في مختلف المراجع، حتى يتمكن من اعداد عملية نقاش ناجحة، تؤدي الى مشاركة جميع التلاميذ بفعالية مستمرة.

٢- تحديد اهداف النقاش

يُعّد المعلم قائمة بالنتائج التي سيحصل عليها التلاميذ، او يضع هدفاً محدداً يمكن تحقيقها في نهاية عملية النقاش، وهذا ما يطلق عليه اختبار محك المرجع.

٣- اعداد وجمع المصادر

على المعلم ان يختار المصادر والمراجع التي يشعر بأنها تفيد التلاميذ في دراستهم وتكون لها علاقة في موضوع النقاش.

٤- تقديم الموضوع للتلاميذ

ان مهمة المعلم ان يقدم موضوعات تثير النقاش لدى التلاميذ، بحيث يشعرون بأنهم بحاجة للمعرفة حول موضوع النقاش، ويشعرون ايضا بالرغبة التامة لعملية التعلم.

٥- تقسيم العمل

يقوم المعلم بعد الاتفاق على موضوع النقاش بتقسيم الموضوع الى نقاط ومن ثم تقسيم الصف الى مجموعات حتى يقوموا بعملية النقاش، ويتم ذلك من خلال تقسيم الأدوار، وعلى المعلم ان يلاحظ في توزيع الأدوار ما يلي:

أ- ان يشترك كل تلميذ في مناقشة موضوع محدد بحيث يضمن مشاركة الجميع وهذا بدوره يؤدي الى تشجيع الطلبة على الاشتراك في عملية النقاش.

ب- ان يختار كل تلميذ الموضوع الذي يرغب فيه، بحيث يتناسب ذلك مع ميوله واهتماماته مما يجعله متحمسا لعملية النقاش.

ج- ان يكون الحوار مناسباً لطبيعة المادة الدراسية، وهذا يؤدي الى تحقيق قيم ايجابية لدى التلاميذ.

٦- اعداد المكان والزمان المناسبين

يجهز المعلم والتلاميذ المكان المناسب ويراعى في هذا المكان أن يساعد على تحقيق اهداف النشاط، فقد يجري النقاش داخل غرفة الصف او في قاعة المدرسة او في ساحتها. فإذا كان الموضوع يتطلب وسائل معينة على المعلم والتلاميذ ان يجهزوا ذلك ويحدد زمان المناقشة.

٧- بدء المناقشة

يبدأ المعلم بالمناقشة بعرض موجز سريع للموضوع، مركزاً على اثارة التساؤلات التي تدفع التلاميذ للمشاركة في النقاش، مفتتِحَا بذلك عملية النقاش بين التلاميذ، بحيث يكون المعلم والطلبة جالسين بشكل نصف دائرة، ويحسن بالمعلم هنا ان يركز على نقطتين:

أ- حسن توزيع الادوار، ومدى الافادة من القراءات والكتب في عملية النقاش وتوزيع الاسئلة بين التلاميذ بحيث يشترك كل التلاميذ.

ب- ديمقراطية المعلم واحترامه لآراء الطلبة ومشاعرهم، وعدم السخرية من اخطائهم، فهذا يؤدي الى ان يسير النقاش بفاعلية، ويشعر كل تلميذ بالامن والطمأنينة.

إن مسؤولية المعلم تكمن في انجاح عملية المناقشة، ويجب عليه مراعاة عدة أمور منها: ان يكون النقاش في اطار الموضوع. ان لا يضيع الوقت في مناقشة افكار غير اساسية او تفصيلات تافهة، وعليه ان لا يرجع الى الموضوعات التي نوقشت وتم الاتفاق عليها، وعليه مشاركة جميع التلاميذ لإنجاح عملية النقاش وان لا يسيطر احد التلاميذ على النقاش او على احدى المجموعات.

٩- النشاط الختامي

نقصد به بأن ينتهي النقاش بخلاصة للافكار التي سجلها المعلم على السبورة، ويحاول التلاميذ اثناء النقاش تسجيل اهم الافكار، ليتمكنوا من الاستفادة منها في المستقبل خاصة فيما يتعلق بالمادة التدريسية.

أساليب تنظيم المناقشة

تتخذ المناقشة أشكالاً مختلفة فقد تكون مباشرة، بحيث يقود المعلم عملية النقاش، ويوجه اسئلة الطلبة للوصول الى اجابات صحيحة، تؤدي الى اتقان علمية التعليم وتحقيق الاهداف بصورة متكاملة.

أشكال المناقشة

١- المناقشة المباشرة

تبدأ المناقشة بإثارة المعلم سؤالا يتطلب الاجابة عليه، او يحدد مشكلة تتطلب حلا، أو تشجيع التلاميذ على القيام بنشاطات متنوعة وقراءات مختلفة حول

الموضوع المراد طرحه، فالمعلم هنا يقود الطلبة في جو ديموقراطي يشجعهم على إبداء آرائهم.

٢- المناقشة غير المباشرة.

يبدأ المعلم بطرح مسألة او مشكلة من خلال عدة اسئلة تتعلق بها، بحيث تكون هذه الاسئلة غير مباشرة، فمن خلال توجيه المعلم لعملية المناقشة، فإنه يصل بالطلبة في اجاباتهم الى الموضوع المراد دراسته، وتشير الدراسات التربوية في مجال التعلم الصفي بأن التمهيد القبلي للدرس (Worming up) هو شكل من اشكال المناقشة المباشرة، لا سيما انه من خلالها نصل الى الموضوع المراد طرحه، كما اشارت الدراسات ان التمهيد يبدأ في بداية الحصة الدراسية. [١]

٣- الندوة

يشكل المعلم لجنة من مجموعة من التلاميذ، لمناقشة مشكلة ما او حالة معينة، تكلف اللجنة بالقيام بقراءات المصادر والمراجع المتعلقة بالموضوع، ثم يعرضون افكارهم امام زملائهم، ويدور بينهم حوار يمتد الى التلاميذ الآخرين الذين يسمح لهم بالاشتراك في نقاش اعضاء الندوة، وتساهم الندوة في اغناء الموضوع بعرض وجهات نظر مختلفة، مما يستدعي زيادة تفكير التلاميذ او تأملهم في الموضوع.

مزايا أسلوب المناقشة الجماعية

تعد المناقشة تطورا سليما لأساليب التدريس ومن مزايا هذا الاسلوب:

١- يشترك جميع التلاميذ في نشاط المناقشة، بحيث يجمعون المعلومات، وهذا بدوره ينمي اتجاه البحث العلمي لديهم.

---

(١) فخري الدين القلا، تصميم الدروس وفق الاهداف السلوكية، ص ٦٦.

٢- إن عملية المناقشة تشعر التلاميذ بالمتعة والرضا، والتقبل للحياة المدرسية فمن خلالها يعدون التلاميذ لدروسهم ويستمعون الى مختلف الآراء، مما يجعلهم اكثر انتباهاً وتشوقاً للموضوعات المطروحة.

٣- اشتراك عدد اكبر من التلاميذ، يمكن ان يغني الدرس او الموضوع بوجهات نظر مختلفة مما قد يعطي قيما او اتجاهات ايجابية.

٤- المناقشة تجعل التلاميذ يحترمون آراء زملائهم ويتقبلون النقد.

٥- يكون في هذه العملية التلميذ عضوا مشاركا في المناقشة.

٦- يعد المعلم لدروسه بشكل دقيق وفعلي وشامل، بحيث يكون قادرا على توجيه المناقشة نحو اهدافها.

٧- يستخدم النقاش كوسيلة تساعد على انجاح اساليب التدريس، الاخرى كالمحاضرة او مناقشة فلم سينمائي او درس تلفزيوني تعليمي او مسرحية او تمثيلية.

إن هناك بعض الامور يجب مراعاتها لنجاح المناقشة:

١- عدم سيطرة بعض الاشخاص على معظم وقت المناقشة.

٢- غياب التنسيق بين المناقشين في الندوة مماً يحدث ارتباكا وفوضى.

٣- عدم ضياع الوقت في مناقشة تفصيلات تافهة.

٤- عدم قدرة المعلم على متابعة الافكار التي تطرح في النقاش.

٥- ان قلة توفر المراجع والدراسات التي يرجع اليها التلاميذ، تؤثر سلبا في عملية النقاش.

من خلال عرض ما سبق، نجد بأن طريقة المناقشة تعتبر من الطرق التعليمية المهمة في استثارة دافعية الطلبة للتعلم، كما أنها تؤدي الى زيادة فعالية الانتباه لديهم.

طريقة روبرت جانيه في التدريس

بينما يهتم بياجيه بالتطور العقلي للطفل، فإن هناك نظريات معرفية اخرى تعطي أهمية تحديد لمحتوى التعلم والى كيفية تنظيم المادة التعليمية بحيث تتناسب مع النمو المعرفي للطفل. فالاستعداد للتعلم عند جانيه يأخذ طابعاً كمياً، بمعنى أنه يركز على مقدار المعلومات التعليمية التي يتلقاها المتعلم. أي يتوقف ذلك على مقدار ما يمتلك المتعلم من نتاجات تعليمية سائغة، بينما الاستعداد من وجهة نظر بياجية فله طابع كيفي، أي كيف يفكر الطفل، ويمكن ان نوضح ذلك من خلال الشكل رقم (٥-٢١).

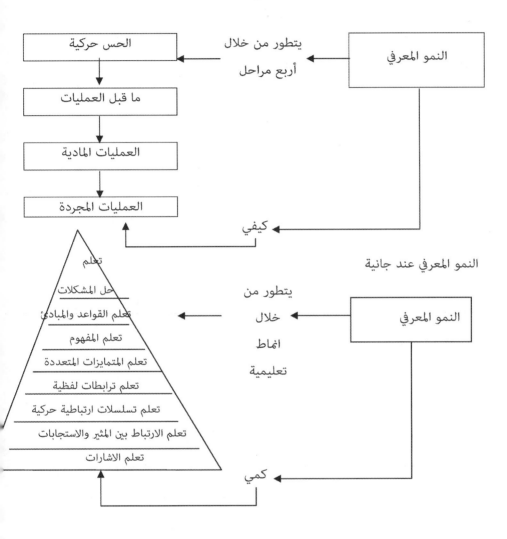

النمو المعرفي عند بياجيه

النمو المعرفي	→	يتطور من خلال أربع مراحل	→	الحس حركية

ما قبل العمليات

العمليات المادية

العمليات المجردة

كيفي

النمو المعرفي عند جانية

النمو المعرفي	→	يتطور من خلال انماط تعليمية	→

تعلم

حل المشكلات

تعلم القواعد والمبادئ

تعلم المفهوم

تعلم المتمايزات المتعددة

تعلم ترابطات لفظية

تعلم تسلسلات ارتباطية حركية

تعلم الارتباط بين المثير والاستجابات

تعلم الاشارات

كمي

ويقدم جانية ثمانية انماط من التعلم تشكل نسقاً هرمياً، قاعدته تشمل تعلم الاشارات، وقمته تشمل تعلم حل المشكلات، وأنواع التعلم عند "جانيه" (Gania) تشمل ما يلي:-

١) تعلم الاشارات (Signal Learning)

يتم التعلم عند الطفل، حين تصدر عنه استجابة لا إرادية لمثير ما أو حتى لأي اشارة تدل على ذلك المثير.

٢) تعلم الارتباطات بين المثير والاستجابة (Respons – Scimulus Learning)

هذا التعلم يرتبط ما بين مثير محدد واستجابة محددة، كربط شيء باسمه أو بمصطلح يدل على ذلك.

٣) تعلم تسلسلات ارتباطية حركية (Chaining)

التعلم هنا يكون سلسلة من تعلم الارتباطات بين المثير والاستجابة، بمعنى أن التعلم الثاني تصبح استجاباته مترابطة.

٤) تعلم ترابطات لفظية (Verbal Association)

في هذا النوع من التعلم تصح اللغة (الالفاظ) هي أداة لإتصال ما بين المثيرات والاستجابات، وكلاهما يكون على شكل كلمات.

٥) تعلم التمايزات المتعددة (Multipe Discrimination)

في هذا النوع من التعلم يستجيب الطفل باستجابات محددة ومختلفة لمثيرات مختلفة، أي يتعلم الطفل التمايز بين الارتباطات المتعلمة، كالتمايز بين أسماء الأشكال الهندسة التقليدية وارقام الأعداد.

٦) تعلم المفهوم (Concept Learning)

هنا يستجيب المتعلم استجابة عامة لمجموعة من المواقف والحوادث او الاشياء فيما بينها خصائص مشتركة، والمفاهيم قد تكون محسوسة تعتمد في تعلمها على المشاهدات الحسية كمفهوم الطيور والحيوانات.

٧) تعلم القواعد والمبادئ (Rule Learning)

في هذا النوع من التعلم يتعلم الفرد مجموعة من القواعد والمبادئ الرياضية عن طريق ادراكه لطبيعة العلاقات بين المفاهيم المكونة للقاعدة أو المبدأ.

٨) تعلم حل المشكلات (Problem Solving)

يأتي هذا التعلم في قمة هرم التعلم، وهو اكثر الانواع تعقيدا اذ يتطلب من المتعلم تنظيم جميع انواع التعلم التي تعلمها والتنسيق فيما بينها للوصول الى حل مشكلة، فحل المشكلة يلزمه استخدام المبادئ والقواعد التي تعلمها.

ويطلق جانيه على النتاجات التعليمية بالمقدرات (Capabilities) وتعني المقدرة على ما يمكن ان يقوم به المتعلم وتتباين المقدرات بدرجة بساطتها او تعقيدها تبعا لنوع التعلم المطلوب ويمكن توضيح ذلك من خلال الشكل رقم (٥-٢٢).

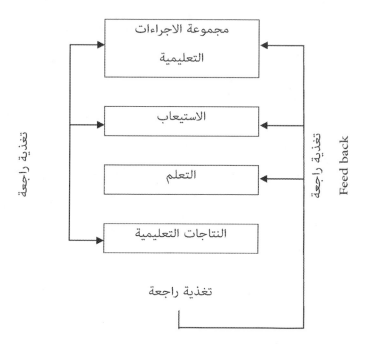

من خلال استعراض الشكل نجد بأن هناك ارتباطاً وثيقاً بين كل من مجموعة الاجراءات التعليمية، ونتاجات التعليم بشكل متكامل.

من خلال ما تقدم يمكن القول إن نظرية جانية تركز على انماط التعلم الثمانية من خلال ارتباط النماذج التعليمية مع بعضها. بحيث تشكل تعلماً متكاملاً وشاملاً.

اتجاه هيلداتابا الاستقرائي

يقوم هذا الاتجاه على الاستدلال الذي يشمل الاستنباط والاستقراء وجمع المعلومات، ويرى بأن التفكير يمكن تعليمه، لا سيما انه عبارة عن عملية تفاعل ما بين الفرد والمعلومات التي يتلقاها باتجاه معين، بحيث يدركها ويصنفها، كما يدرك العلاقة القائمة بينها ويعممها، وعملية التفكير ما هي الا عمليات عقلية متتالية بحيث تشتمل على مهمات، فلكل مهمة استراتيجيات فكرية محددة خاصة بها.

مراحل التفكير او مهام تكوين المفاهيم

ان مهام تكوين المفاهيم تشتمل على الانشطة التالية:

١- مرحلة تحديد المعلومات والبيانات وجمعها، هنا تشمل وضع المحتوى والبيانات.

٢- مرحلة تطبيق المعلومات، من خلال جمع المعلومات حيث يتوصل الفرد الى تصنيفها في
قوائم مختلفة حسب مبدأ التشابه فيما بينها.

٣- مرحلة التسمية: وهي مرحلة اطلاق الاسماء على المعلومات التي تم جمعها وتصنيفها،
وبصورة عامة فإن طريقة هيلداتابا تقترح الاسئلة حول موقف معين مثل:

أ- ماذا لاحظ الفرد؟ (تحديد وجمع البيانات).

ب- ما هي اوجه الشبه بين المعلومات والبيانات؟ (التصنيف).

ج- ما الاسم المراد اطلاقه على هذه المعلومات؟ (التسمية).

طبيعة العمليات الفكرية الداخلية.

١- مرحلة التمييز: تبيان اوجه التشابه والاختلاف.

٢- مرحلة تبيان الخاصية المميزة بين مفهومين متشابهين.

٣- مرحلة التنظيم: تنظم المعلومات والبيانات.

٤- مرحلة تفسير البيانات: وهي تشتمل على عمليات التمييز والاستدلال والتعميم.

٥- مرحلة التطبيق.

ومن مهام هذه المرحلة ما يلي:

أ- شرح وتحديد التشابه والاختلاف من خلال التمييز بين خصائص المفاهيم.

ب- شرح وتوضيح المعلومات والمفاهيم والعمليات العقلية وايجاد المعاني.

ج- التوصل الى استنتاجات واستدلالات والوصول الى مبادىء عامة حول طبيعة التفكير
وعملياته الداخلية وربط العلاقات فيما بينها.

نشاط

حاول طرح قضية تعليمية تتناسب مع طريقة هيلداتابا

نمط التعليم عن طريق المواد التعليمية المكتوبة (طريقة روثكوف)

تشير الدراسات في مجال النماذج التعليمية المعاصرة، إلى أن نمط التعليم عن طريق المواد المكتوبة لروثكوف (Rothkopf)، يؤدي إلى زيادة فعالية التعلم، حيث يعتبر هذا الاتجاه من اركان المدرسة السلوكية التابعة لسكنر، كما أن هذا الاتجاه يختلف عن الاتجاهات التعليمية الاخرى باعتباره لا يقتصر فقط على التعامل مع عملية التعلم باعتبارها عملية استثارة واستجابة، بل تتعدى هذين المتغيرين، في كونها تحدث تغيرا حقيقيا لدى المتعلم.[١]

مفهوم نمط روثكوف التعليمي

إن التعليم يلعب دورا هاما في عملية التعلم، بمعنى آخر يزيد في مستوى المعرفة، التي من خلالها يقدم الطالب نشاطا وجهدا، ويرى روثكوف بأن نشاط المعلم يرتكز على النشاط المولد للتعلم.

ويقوم التعلم على ثلاثة مستويات هي:

أ- التهيئة: ونعني بها الدخول الى محيط المادة التعليمية.

ب- اكتساب الاهداف: وتعني انتفاء المادة التعليمية المستهدفة او تعلمها.

ج- ترجمة المادة او النصوص؛ أي تمثلها داخليا باستخدام العمليات العلمية المعرفية.

فالنقاط الثلاث السابقة تركز على نشاط المعلم، وتجعله اكثر تفاعلا مع الصف.

---

(١) اسحق الفرحان وزميله، تعليم المنهاج التربوي: انماط تعليمية معاصرة، ص٩٥.

ان توضيح كل من الاهداف والاسئلة المنوي استخدامها في هذه الطريقة يساعد في زيادة فعالية التعليم، كما أنه ييسر عملية تعلم الحقائق التي تتصل بالاهداف والاسئلة المطروحة، التي تؤدي إلى تركيز المتعلم في الموضوع المطروح.

كما يُشدد روثكوف على أهمية دور المتعلم في دراسة المادة التعليمية كما انه يميز بين المؤثرات المعنوية الرمزية والفعالة، ويشير إلى أن المؤثرات الاسمية تشير إلى شكل المفردة المكتوبة وحجمها وكل من العبارات والجمل والنصوص، بينما الثانية تشير إلى معاني المفردات والجمل والنصوص، كما ان للمؤثرات الاسمية ثلاثة مستويات: وهي المحتوى وطريقة العرض والشكل. ويمتاز المحتوى بالصفات التالية: الدقة التي تقدم فيها الحقائق والمعلومات، اما التوجه فيتصل بالهدف التعليمي.

كما يعرف روثكوف نشاط المعلم بأنه النشاط المولد للتعلم والذي يؤدي إلى اثارة الدافعية لدى المتعلم، كما انه يؤكد بوجود ضرورة نشاط ملائم ومناسب لتحقيق اهداف التعلم، والشكل رقم (٥-٢٣) يوضح ذلك:

التفاعل الصفي

وتشير الدراسات إلى أن نمط التعلم عن طريق المواد التعليمية المكتوبة، يكون في ثلاثة اصناف او مستويات من نشاط المعلم وهي:

١- التهيئة او عملية الدخول الى محيط المادة التعليمية.

٢- اكتساب الهدف او انتقاء المادة التعليمية المستهدفة وتعلمها او الحصول عليها.

٣- ترجمة المادة او النصوص؛ أي تمثلها داخليا باستخدام العمليات العقلية المختلفة.

من خلال ذلك يمكن ملاحظة المستويين الاول والثاني بوضوح. أما المستوى الثالث فيكون من نشاط المعلم، وهذه المستويات تشكل التفاعل الصفي بشكل مباشر.

إن توضيح الاهداف او الاسئلة المنوي الاجابة عنها من قبل المتعلم قبل الشروع بعملية التدريس تعتبر استراتيجية مهمة في اثارة دافعية الطلبة للتعلم. حيث تمتاز الاسئلة بأنها قصيرة وواضحة وتؤدي إلى اثارة التفكير.

ولقد دلت بعض الأبحاث بضرورة أن تمتاز الأسئلة بالنقاط التالية:

- الاسئلة تكون من النمط العقلي الاعلى (كالفهم او التطبيق).

- الاسئلة توجه بشكل مباشر.

- الاثر الايجابي للاسئلة يأتي بعد النصوص.

أما دور المتعلم في هذا النوع من التعلم فيمتاز بالنقاط التالية:

١- استخدام الأساليب ذات المعنى.

٢- استخدام التعزيز المستمر.

٣- اتباع التغذية الراجعة في عملية التدريس.

اما المحتوى فيجب ان يمتاز بالدقة والتوجه، وتحديد المواد غير المنتمية، وتشكيل مواد ذات صلة بواقع المتعلم البيئي.

اما طريقة العرض فتشتمل على اختيار المفردات والمحسنات اللفظية المستخدمة في العرض (تشابه، استعارات، امثلة، تعريفات)، وتنظيم المادة التعليمية بشكل متسلسل ومنطقي للافكار والحقائق.

ومن حيث الشكل فيشير روثكوف الى أهمية البنية لورقة العمل النحوية كأنماط الجمل والتراكيب المستخدمة والتعقيد اللغوي وطريقة تركيب الجمل من حيث استخدام الكلمات.

من خلال ما تقدم يمكن القول إن هذا النمط التعليمي يستند من وجهة نظر روثكوف الى مفهوم التعلم الذاتي القائم على النشاط المربي باعتباره استراتيجية تعليمية عامة يمكن توظيفها في التعلم عن طريق مادة تعليمية مكتوبة.

ويركز هذا النمط على استثمار نشاط المعلم في استثارة دافعية التعلم لدى الطلبة، كما أنها تتيح الفرصة لتحقيق الاهداف المخطط لها سواء أكانت طويلة الامد ام قصيرة الامد.

وعلى المعلم الذي يريد ان يتبع هذه الطريقة ان يأخذ بعين الاعتبار النقطتين التاليتين وهما:

١- إعداد وتطوير مواد تعليمية تتناسب والاهداف المخطط لها لحاجات المستهدفين، وفي هذه الحالة ينبغي ان تشمل النصوص المعدة تغطية الاهداف المخططة تماما من حيث المحتوى، ومكتوبة بطريقة تتناسب والفئة المستهدفة.

٢- اختيار مواد تعليمية من بين البدائل المتوافرة في الكتب والمكتبات مع مراعاة ان تكون هذه المواد مطابقة من حيث محتواها، وطريقة عرضها للغايات المخططة والفئة المستهدفة، واستخدام وسائل تعليمية معينة، تحرك وتسير النشاطات المولدة عند التلاميذ، وتزيد تفاعلهم مع المادة المكتوبة.

وختاما يمكن تلخيص نمط روثكوف من خلال النموذج التالي:

تحديد الاهداف التعليمية والتعلمية	**اختيار مواد تعليمية مكتوبة تناسب الاهداف**	**اعداد مواد تعليمية اضافية لاثراء المادة التعليمية**	**التأكد من ان المتعلم يستخدم المواد التعليمية المتوفرة له**	**تقويم مدى تحقق الاهداف المنشودة عن طريق اختيار بعدي مناسب**

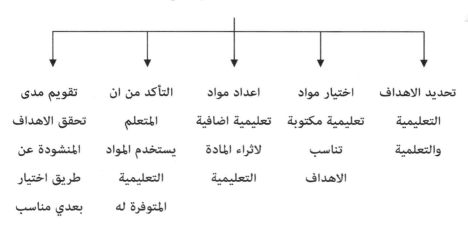

التطبيقات التربوية:

يمكن القول إننا نستفيد من هذه الوحدة بأن عملية الحوار والنقاش تعتبر استراتيجيات مهمة في عملية التدريس وفقا لما جاءت به التربية الحديثة ومن خلال ذلك يمكن الوصول الى النقاط التالية:

١- هناك بعض المواضيع يمكن أن تطبق عليها طريقة الحوار مثل التاريخ والقصص.

٢- يمكن ان تستفيد من عملية المناقشة الجماعية في تحقيق التكامل في شخصية الطفل وترسيخ بعض المفاهيم.

٣- ان هذه الوحدة تبين الاساليب التدريسية الحديثة في تطوير التفكير عند التلاميذ. ويمكن من خلال ذلك تبيان الفرق بين الحوار والنقاش والجدول (٥-٦) يوضح ذلك:

النقاش	الحوار
١) المناقشة تكون حول موضوع محدد	١) عدة مواضيع متشعبة
٢) المناقشة تكون بشكل منظم يديرها شخص معين	٢) يكون على شكل جماعي ويكون في بعض الاحيان غير منظمة
٣) وقت المناقشة يكون محدداً بفترة زمنية طويلة	٣) قد يكون مفتوحاً وقد يحتاج مدة اطول

أما الفرق بين المناقشة المباشرة وغير المباشرة فتظهر من خلال الجدول التالي:

المباشرة	غير المباشرة
* مجموعة من الاسئلة التي تؤدي للوصول إلى العنوان	* الاسئلة التي تقود الطلبة الى معرفة العنوان

٤- يمكن الاستفادة من طريقة رثكوف في تفعيل دور كل من المعلم والطالب في العملية التعليمية.

الخلاصة

في هذه الوحدة طرحنا عدة موضوعات تتعلق بأسلوبي الحـوار والمناقشـة في تنميـة التفكير، ويتمثل ذلك بخصائص المعلم في عملية الحوار التعليمي، والمبادئ الاجرائيـة لعمليـة الحوار التعليمي ضـمن غرفة الصـف، واستراتيجيات موجهـة للحوار التعليمـي واستخدام طريقة المناقشة الصفية، وأهم المبادئ التي جاءت بها هيلداتابا في طـرق التـدريس وطريقـة "روثكوف" (Rothkoph) في تفعيل دور المتعلم والتطبيقات التربويـة، ويمكـن توضيـح ذلـك بالنموذج التالي:

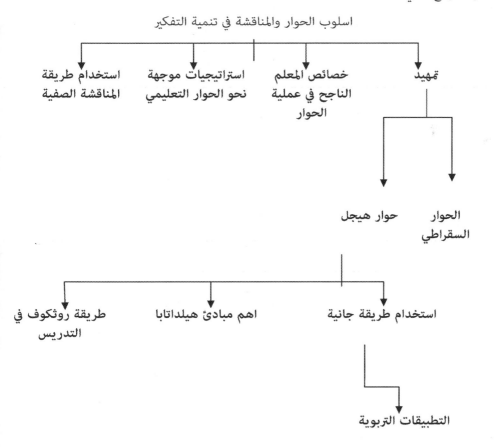

١١٧

الوحدة السادسة

التدريب على التفكير المنطقي

* أهداف الوحدة

* تمهيد

* التفكير المنطقي الاستدلالي

* التفكير المنطقي الحدسي

* التفكير التحليلي لدى التلاميذ في مرحلة رياض الاطفال والمدرسة الابتدائية

* تعريف بالأساليب

* مهمات وانشطة تفكيرية اساسية لتطوير اساليب المعلم داخل غرفة الصف

* نموذج سيشمان للتدريب على التساؤل

* التطبيقات التربوية.

* الخلاصة

أهداف الوحدة السادسة

* التعرف على التفكير وأنواعه.

* التعرف على التفكير الاستدلالي.

* التمييز بين التفكير الحدسي والاستدلالي.

* التعرف على الاستقراء الناقص والتام.

* الإلمام بالتفكير التحليلي عند الأطفال في مرحلة رياض الأطفال والمدرسة الإبتدائية.

* التعرف على نموذج سيشمان حول التساؤل

* استنتاج التطبيقات التربوية من خلال موضوعات الوحدة.

الوحدة السادسة

التدريب على التفكير المنطقي

تمهيد

تشير الدراسات إلى أن الدماغ البشري يحتوي على (١٨-٢٠) ألف بليون خلية، تختص بعملية التفكير المتمثل في الصور والافكار الذهنية والالفاظ، ولا يتم ذلك إلا بواسطة أدوات تساعد على عملية التخيل والتذكر والاستدعاء، فالتفكير يسير وفق خطة مرسومة منظمة تؤدي في المحصلة النهائية إلى الوصول لحلول منطقية.

وترى كثير من الدراسات بأنه توجد علاقة منطقية ومباشرة بين الدماغ والجهاز العصبي، وبالتالي فإن ذلك يحدد نمو السلوك البشري وتطوره، فالغدة الدرقية على سبيل المثال التي لا تعمل جيدا قد تعطل قدرة الطفل العقلية وتزيد من توتره العصبي وكذلك الحال بالنسبة للغدد الاخرى.

ولهذا يعد الدماغ أهم واكبر الأعضاء وهو مركز للعمليات العقلية العليا حيث يقع في تجويف الجمجمة وهو محاط بسائل مخي شويكي يعمل على حمايته وتغذيته، ويحيط بالدماغ ثلاثة اغشية هي على النحو التالي:

١- جذع الدماغ ويتكون من النخاع، والدماغ المتوسط، ولجذع الدماغ اهمية كبيرة كونه يضم كثيراً من مراكز الانعكاسات الهامة، ففي المراكز القلبية والتنفسية مثلا هو الذي يتحكم بنبض القلب والتنفس فالنبضات العصبية تصل عن طريق الألياف من أعلى نحو اجزاء الدماغ الأخرى.

٢- المخيخ يقع تحت الجزء الأسفل للمخ ويعد ثاني أكبر جزء في دماغ الانسان، ويعتبر منظماً للحركات الارادية ومركزاً لتنسيق الحركات وتوافقها، واذا ما حصل اضطراب او خلل في عمل المخيخ فإن حركتنا سوف تكون عشوائية.

٣- الدماغ البيئي يقع بين الدماغ المتوسط من الأسفل والمخ من الاعلى حيث يتكون الهيبوثلاموس والثلاموس.

٤- المخ يعد من اكبر اجزاء الدماغ حيث يتكون من تلافيف او اخاديد، وينقسم الى جزأين متناظرين هما الجزء الجبهي والجدري.

والشكل رقم (٦-٢٤) يوضح ذلك:

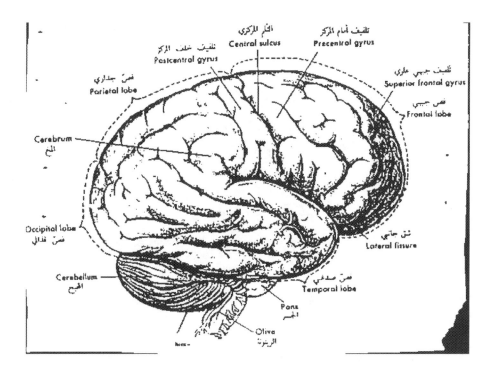

من خلال عرض أجزاء الدماغ يمكننا القول بأن التفكير يتطلب جهوداً كبيرة من جانبنا حيث نقضي فترة طويلة في عملية التخيل أو ما نركز عليه من خلال الصور والمواقف التي نتعرض لها.

ومن خلاله يمكن أن نطرح الأسئلة التالية كيف نفكر؟ ولماذا نفكر؟ ومتى نفكر؟ وما هي الأساليب التي يتبعها الفرد في عملية التفكير وللإجابة عن مثل هذه الأسئلة نقول لا بد من توفر موقف او مشكلة تحتاج التفكير.

والتفكير الجيد يحتاج إلى التحديد والشمول الذي يتعامل مع الالفاظ والرموز ذات المدلولات المحددة التي تستند الى مواقف ذات معنى لغوي صوري، فالكثير من المفردات لها معان مختلفة.

فالتفكير يرتبط ارتباطاً عضوياً بطبيعة الدماغ الذي يتكون من مجموعة من الخلايا، حيث يقسم الى شقين: الايمن مسؤول عن الجهة اليسرى، والايسر مسؤول عن الجهة اليمنى، والسؤال المطروح علينا ما هي ادوات التفكير؟

للاجابة عن هذا السؤال يمكن القول إن أدوات التفكير تشمل على موقف فيزيائي اجتماعي نفسي، ودماغ، ومجموعة من الخبرات السابقة.

ولا بد للتفكير ان يتصف بالشمولية، التي نعني بها ترابط الموقف التفكيري مع البيئة الاجتماعية والنفسية والمعرفية، التي تحيط بالفرد والتي من خلالها يصل الى تصور متكامل حول الموقف.

فالتفكير السليم يقوم على خطوات مترابطة ومتناسقة تستند على خطوات البحث العلمي السليمة.

* المنطق والتفكير:

قد يعرف المنطق (Logic) بأنه علم التفكير الواضح، أو التفكير المنطقي الذي نمارسه عندما نحاول أن نبين الأسباب والمسببات والعلل التي تكمن وراء الأشياء والمواقف.

فالتفكير الذي نمارسه عندما نحاول معرفة نتائج ما نقوم به من أعمال، له علاقة بالواقع الذي ننتمي إليه، فالألفاظ والصور ترتبط بالأحداث والوقائع التي لها علاقة بعملية التفكير. حيث يلزمه جمع الحقائق والربط بينها بحيث تؤدي في

المحصلة النهائية إلى استنتاج أحكام، تكون مرتبطة بالأسباب بشكل مباشر وتستند إلى مواقف فيزيائية نفسية اجتماعية.

وعندما نفكر نجد أننا نتمعن في أسباب الظواهر، وما يترتب عليها من أحداث ومواقف، حيث نربط الأحكام بالنتائج ومسبباتها، فقد نخطئ أو نصيب في الوصول إلى أحكام دقيقة واضحة محددة حول ظاهرة معينة.

فالتفكير له قيمة في اختصار الجهد، خاصة إذا كان بشكل علمي ومنطقي ويقوم في أساسه على تحديد الحقائق وتجميعها وتصنيفها بشروط معينة واستنتاج النتائج سواء كانت على سبيل التعميم أو التفسير، فعلى سبيل المثال عندما يفشل طالب ما في امتحان الرياضيات يتساءل ما السبب في ذلك، قد يعزو فشله إلى عدم تمكنه من المادة، أو إلى الأسئلة التي قد تكون أعلى من مستواه، فالتفكير هنا يعتمد على ايجاد الأسباب والمسببات التي تستند إلى نواحٍ منطقية ذاتية.

فالتفكير المنطقي يقوم على الأدلة الواضحة ويساعدنا في الوصول إلى أفضل إجابات للأسئلة المطروحة أو المشكلات التي نحاول إيجاد حل لها.

* قيمة التفكير المنطقي:

التفكير يجعل الحياة أسهل وأمتع، خاصة إذا كان مرتبطاً بالواقع وبعيداً عن الخيال، فهو يساعد على الوصول إلى حلول أفضل للمشكلات، وينشط العمل العقلي إنه يساعدنا على الوصول الى أجوبة دقيقة، ووضع تخطيط أفضل، خاصة فيما يتعلق بمهنة الحياة اليومية، وله أهمية بالنسبة للفرد سواء أكان في حياته الخاصة أم العامة، كما يساعدنا على اتخاذ القرارات المهمة المراد القيام بها.

* مستويات التفكير:

إن الدارسين لعملية التفكير يحددون أربعة مستويات عقلية متناسقة، وهي على النحو التالي:

١. **المستوى الحسي:** ويقصد به التفكير الذي يستند إلى مستوى الإدراك المحسوس، أي الذي يدور حول الأشياء المحسوسة، ويمكن تشجيع هذا النوع من التفكير عن طريق توفير الأشياء أثناء تعليم الأطفال بحيث يؤدي إلى استثارة تفكيرهم. وزيادة تفاعلهم الصفي.

٢. **المستوى التصويري:** ونقصد به استعانة التفكير بالصور الحسية المختلفة، وهذا المستوى من التفكير أكثر شيوعاً عند الأطفال منه عند الكبار. (استخدام الذاكرة لتحليل الأشياء).

٣. **التفكير المجرد:** هذا النوع أعلى من مستويي التفكير السابقين حيث يعتمد على معاني الأشياء، المتمثلة في الأرقام والرموز والألفاظ، ولا يعتمد على المحسوسات والصور الذهنية.

٤. **التفكير بالقواعد والمبادئ:** ويقصد به قدرة الفرد على التفكير في كثير من الأمور والمشكلات، التي توجه الفرد ممثلة في إدراكه للعلاقات القائمة وربط بعضها ببعض، كالنظر إلى قواعد الحساب والنحو الآداب فهذه القواعد ما هي إلا مجموعات من المعاني نستهدي بها في تفكيرنا وأعمالنا، لهذا يُعّرف بالتفكير المجرد أو المعنوي، الذي يتم عن طريق المعاني والقواعد والمبادئ العامة.

نستطيع القول إن التفكير الحسي يعتبر من أبسط أنواع التفكير، بينما التفكير بالقواعد والمبادئ يعد أعقد أنواعه، ويتطور حسب المرحلة العقلية التي يمر بها الأطفال والمثال التالي يوضح ذلك:

* المرحلة الحس حركية ← تفكير حسي ← يتم بواسطة تناسق وتآزر الحس والحركة معاً.

* مرحلة ما قبل العمليات ← تفكير حسي + تفكير صوري ← يتم بواسطة اكتشاف ما يحيط بالطفل من أشياء.

* مرحلة العمليات المادية ← تفكير صوري ← يتم بواسطة اللعب.

* مرحلـة العمليـات المجـردة الأولى ⟵ تفكـير مجـرد ⟵ يـتم عـن طريـق معرفـة معـاني المفردات المجردة.

* مرحلة العمليات المجردة المتقدمة ⟵ تفكير بالقواعـد والمبـادئ ⟵ عـن طريـق تطبيـق القوانين والقواعد.

*** التفكير المنطقي الاستدلالي Reasaning Thought**

هو ذلك النمط من التفكير الذي يتطلب استخدام أكبر قدر ممكن من المعلومات، بهدف الوصول إلى حلول تقاربية، وهذا النمط يستخدم المعلومات للوصول إلى حل، ويسمى بالاسلوب الاستدلالي القياسي الذي نحصل من خلاله على نتائج جديدة من النتائج السابقة المتوفرة لدينا، وأول من وضع هذا الأسلوب من التفكير هو أرسطو. في القرن الثالث (ق.م) حيث يندرج هذا تحت علم المنطق والتفكير المنطقي الاستدلالي القياسي، هو الانتقال من الكل إلى الجزء من العام إلى الخاص، ومن المقدمات إلى النتائج، مثال على ذلك قد نقول: إن كل إنسان.. فانٍ ، فهذه حقيقة كلية أو مسلمة لا نستطيع الجدل فيها، سقراط إنسان، وهذه حقيقة أخرى، إذاً نستطيع القول إن سقراط فانٍ، ويمكن توضيح ذلك من خلال المعادلة المنطقية التالية:

كل إنسان فانِ ⟵ مقدمة كبرى

سقراط إنسان ⟵ مقدمة صغرى

إذن سقراط فان ⟵ النتيجة

من خلال المثال السابق نجد ان هناك مقدمة كبرى ومقدمة صغرى، ونتيجة.

مثال: لنفترض أنك قرأت مقـالاً في مجلـة كليـة الطـيران، مفـاده بـأن جميـع الشـباب الـذين يلتحقون بكلية الطيران يجب أن تقل أعمارهم عن اثنين وعشرين سنة، ثـم ذكـر لـك صديق أن أخاه قد انضم إلى كلية الطيران، فما هي المعلومات

التي يمكنك أن تستنتجها أو تصل إليها من خلال هاتين القضيتين؟ إن الكلام يحتمل الصـدق او الكذب، أو أن المعلومات التي جاءت في المقالة ليست دقيقة. حيث يمكن الوصـول إلى حكم ثابت من خلال القضيتين السابقتين. ويمكن استنتاج النقاط التالية:

أ. لابد أن يكون الذي التحق بكلية الطيران يقل عمره عن ٢٢ عاماً.

ب. جميع طلبة كلية الطيران تقل أعمارهم عن ٢٢ عاماً.

ج. إن أخا صديقك طالب في كلية الطيران.

ويمكن وضع هذه الأفكار في المعادلة المنطقية التالية:

جميع طلبة كلية الطيران تقل أعمارهم عن اثنين وعشرين عاماً. (مقدمة كبرى)

أخو صديقي في كلية الطيران. (مقدمة صغرى)

_____

إذن، أخو صديقي عمره يقل عن ٢٢ عاماً. (النتيجة)

لذلك يحتوي الاستدلال على مقدمتين ونتيجة، النتيجة صحيحة إذا كانت المقدمتان صحيحتين وتكون خاطئة إذا كانت إحدى المقدمتين خاطئة، ويمكن توضيح ذلـك مـن خـلال المثال التالي:

مثال:

- كل حيوان له أجنحة هو طائر   مقدمة كبرى   (صحيحة)

- الزرافة لها أجنحة   مقدمة صغرى   (خاطئة)

∴ الزرافة طائر من الطيور .... (نتيجة خاطئة)

فالنتيجة خاطئة لأن احدى المقدمتين كانت خاطئة وهي المقدمة الصغرى.

ومن هنا يبدو لنا أن أسلوب القياس يعد من أساليب التفكير المنطقي، ولكن يجـب أن نكون حذرين في استخداماته، لوجود خطأ، وعلينا أيضاً أن نضع مقدمات

صحيحة حتى نصل إلى نتائج دقيقة، وصحيحة، وقد تكون المقدمات غير دقيقة أو صحيحة مئة بالمئة، بالتالي تكون النتيجة غير صحيحة مئة بالمئة، والمثال التالي يوضح ذلك:

كل الطلاب الذين يبذلون جهداً كبيراً في الدراسة ينجحون.

انا طالب أبذل جهداً.

إذن أنا يجب أن أنجح في الدراسة.

من خلال المثال السابق لا نصل إلى نتيجة دقيقة مئة بالمئة، فليس كل طالب يبذل جهدا يجب أن ينجح، بل يمكن ان توجد عوامل أخرى تؤثر على ذلك.

* **الأخطاء الناشئة عن الاستدلال الخاطئ.**

إن هذا الخطأ شائع، وكثيراً ما نقع فيه عندما نطبق الأسلوب الاستدلالي. ومن هذه الأخطاء الشائعة وهي الحكم على الكل من خلال الجزء، فنصل إلى نتيجة خاطئة، وإليك الأمثلة التالية:

١. الاقتران

جميع رجال العصابات يملكون أسلحة نارية. (مقدمة كبرى)

احمد يملك سلاحاً نارياً. (مقدمة صغرى)

∴ أحمد احد رجال العصابات (نتيجة)

من المثال السابق نستنتج أن المقدمة الكبرى والصغرى ليست صحيحة بصورة دقيقة فالنتيجة خاطئة.

٢. الخطأ الناشئ عن الحكم على الكل بما يحكم به على الجزء.

إن هذا الخطأ قد ينشأ عن تعميم/ اشتراك عدة كائنات أو أشياء في صفة أوسمة معينة ومن خلالها نصل إلى نتائج خاطئة، فعلى سبيل المثال الطيور تملك ساقين والإنسان يمتلك ساقين، فلا يجوز أن نعتبر الطيور أناساً، أو العكس صحيح

أو نعتبر الأرض مستديرة والكرة مستديرة ولا يجوز ان نعتبر أن الكرة هي الأرض والعكس صحيح، وإليك المثال التالي:

كل طائر له ساقان (مقدمة كبرى)

كل طفل له ساقان (مقدمة صغرى)

إذن جميع الأطفال طيور (نتيجة)

وهنا يمكن أن نقع في الأخطاء دون إدراك.

٣. الخطأ الناشئ عن الاحتكار:

هناك خطأ شائع هو خطأ الاحتكار ، وينشأ عن إدعاء جماعة بسمه معينة مثل الصدق والأمانة والإخلاص، وبالتالي فإن هذا الخطأ ناشئ عن احتكار صفة معينة لمجموعات من الناس والمثال التالي يوضح ذلك:

كل رجال الدين أمناء.

أحمد لم يكن من رجال الدين.

إذن أحمد لم يكن أميناً.

ولتوضيح ذلك انظر الى الجدول رقم (٦-٧) :

الأخطاء الناشئة عن الاستدلال الخاطئ

تعميم الجزء على الكل	الاقتران الخطأ	الاحتكار الخطأ
ربط التشابه في أجزاء بين الكائنات والوصول الى تعميمات من خلال هذه الاجزاء **<u>مثال :</u>** **كل طائر له ساقان** **الطفل له ساقان** **∴ جميع الأطفال طيور**	**مقارنة جماعة في امتلاك خاصية او شيء محدد غير ثابت والوصول الى نتائج خاطئة** **<u>مثال :</u>** **جميع رجال العصابات تملك اسلحة** **أحمد يملك سلاحا** **∴ أحمد من رجال العصابات**	**تعميم صفة عامة على جماعة دون غيرها وهذا بالتالي يؤدي للوصول الى نتائج خاطئة فالخاصية لا يجوز ان تعمم على جماعة دون غيرها** **<u>مثال :</u>** **جميع رجال الدين امناء** **أحمد ليس من رجال الدين** **∴ أحمد ليس امينا**

من خلال ما ورد في الجدول السابق يمكن ان نقارن الاخطاء الـواردة في الاستدلال الخـاطئ بالجدول رقم (٦-٨).

التعميم	الاقتران	الاحتكار
صفة مادية حقيقية مطلقة الموصوف يتشابه بهـا مـع الآخـرين ولا نسـتطيع تعميمها	صفة مادية غير ثابتة لا تمتاز بالحقيقة المطلقة	صفة غير مادية
التعمـيم: تعمـيم صفـة جماعة عـلى انفسـهم دون غيرهم	الاحتكار تعميم الجزء على الكل من خلال شيء محدد.	الاقتران يكون مرتبطاً بشيء مادي محدد نطلق مـن خلاله صفة على الجماعة.

من خلال ما تقدم، يمكـن القـول إن الاستدلال الصحيح، تكون نتيجته غير قابلة للشك، اذا سلمنا بصحة المقدمات، على افتراض أن المقدمات صحيحة.

نستطيع أن نستنتج أن هذا الخطأ راجع لاحتكار صفة معينة لجماعـة معينـة، دون تعميمها على الآخرين، وهذا النوع من التفكير فيه نوع مـن الانـزلاق دون وعـي يوصل إلى نتائج خاطئة.

وثمة أخطاء متعددة يمكن الوقوع فيها، عنـدما يسـتخدم هـذا النـوع مـن التفكير خاصة إذا اعتقدنا أن القضايا التي نتعامل معها صادقة في نتائجها، وهذا بدوره لا يوصلنا إلى نتيجة محددة وشاملة.

* أنواع الأستدلال:

أ. الاستقراء

لقد أشار "ثيرستون" (Therestone) إلى وجـود عـدة أنماط مـن القـدرات العقليـة ومن اهمها:

الاستقراء: أفضل طريقة لاستخدامه اختيار السلاسل العددية ويقسم إلى نوعين:

أ.   التفكير المقيد (الاستدلال): وأفضل طريقة لقياسه هو اختيار الاستدلال الحسابي.

ب. التفكير الاستدلالي والاستنتاجي وأفضل طريقة لقياسه هو اختبـار الاسـتدلال القيـاسي، إن هذه الانواع مترابطة ولا يمكن فصلها عن بعضها.

وتشير الدراسات في مجال المنطق الرياضي، بأن للاستدلال عدة أنواع:

أ- الاستقراء ومثال على ذلك:

٢ عدد زوجي

٦ عدد زوجي

٢ و ٦ رقمان يقسمان على ٢

∴ جميع الاعداد الزوجية تقسم على ٢

ب- التفكير المقيد

$٣ \times ٢ = ٦$

$٣ \times ٣ = ٩$

$٣ \times ٤ = ١٢$

كل مرة نريد رقم (٣)

ج- التفكير الاستدلالي الاستنتاجي (الاستنباطي)

النحاس يتمدد بالحرارة

الذهب يتمدد بالحرارة

الذهب والنحاس من المعادن

∴ جميع المعادن تتمدد بالحرارة. [1]

* التفكير المنطقي الحدسي

يُعرف الحدس بأنه الوصول إلى نتـائج دون وجـود مقـدمات او اسـتدلات منطقيـة سابقة للنتيجة.

يعتبر "كارل يونج" (Karl Young) أول باحث، تناول مسألة الحدس بالبحث والدراسة، فيعرف الحدس بأنه عملية الإدراك اللاشعوري المباشرة للإمكانيات والإحتمالات الكامنة في الأشياء التي تكون لها نتيجة خارجية او داخلية، وقد يقال بأنها العملية الكلية التي تأخذ نواتجها من المدركات التي تحمل في طياتها طابع اليقين، كما أن الوظائف العقلية الأخرى قد تسهم في تعديل هذه المدركات.

وقد ظهرت محاولات متفرقة حول المعالم الأساسية لعملية الحدس، ومن هذه المحاولات دراسة جانيه وبيرسل وبياجيه، حيث جاءت في مجملها محددة لمفهوم تعريف الحدس بأنه عملية معرفية منطقية وبدائية قبل أن تكون تحليلية مباشرة.

أما بوثيليث (Bouthilet) فتعرف الحدس بأنه القدرة التي تُمكّن الفرد من الوصول إلى تخمينات صحيحة دون أن يعرف كيف وصل إليها. أما أصحاب نظريات المعلومات امثال وستكوت (Westcott) الذي يرى في الحدس تلك العملية التي يصل إليها الفرد إلى استنتاج معين على أساس مقدار ضئيل من المعلومات، ويمكن القول إن هناك فرعاً من فروع علم النفس يطلق عليه علم "ما وراء النفس"[*]. (parapsychology).

*** أهمية الحدس.**

يمكن إجمال أهمية الحدس في النقاط التالية:

١. تظهر أهمية الحدس في الاستفادة من المعرفة الأساسية التي يتم التوصل إليها في مجالات التطبيق.

٢. يعتمد الحدس للوصول إلى النتائج على المعلومات القليلة.

---

(١) ول ديورنت، قصة الفلسفة، ص ٣٥.

٣. يعدّ الحدس مرحلة متقدمة من مراحل التفكير، وهذا ما أشار إليه برونر وتظهر أهميته في الأعمال المهنية وتقدم الناحية العلمية.

٤. فالحدس له أهمية في المؤسسات التربوية، ويساعد الطلبة على التقدم المستمر وينمي قدراتهم العقلية.

* **خصائص الحدس**

١. لا يكون عند عامة الناس ولا يعتمد على الإدراك الحسي والعقلي.

٢. يمتاز التفكير الحدسي بقدرة عالية على الاختيار السليم.

٣. العلم بالحدث بالرغم من بعد المسافة. (أو الاستشعار عن بعد).

إن كثيراً من الدراسات والأبحاث أكدت بأن عملية الحدس لا يتمتع بها جميع الناس، بل يمتاز بها أشخاص يتمتعون بجانب وجداني يكون على درجة كبيرة، وأن الحدس يرتبط بخاصية السرعة في الأداء، وإن التفكير الحدسي أقرب إلى النزعة التفاؤلية منه إلى النزعة التشاؤمية، ولا يرتبط بالتخمين المحض وهذا ما أكده أبو حطب في بحث أجراه عام (١٩٦٦). [1]

* **التفكير التحليلي لدى التلاميذ في مرحلة رياض الأطفال والمدرسة الإبتدائية.**

يُعّرف التفكير التحليلي بأنه مجموعة العمليات العقلية التي تتم من خلالها تحليل ظاهرة معينة إلى عناصرها، وإن هذا النمط من التفكير يقوم بتحليل العمل إلى أجزاء، ومن الأمثلة على التفكير التحليلي الاستدلالي حل مشكلة معينة أو الاستنتاج بوجه عام، هو تطبيق النتائج العامة على حالات فردية. أما الاستقراء فنقصد به تتبع الحالات الجزئية، للوصول إلى فكرة عامة، ويمكن أن يقسم الاستقراء الى قسمين التام الناقص.

ويمكن استخدام التفكير التحليلي في الحياة المدرسية متمثلاً ذلك بتعريض التلاميذ لبعض المواقف التعليمية التي لها علاقة بالبيئة، ويمكن للطفل أن يستنتج

---

* العلم الذي يدرس الظواهر الغريبة التي لا تخضع لقوانين وانظمة، مثل توارد الافكار، والحاسة السادسة، والحدس.

العلاقات التابعة للظاهرة التعليمية، ومن التفكير الاستدلالي يمكن أن يكتشف الطفل أوجه التشابه والاختلاف بين ظاهرتين تعليمتين، ويمكن تشجيع التفكير التحليلي داخل رياض الأطفال والمدرسة الابتدائية.

ويمكن أن نشجع ذلك عن طريق الابتعاد عن طرق التدريس التقليدية واستخدام منهج البحث العلمي، وتدريب الطلبة على استخدام الفروض ومناقشتها للوصول إلى نتائج، ويمكن أيضاً تنمية روح النقد البناء عند المتعلمين، وهذا في المحصلة النهائية ويؤدي إلى الوصول إلى نتائج دقيقة. ويمكن تدريب الطفل على عملية الاستدلال الجماعي ويتم ذلك من خلال عملية المناقشة.

لو أردنا تدريس موضوع في مادة العلوم العامة للصف الرابع الإبتدائي بعنوان الفرق بين الأحياء والجمادات، يمكننا طرح الخصائص او الصفات الأساسية للأحياء بأنها تنمو وتتنفس وتتكاثر، بينما الجمادات لا تتكاثر ولا تنمو.

ويمكن ذكر طريقة الاستدلال التالية:

- جميع الكائنات الحية تتكاثر.

الأرانب تتكاثر.

إذن الأرانب من الكائنات الحية

- الجمادات لا تنمو

الحجر لا ينمو

إذن الحجر من الجمادات

ومن خلال الأمثلة الاستدلالية السابقة وطرح الاسئلة يمكن أن يتوصل التلاميذ إلى خصائص كل من الأحياء والجمادات.

---

(١) فؤاد ابو حطب، التفكير، ص ٣٧.

* أشكال التفكير الاستقرائي التام والناقص

هو عكس التفكير القياسي ويعني الانتقال بالتفكير من الجزء إلى الكل ومن الخاص إلى العام ومن الحوادث الجزئية المشاهدة إلى الحكم الكلي، وللاستقراء نوعان:

أ. الاستقراء التام: يشبه التفكير القياسي ويُستخدم عندما يكون مجتمع الدراسة محدوداً، وتُعمم السمة عليه.

ب- الاستقراء الناقص: أسلوب يستخدم في حالة إذا كان المجتمع الدراسي كبيراً، حيث يتم اختيار عينة ممثلة للمجتمع، ولا نستطيع تعميم النتائج على جميع أفراد مجتمع الدراسة.

والمثال التالي يوضح الاستقراء التام والناقص

أراد باحث دراسة الذكاء لإحدى شعب الصف الخامس الإبتدائي التابعة لإحدى مدارس مديرية عمان الكبرى، حيث كان عدد طلبة الشعبة ٥٠ طالباً، ففي حالة استخدام الباحث الاستقراء التام يقوم الباحث بتطبيق اختبار الذكاء على جميع طلبة الشعبة ومن ثم يجمع نسب الذكاء لجميع الطلبة ويقسّم على عدد الطلبة للتوصل إلى متوسط ذكاء الصف.

ويمكن التوصل إلى نفس النتيجة خلال يوم واحد عن طريق اختيار عينة ممثلة للصف تمثيلاً حقيقياً، وهذا ما يطلق عليه بالاستقراء الناقص. بينما يُستخدم الاستقراء التام في حالة وجود مجتمع صغير. أما الاستقراء الناقص فيستخدم في حالة توفر مجتمع كبير، وبذلك يتم اختيار عينة ممثلة له بطرق مختلفة.

تعريف بالأساليب

الاسلوب نعني به الطريقة او المنحى. أو مجموعة الاجراءات المتسلسلة والمنظمة التي يقوم بها الباحث او المعلم لإيصال المعلومات للطلبة او تفسيرها استناداً لأسس منطقية.

وقد نعني بالاتجاه الطريقة التي يتبعها الباحث في التعامل مع مشكلة ما. لذا فقد اختلفت الاساليب لدى المعلمين فمنهم من يتبع اساليب تقليدية متمثلة بطريقة المحاضرة والتلقين، ويعتبرها العنصر الوحيد للتفاعل الصفي، ومنهم من يتبع طرق حديثة كطريقة الحوار والنقاش، التعليم الاستكشافي والاستنباطي والاستقرائي، وحقائب التعلم الذاتي.

أما في المدارس النموذجية فإن استخدام الطرق والاساليب الحديثة في عملية التدريس كطريقة المجموعات (التعاونية)، التي سبق الحديث عنها في الفصل السابق يعدّ أمرا ضروريا. أما استخدام التعلم المبرمج فقد أصبح من ضروريات العصر، حيث يستند على برمجة التعليم او ما يطلق عليه حوسبة التعليم، أي برمجة محتوى المادة على الكمبيوتر، ويكون دور المعلم موجهاً ومنسقاً.

ملخص القول إن حوسبة التعلم تؤدى إلى فعالية الأداء التعليمي والتحصيلي لدى الطالب.

مهمات وانشطة تفكيرية اساسية لتطوير اساليب المعلم داخل غرفة الصف.

تقوم هذه الانشطة على تحديد مهمات تعليمية، تثير انشطة التفكير لدى المتعلمين، وهذا يتضح عندما نطرح مسألة رياضية تستدعي التفكير والتحليل، ولتحقيق ذلك لا بد ان نأخذ بعين الاعتبار مجموعة من القضايا الذي تثير تساؤل الطلبة. كطرح المثال التالي، اذا كان فصل الصيف حاراً فماذا يحدث لثمار الاشجار تبعاً لذلك؟ واذا كان فصل الشتاء بارداً فماذا يترتب على ذلك؟ وهذا ما جاء به نموذج سيشمان حول التساؤل الذي سنتطرق اليه في جانب آخر من هذه الوحدة.

ان المهمات والانشطة التي يجب ان يقوم بها المعلم لتطوير اسلوبه، تتمثل في اتباع عدة اساليب متنوعة كالتعليم الاستكشافي والقضايا، والاستقبالي وقد تطرقنا لهذه الموضوعات في الوحدات السابقة.

إن المعلم الناجح هو الذي يجعل من حصته الصفية حقلا متنوعا من الاساليب التي تؤدي الى تحقيق جميع الاهداف التي وصفها في الخطة اليومية، المتصفة بأفعال سلوكية تبدأ بفعل، ويمكن ان تتحقق من خلال مجموعة الاساليب المتنوعة والشكل رقم (٦-٢٥) يوضح ذلك:

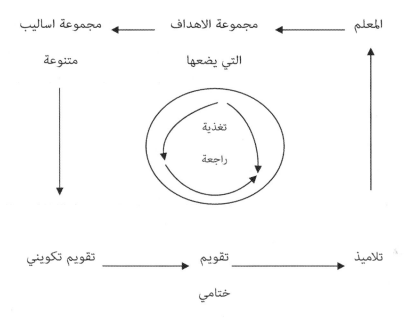

من خلال ما تقدم نجد أن المعلم يضع مجموعة من الأهداف، ويتبع مجموعة من الاساليب المتنوعة، ثم يستخدم التقويم بأنواعه التكويني والختامي، بحيث يحدث تفاعل بين التلاميذ والمعلم.

نموذج سيشمان للتدريب على التساؤل

يطلق على نموذج "سيشمان" (Seshman) باستراتيجيات التعلم الاستقصائي، ومفاد هذه الطريقة أنها تركز على تدريب الطلبة على التساؤل من خلال طرح موقف تعليمي داخل غرفة الصف يحتاج الى ذلك.

فتساؤل الطلبة داخل عرفة الصف يحتاج الى استقصاء او تساؤل يؤدي في المحصلة النهائية الى الاكتشاف والفهم والاستيعاب ضمن غرفة الصف. وعلى المعلم ان يعزز تساؤل الطلبة واجابتهم حتى يصلوا الى حل للمشكلة التعليمية المطروحة عليهم وبذلك يكتشفوا علاقات جديدة. وان تكون اسئلة محددة موجهة وذات صبغة علمية متعلقة بالموضوع المطروح.

من خلال ما تقدم يمكن ايجاز أهم استراتيجيات التعلم الاستقصائي عند سيشمان:

١- اثارة الدافعية للتعلم عند الطلبة.

٢- تقديم مسائل تحتاج الى الاستقصاء او التساؤل.

٣- السير مع الاطفال حتى يصلوا ويكتشفوا اشياء جديدة.

٤- ان يوجه المعلم الاسئلة بحيث تكون ذات صبغة علمية وهذا يتوقف على تفسير اسئلة الطلبة.

التطبيقات التربوية

من خلال دراسة النقاط الرئيسية التي وردت في الوحدة السابقة نتوصل إلى أن هناك طرقاً تفكيرية منطقية تؤدي إلى تطور التفكير عند التلاميذ.

ويمكن استخدام طريقة الاستدلال المنطقي في تدريس مادتي العلوم والرياضيات، واستخدامها في تطوير المفاهيم والمصطلحات عند التلاميذ، ويجب أن نكون حريصين بأن تكون المعلومات التي تعطى للتلاميذ منطقية وعلمية، حتى يتوصلوا إلى نتائج علمية دقيقة، وعلى المعلمين وواضعي المنهاج أن يأخذوا بعين الاعتبار هذه الأنواع التفكيرية المنطقية، ومدى ملاءمتها المستوى الفكري عند الأطفال في مرحلة رياض الأطفال والمدرسة الإبتدائية حتى يتسنى لهم تطوير طرق التعليم لديهم وتعليمهم التفكير العلمي القائم على الناحية المنطقية والأسلوب العلمي.

الخلاصة

تم استعراض عدة مجالات في هـذه الوحـدة تمثلـت في تعريـف الاسـتدلال وانواعـه وتعريف الحدس، استعرضنا التفكير التحليلي لدى التلاميذ مرحلـة رياض الاطفال والمدرسـة الابتدائية، والتعريـف بالاسـاليب، والتطـرق الى أهـم المهـمات والانشـطة التفكيريـة لتطويـر اساليب المعلم داخل غرفة الصف، ونمـوذج سيشمان للتـدريب علـى التسـاؤل والتطبيقـات التربوية والنموذج التالي يوضح ذلك:

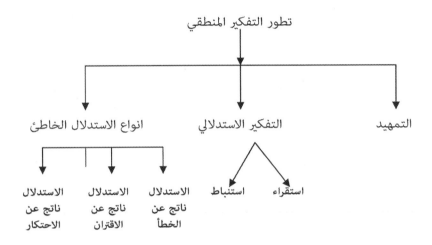

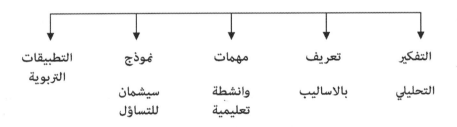

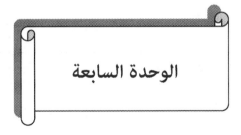

الوحدة السابعة

التدريب على حل المسألة وتطوير المعلومات

* الأهداف

* تمهيد

* ما هي أنواع النشاط الفكري؟

* الحاجة إلى حل المشكلات

* المتغيرات المؤثرة في حل المشكلة

* طرق تعلم حل المشكلات

* نظريات حل المشكلات

* تطبيقات ونماذج

* التطبيقات التربوية.

أهداف الوحدة السابعة

* التعرف على المشكلة وحلها
* استخدام التفكير الموجه
* معرفة المتغيرات
* استنتاج التطبيقات التربوية

الوحدة السابعة
التدريب على حل المسألة وتطوير المعلومات

تمهيد

أهم ما يميز الإنسان عن الكائنات الحية قدرته العالية على التفكير، لهذا قيل منذ قديم الزمان بأنه حيوان عاقل او مفكر، ولعل أهم وظيفة للعقل هي التفكير، وعن طريقه نتعلم أشياء كثيرة كالحركات والإيماءات.

فالتفكير يعني الانتقال المنطقي من امر الى آخر، وفقا لما تعلمناه من البيئة التي ننتمي إليها، فمن خلاله نتعلم اشياء كثيرة متعددة.

وبعبارة أخرى فإنه يؤدي إلى الاختراع الذي يرتبط بطائفة من المعلومات، التي تتصل بمشكلة ما نعالجها، ويتم تنظيم المعلومات المتعلقة بها والتي تتصل بشيء جديد يؤدي الى زيادة المعرفة، فالإنسان يفكر حين تصادفه مشكلة تتطلب منه حلا، والعقل يبقى دائماً في نشاط أو حالة من الوعي. يطلق عليه بالتفكير. فأدواته الرموز واللغة التي لها علاقة بمواقف البيئة الاجتماعية والنفسية.

ويقصد بالرموز كل ما ينوب عن الشيء أو يشير إليه أو يعبر عنه، أو يحل محله، متمثلاً ذلك في الصور الذهنية والمعاني والألفاظ والأرقام والذكريات والإيحاءات وكذلك الخرائط الجغرافية والصيغ الرياضية.

أما اللغة فتعني مجموعة الانظمة الصوتية التي تؤدي في المحصلة النهائية الى اتصال الفرد بالآخرين، ويكون هناك اتساق بين التفكير واللغة لا سيما انه يسبقها.

يتميز التفكير بصفتين:

الاولى: ان الانسان يختص بالتفكير عن الحيوان لا سيما ان الدماغ الانساني جهاز معقد اذا ما قيس بالكائنات الحية الاخرى.

الثانية: ان التفكير يتفاوت من فرد الى آخر وهذا يعزى للفروق الفردية بين الناس.

وعلى ضوء ذلك يمكن طرح السؤال التالي:

ما هي أنواع النشاط الفكري؟

* التداعي الحر:

ترتبط الخواطر العقلية ببعضها وتؤدي إلى استدعاء الأفكار، فترابطها. وتسلسلها وتداعيها. يمكن قياسها بواسطة اختبارات خاصة، من خلالها يتم تحديد عدد المفردات المراد التعبير عنها التي تكون في ذهن المفحوص، ومعرفة ما لديه من خواطر وأفكار.

فالتداعي الحر سلسلة من الاستجابات اللغوية أو العددية حول موضوع معين أو عدة مواضيع أو خواطر معينة تستند الى مثيرات بيئية معينة.

ومن سمات التداعي الحر بأنه لا يحد حول موضوع معين او عدة مواضيع.

ويرى أحد الباحثين بأن التداعي الحر هو نوع من التفريغ سواء أكان على صعيد لغوي أو انفعالي. والشكل رقم (٧-٢٦) يوضح ذلك:

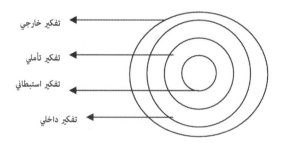

من خلال النموذج السابق نستنتج عدة انواع من التفكير:

- الداخلي: خاطرة تحتاج الى تفكير واستدعاء خبرات سابقة.

- تأملي: تفكير ذاتي عميق حول قضية فيها نوع الصراع.

- الخارجي: لا يستدعي الانتباه الكامل لظاهرة معينة.

- الاستبطاني: نعني به التوحد بالتفكير مع ظاهرة معينة كالتركيز حول موضوع معين مـن قبل الفرد او المجموعة.

* التفكير الذاتي

يتمثل في رغبـات الفـرد دون النظـر إلى المنطـق أو الحقـائق او القيـود الاجتماعيـة، وهذا التفكير يطلق عليه الذاتي، وهو ما يحدث في أحلام اليقظة التي يحقق الفرد كثيراً مـن رغباته المشروعة، والنـوع هـذا مـن التفكير يخـتص بذاتيـه الفـرد ويطلـق عليـه بالتـأملي والاستبطاني.

* التفكير المنظم في حل المشكلات

يتم هذا النوع في حالة التعامل مـع مشكلة معينة، حيـث يتبـع في ذلـك خطـوات البحث العلمي، فقد ركز ديوي في كتابه الذي عنوانه: كيـف نفكر؟ (How is Thinking?) على عدة خطوات كانت على النحو التالي: الشعور بالمشكلة، وتحديدها، ووضع الفـروض واختبار مهمتها عن طريق الملاحظة والتجريب، ومن ثم التوصل إلى حلـول للمشكلة أو النتائج، فإذا لم تتوفر خبرات كافية للوصول إلى حلها فإن ذلـك يـؤدي إلى تأجيل البحـث، وحتى نتمكن من الحصول على معلومات جديدة توصلنا إلى حل المشكلات. وتساعدنا على التفكير المنظم الذي يتم عن طريق اتباع ما يلي:

- التحرر من الافتراضات الجامدة.

- وجود دوافع للتفكير.

- الرغبة في التحرر من القيم القديمة.

- الاطلاع على مزيد من المعلومات المتعلقة بالمشكلة.

- التعرف على الثقافات السائدة في المجتمعات الاخرى.

* التفكير الابتكاري

لا يهمنا معرفة خطوات التفكير فقط، ولكن ما يهمنا أيضاً أن نتعرف كيف يفكر العلماء حين يتوصلوا إلى اختراعاتهم، ولا يتم ذلك إلا عن طريق دراسة تاريخ العلوم، والاستفادة منها، كما أن الاختراعات تعزى إلى صفات العبقرية التي تكون لدى المخترع هذا من ناحية، وإلى الحاجة والظروف التي يمر بها من ناحية أخرى، وهذا بدوره يهيّئ الفرص لذلك.

ويحلل "ولاس" (Wallas) التفكير الابتكاري بأنه يقوم على أربع مراحل:

أ. الاستعداد.   ب. مرحلة الحضانة.   جـ. مرحلة الإلهام.   د. مرحلة التحقق.

فالاستعداد نعني به تهيؤ العالم لكي يصل إلى نتيجة ذات علاقة باختراعه، فهو يحصل على المعلومات والمهارات في ميدانه، وتشير الدراسات بأن الرغبة والميول والحاجة لهما تأثر بشكل واضح على عملية الاختراع وحل المشكلات، فقد يكون دون خطوات سابقة مرتبطة بأمور لا شعورية في التفكير.

* الخيال الابتكاري

يرتبط هذا النوع من الخيال فيما يقوم به الفنانون والشعراء والأدباء، حيث يمتاز عملهم بالإبداع، خاصة في إعطاء معانٍ فيها نوع من الخلق والابتكار الخيالي الذي يقوم على الانفعال والعاطفة. وهذا ما نلاحظه من خلال قراءة قطعة أدبية، أو قصيدة شعرية أو النظر إلى لوحة فنية.

الحاجة إلى حل المشكلات

تظهر في حياة الفرد مشكلات لا حصر لها، وكذلك الحال بالنسبة للمتعلم، فهناك مشكلات تتصل بعلاقة الأفراد ببعضهم، ومشكلات تتصل بفهم المدركات والمشاعر والانفعالات، وبعضها تتعلق بإدراك العلاقات واكتساب المهارات وممارستها، وأخرى خاصة بالأخلاق، ويمكن القول إن حل المشكلات يحتاج إلى طرق علمية سواء أكانت بطرق مباشرة او غير مباشرة، ويحتاج ذلك إلى مهارة

وقدرات يستخدم فيها المعلومات للوصول إلى الحلول المنشودة. وحل المشكلات يجعل من المتعلمين قادرين على تحمل المسؤوليات، كما يعمل على ايجاد التعاون بينهم لتحقيق الأهداف المشتركة، كما يعلمهم مواجهة الصعوبات ويغرس فيهم الثقة بالنفس والمبادأة والجراءة والاعتماد على قدراتهم، إلى غير ذلك من صفات التفكير المنطقي.

فمواجهة الأطفال لهذه الانواع المختلفة من المشكلات، لا يقتصر على سنين الدراسة فحسب، بل على مشكلات الحياة اليومية، التي يتعرضون لها، والتي تحتاج الى الخبرة والقدرة في إيجاد الحلول، ومن هنا يأتي أسلوب التفكير العلمي لحل المشكلات.

فالتقدم الإنساني يقاس بالقدرة على حل المشكلات، والتفكير يتصف بخطوات متسلسلة مترابطة ترتبط بالناحية السلوكية عند الإنسان، ويمكن استخدامه من ناحية تربوية في حل مشكلات التلاميذ وإرشادهم .

إن التفكير العلمي يتطلب استخدام طاقات عقلية منظمة، في التغلب على مشكلات الحياة المعقدة. فالمبدعون يكون لديهم شغف لاستخدامه في مواقف التحدي لحل مشكلاتهم والتوصل إلى الاستقرار.

ما هي المشكلة ؟

تُعّرف المشكلة بأنها موقف غامض يحتاج إلى حل باستخدام قدرات عقلية عالية، فالمشكلة مجموعة من العقبات تحتاج إلى تفكير، ويعرفها جيتس بأنها عجز الفرد بلوغ أهداف محددة، بحيث يسلك أنماط سلوك غير مألوفة.

ويعرفها ديوي بأنها حاجة يشعر بها الفرد ويحتاج إلى حلها. ويتضح من التعريفات السابقة الخصائص التالية:

أ. المشكلة مسألة فردية تخص فرداً دون آخر، أو جماعة دون أخرى.

ب. المشكلة توجد في كل المواقف وتشتمل على أهداف، لا يمكن بلوغها بسبب وجود عـائق يحول دون ذلك.

ج. حل المشكلة يتطلب التغلب على العائق، أي اكتشاف الوسائل والمبادئ التي تساعد على حلها. ومن الأمثلة على ذلك:

وقوف الفرد أمام موقف ما يتساءل عنه، ويتطلب منه إجابة مقنعة، أو مواجهة الفرد لظاهرة غامضة لا يجد لها تفسيراً، وشعور الفرد بأنه لا يجد لها حلاً أو عجزه عـن إشباع حاجاته.

خطوات حل المشكلة (البحث العلمي)

إن حل المشكلة بطريقة علمية يحتاج إلى اتباع عدة خطوات علمية من أهمها:

١. الشعور بالمشكلة.

٢. تحديدها وصياغتها.

٣. جمع المعلومات والبيانات المتعلقة بها.

٤. وضع الفروض كحلول مؤقتة او مقترحة لحلها.

٥. اختيار أنسب هذه الفروض المقترحة.

٦. اختبار صحة الفروض المقترحة، لا سيما أن الفرضية "هي حل مؤقت يضعه الباحـث حتـى يتم اختباره".

٧. الوصول إلى حلها عن طريق النتائج.

٨. تعميم الحل او النتيجة على مشكلات ماثلة لها في المستقبل.

إن نجاح الفرد في حل المشكلات يتطلب منـه الاتصـاف بخصـائص متمثلة بالنضـج العقلي، وحب الاستطلاع، والرغبة المستمرة في التعليم، والدقة والأمانة العلمية، والتحرر مـن الخرافات والأساطير، والتمسك بالموضوعية، وعدم التسرـع في اتخـاذ القـرارات، وبنـاء القـرار على أساس الأدلة الموضوعية الكافية الصحيحة.

كيف تحل المشكلات؟

لا توجد طريقة واحدة يمكن أن يتبعها الناس جميعاً للوصول إلى حل المشكلات جميعها، وتبين الابحاث والدراسات إلى أن هناك عدة طرق يمكن أن تسلك في حل المشكلات، وتختلف من موقف لآخر، ومن شخص لآخر تبعاً لطبيعة الموقف الذي يتعرض إليه الفرد، إن حلها عملية شديدة التباين، فبعضها يحتاج استخدام طرق علمية معقدة، والبعض الآخر يحتاج إلى طرق بسيطة، وإن اتباع طرق علمية يؤدي إلى الوصول إلى حلول أكثر نجاحاً. والشكل رقم (٧-٢٧) يوضح ذلك:

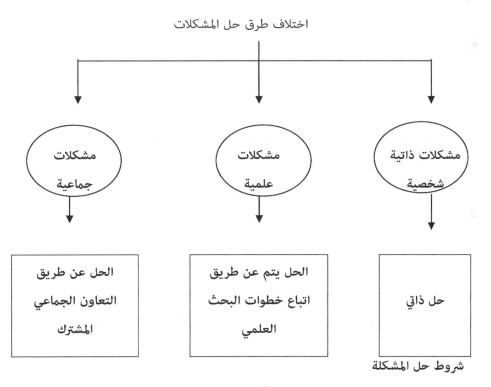

اختلاف طرق حل المشكلات

مشكلات جماعية

مشكلات علمية

مشكلات ذاتية شخصية

الحل عن طريق التعاون الجماعي المشترك

الحل يتم عن طريق اتباع خطوات البحث العلمي

حل ذاتي

شروط حل المشكلة

إن الدارسين لطرق تعلم التفكير يؤكدون أن هناك عدة شروط لحل المشكلة من اهمها:

١. أن تكون المشكلة جديدة ومحددة تستثير التعلم.

٢. أن تكون واقعية قابلة للحل في نطاق الإمكانات المتاحة.

٣. أن تتوفر لدى المتعلم الرغبة الصادقة في تعلم أسلوب حل المشكلات.

٤. أن تتوافر لدى المتعلم المتطلبات الأساسية اللازمة لحل المشكلة كالقواعد والمبادئ.

٥. ان تتوافر لدى المتعلم القدرة على إدراك العلاقات بين أجزاء المشكلة.

٦. أن يدرك المتعلم الطرق المختلفة لحل المشكلة.

٧. أن يكون المعلم ملماً بالمبادئ والأسس والاستراتيجيات، التي تكفل له القدرة على حل المشكلات.

٨. أن تنظم الأفكار بصورة متسلسلة تؤدي إلى حل المشكلة.

مزايا أسلوب حل المشكلة

إن حل أي مشكلة سواء كانت إجتماعية، أم إقتصادية ام علمية، يحتاج إلى أسلوب علمي متسلسل ومترابط، يؤدي في المحصلة النهائية إلى حل دقيق، ويمتاز اسلوب حلها بعدة نقاط:-

١. تحديد الهدف المراد تحقيقه.

٢. تحديد عناصر المشكلة.

٣. اختيار الحلول المناسبة.

٤. أن تحتوي على عنصر الاستبصار المتمثل في إعادة تنظيم الخبرات المناسبة وتوظيفها في توجيه السلوك.

٥. إصدار الحكم بصورة موضوعية بعيدة عن الناحية الذاتية.

المتغيرات المؤثرة في حل المشكلة

نقصد بالمتغير بأنه ظاهرة فيزيائية اجتماعية نفسية، تتأثر أو تؤثر بظواهر أخرى، فعلى سبيل المثال أثر القلق في تحصيل طلبة المرحلة الإعدادية في الأردن، فالقلق يسمى متغيراً والتحصيل يطلق عليه اسم متغير. ولهذا يمكن أن تقسم المتغيرات إلى قسمين، متغيرات مستقلة ومتغيرات تابعة، حيث إن المتغير المستقل

هو الذي يؤثر على ظاهرة اخرى، بينما المتغير هو الظاهر التـي تتـأثر بظاهرة أخرى، ففـي المثال السابق يعتبر القلق متغيراً مستقلاً والتحصيل متغيراً تابعاً.

فأي مشكلة دراسية أو اخرى تتداخل فيها عدة متغيرات لها تأثير على بعضها. ولهذا نجد أن هناك عدة عوامل تؤثر في حل المشكلة منها:

أ. الاستعداد أو الوضع العقلي

يقصد بالوضع العقلي بأنه حالة من الاستعداد او التهيؤ التي تجعل الفرد يستجيب بطريقة معينة فكرياً او ظاهرياً. اما التوقع فيعتبـر جـزءاً مـن الوضـع العقلـي الـذي يـؤدي بالمتعلم الى التوافق والانسجام مع العملية التعليمية الجديدة، فالوضع العقلي يساعد في إمكانية حل المشكلات بسرعة، والمثال التالي يوضح ذلك. قد يطرح معلـم الحسـاب للصـف الرابع الاساسي السؤال التالي على الطلبة:

-أرسلت أم ولدها لكي يشتري لها (٨ لتر) كاز بالضبط، فزودتـه بإنـاء سعته (٤ لتر) وإناء آخر سعته (٦ لـتر) وضح كيـف سيضـع الطفـل الكميـة فـي الانائين؟ لاحـظ أن عمليـة التفكير هنا تعتبر جزءا من الاستعداد.

ب. الدافعية

للدافعية أثر كبير في حل المشكلات التعليميـة، فهـي تحـدد نـوع التفكيـر المناسـب للحل، كما أن لها أثراً كبيراً في التعلم. وتشير الكثير من الدراسات إلى أن هناك علاقـة وطيـدة بين التعلم والدافعية، إذ وجد أن الدافعية تؤدي إلى تفعيل التعلم داخل غرفة الصف.

جـ الخبرة السابقة

إن مجموعة الخبرات التعليمية السابقة والقيم والاتجاهـات تعطـي التلميـذ قـدرة عالية على حل المشكلات، فمـن خـلال مجموعـة الخبـرات السـابقة التـي يمتلكهـا يكتشـف العوامل الداخلية المؤثرة في المشكلة، وعندما يواجه مشكلة معينة يأخـذ بالتنقيـب والبحـث والاستفادة من خبراته السابقة المتراكمة لديه، ويتعلم كيف يواجهها.

*طرق تعلم حل المشكلة

هنالك ثلاث طرق في تعلم أسلوب حل المشكلات التعليمية وهي على النحو الآتي:

أ. طريق المنحى المبرمج:

تستند هذه الطريقة على وضع التلاميذ ضمن موقف أو مشكلة، حيث تقدم لهـم إحدى المشكلات المكتوبة، وتكون على سبيل المثال متمثلة في السـؤال التالي كيف يمكنك الاستمرار في المذاكرة عند انقطاع التيار الكهربائي في المنزل ليلاً؟ ويمكن إجـمال خطوات حل هذه المشكلات بالنقاط التالية:

١. تقديم المشكلة للتلاميذ مكتوبة على ورقة والطلب اليهم أن يقدموا تصوراً لحلها.

٢. مساعدة التلاميذ على معرفة مـدى التقدم الـذي يحرزونـه تجـاه بلـوغ الحـل (التغذية الراجعة) وهي تعديل السلوك في ضوء الخبرات السابقة.

٣. استفادة التلاميذ من معطيات التغذية الراجعة في تصويب خطوات الحل.

٤. انتقال التلاميذ من المشكلات السهلة إلى المشكلات الصعبة.

ب. الطريقة التصنعية

يتم وضع المتعلم في موقف شبيه للمواقـف الحقيقيـة، ويطلـب إليـه التعـرف علـى عناصر المشكلة، وكأنه في موقف حقيقي، حيث إن هذه الطريقة تتيح للمتعلم الحصول على تغذية راجعة بصورة طبيعية.

وهذه الطريقة تستخدم مـع الطـلاب المتعلمـين، والطيارين، ورواد الفضـاء، حيـث يوضعون في مواجهة مشكلات شبيهة لتلك المواقف التي قد تـواجههم في المسـتقبل، سـواء في غرفة الصف، أم في التدريب على الطيران، ومن أبرز مزايا هـذه الطريقـة أنهـا تسـاعد علـى تقليل النفقات، وتجنب الأخطار التي قد تنجم عن الممارسة الواقعية.

جـ طريقة التدريب في مواقع العمل.

وهي من أهم الطرق المستخدمة في تعلم حل المشكلات، وخاصة المتعلقة بمجالات التدريب المهني والصناعي، ومن الأمور التي ينبغي مراعاتها لضمان فعالية هذه الطريقة ما يلي:

١. إتقان المتطلبات الأساسية المتمثلة في المعارف والمفاهيم والمبادئ.

٢. وجود بيئة عمل حقيقية يمارس من خلالها المتدرب عمله.

٣. توافر مشكلات عملية في نطاق العمل الحقيقي.

٤. وجود مدرب كفء يقوم بتوجيه المتدرب وتقييمه.

د. ومن الطرق المستخدمة الطريقة الاستقصائية والاستكشافية، التي تقوم على تطبيق القواعد والمبادئ الخاصة في مواقف معينة للتوصل إلى حلول المشكلات. حيث تم التطرق إليها في الوحدات السابقة.

نظريات حل المشكلات

يمكن ان نتحدث عن اتجاهين حاولا تحديد الأسس العامة لتفسير السلوك وسنتطرق إليهما بشيء من التفصيل.

الاتجاه السلوكي

يركز هذا الأسلوب على المحاولة والخطأ الذي تمثله نظرية ثورندايك. وهذا الاتجاه يؤكد بأن الفرد عندما يواجه موقف أو مشكلة فإنه يحاول إيجاد حل لها، عن طريق القيام بعدة محاولات خاطئة من خلالها يتوصل إلى الحل الصحيح.

فالمشكلة هي موقف غامض، او وجود صعوبة في فهم علاقات معينة بحاجة للتفسير، تثير الفرد وتحفزه للعمل على تفسيرها وحلها، وهي بحد ذاتها مجموعة المثيرات التي هي بحاجة إلى الحل أو مجموعة استجابات تعليمية عند السلوكين، تقوم على ارتباط المثيرات والاستجابات، فالفرد عندما يواجه مشكلة يحاول حلها عن طريق الاستجابة، ويوظف ما لديه من معلومات ومفاهيم وعادات

فكرية سبق له أن تعلمها، وهذا ما يسمى بجانب الخبرة عند السلوكين. فالنظرية السلوكية بحد ذاتها تركز على التعليم عن طريق ارتباط سلسلة من الاستجابات مع سلسلة من المثيرات، وبالتالي يتم التعميم ومن ثم يتم التمييز. فالتعميم يؤدي إلى التعليم البسيط.

الاتجاه الجشتلطي

تقوم هذه النظرية على معرفة العلاقات الجزئية من خلال الكل، وترى بأن التفكير يرتكز على التنظيم الإدراكي للبيئة التي تحيط بالفرد، ومن ثم استبصار الموقف الكلي. وخاصة عندما يواجه الفرد موقفاً أو مشكلة، ويعتبر "كوهلر" (Kohler) أحد منظري هذا الإتجاه الذي وضح ذلك من خلال تجربة تمثلت في وضع قردٍ في قفص في حالة جوع (مشكلة)، وكان في أعلى القفص قطف موز، فقام القرد بعدة محاولات خاطئة، وبعد ذلك أخذ برهة من الوقت، وكان في القفص عدة صناديق، وبعدها قام بوضعها فوق بعضها حتى وصل إلى قطف الموز. إن العملية التي قام بها بحد ذاتها تعتبر بمثابة إدراك للعلاقات الجزئية من خلال الكل.

إن هذا الإتجاه يؤكد على إدراك العلاقات من خلال عملية الاستبصار والفهم، وإن التعلم في هذا الإتجاه يؤكد على الإدراك الكلي، للمشكلة والتركيز على الاجزاء من خلال الكل، وعليه فإن نظرية الجشتلطية تركز على معرفة الكل ومن ثم الاجزاء التي تؤدي الى حل المشكلة.

تطبيقات ونماذج على حل المشكلة

لو أراد الطفل أن يحصل على طعامه الموجود أمامه على رف عالٍ، فمن المتوقع أن يقوم بعدة محاولات خاطئة، وبعد ذلك قد يأخذ برهة من الوقت (محاولة تفكيرية) بعدها يقوم بوضع كرسي أو طاولة عالية لبلوغ هدفه، فالحل كان عن طريق الاستبصار (برهة الوقت).

اما النظرية السلوكية فإنها ترى بأن الطفل يقوم بعدة محاولات خاطئة يصل من خلالها بصورة عشوائية إلى الطعام، فنعدما تصل الاستجابة الصحيحة تعزز المحاولة الصحيحة وبعدها تقل الاستجابات الخاطئة.

إن الفرق بين النظرية السلوكية والجشتلطية في تفسيرها لحل المشكلة، أن الاولى تركز على المحاولات الخاطئة للوصول إلى محاولة صحيحة معززة للعضوية بحيث تقل عدد المحاولات الخاطئة ويحدث التعلم الصحيح، بينما الثانية تركز على برهة الوقت التي تأخذها العضوية، والتي تكون النقطة الفاصلة بين المحاولات الخاطئة والصحيحة للوصول إلى حل او استجابة صحيحة وهذا ما يطلق عليه بالاستبصار.

أما الاتجاه المعرفي فيؤكد على أهمية البنى المعرفية الداخلية للفرد، ومدى توافقها وانسجامها مع البيئة المحيطة للمتعلم، كما ان هذا الاتجاه يركز على طبيعة المرحلة العقلية التي يمر بها، ويركز على العمليات العقلية المعرفية كالتمثيل والمواءمة والتوازن.

التطبيقات التربوية

نلاحظ مما سبق بأن هذه الوحدة يمكن الافادة منها في وضع الأسس العامة في تحديد حل المشكلة، وكيفية التعامل معها للوصول إلى حلول منطقية. ويكون ذلك باتباع النقاط التالية:

أ. تحديد مفاهيم المشكلة، وهذا يساعدنا على اتباع التفكير العلمي، المتصل بالابداع والابتكار.

ب. اتباع الأسلوب العلمي في التعامل مع المشكلة للوصول إلى حلول موضوعية دقيقة.

جـ يمكن الاستفادة من النظرية السلوكية والجشتطلية في حل المشكلات التعليمية.

الخلاصة

تطرقنا في هذه الوحدة الى التفكير وحل المشكلة، والتفكير الموجه مقابل التفكير الذاتي، والمتغيرات المؤثرة في حل المشكلة، والاستعدادات الدافعية والخبرة السابقة، ونظريات حل المشكلة، وخصائص اسلوب تطوير المعلومات، وتطبيقات ونماذج والشكل التالي يوضح ذلك:

تفكير حل المسألة وتطوير المعلومات

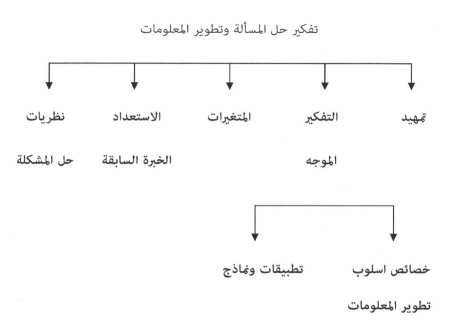

نظريات	الاستعداد	المتغيرات	التفكير	تمهيد
حل المشكلة	الخبرة السابقة		الموجه	

خصائص اسلوب تطوير المعلومات   تطبيقات ونماذج

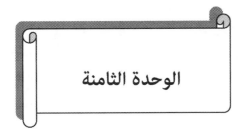

الوحدة الثامنة

مقومات التفكير الإبداعي وأساليب تطويره

* أهداف الوحدة

* تمهيد

* مفهوم الإبداع.

* مستويات الإبداع.

* مكونات الإبداع والتفكير الإبداعي.

* خصائص المبدعين علمياً.

* التفكير الإبداعي داخل غرفة الصف.

* المناخ الملائم للإبداع.

* خصائص الأنشطة الصفية لتطوير الإبداع.

* التطبيقات التربوية

* الخاتمة

أهداف الوحدة الثامنة

* التعرف على الابداع
* استخدام المهارات الإبداعية
* الالمام بالأنشطة الصفية لتطوير الابداع
* استنتاج التطبيقات التربوية

الوحدة الثامنة

مقومات التفكير الإبداعي وأساليب تطويره

تمهيد

ما زال الاهتمام بالابداع والمبدعين مثار اهتمام المجتمعات الانسانية، المتقدمة منها والنامية على حد سواء، باعتبارهما ضرورة قصوى للتطور الحضاري والتقدم العلمي الذي وصل إليه الانسان اليوم، هذا من ناحية، ومواجهة مشكلات الحياة اليومية وتحديات المستقبل من ناحية أخرى.

لقد اهتمت التربية الحديثة في موضوع الإبداع وتنميته لدى تلاميذ المدرسة. باعتباره هدفاً أساسياً من أهداف التربية والتعليم.

ويفسر جان بياجيه كل من التفكير والقدرات العقلية المختلفة، على انها مجموعة من العمليات التي تتألف من ثلاثة مستويات، هي المحتوى والوظيفة والبيئة، فالتفاعل بينهما يؤدى الى تشكيل عملية عقلية مميزة يطلق عليها الابداع، والشكل رقم (٨-٢٨) يوضح ذلك [١] :

---

(١) بي جي واردزوث، نظرية بياجيه في الارتقاء المعرفي.

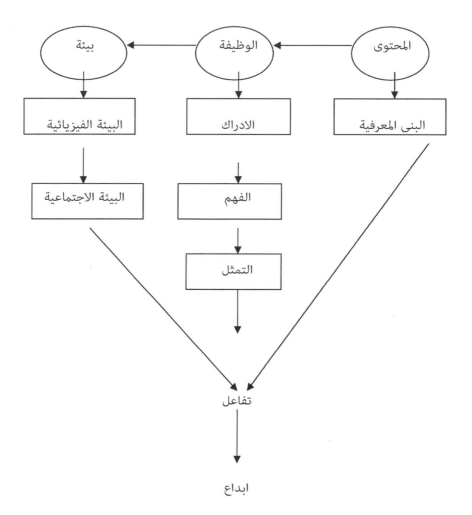

ولهذا تتزايد الحاجة يوما بعد يوم إلى خلق مناخ تعليمي وبيئة تربوية تساعد المتعلمين على تفجر طاقاتهم الإبداعية، وتنميتها وتكوين الاتجاهات الإيجابية نحو الإبداع العلمي لدى كل من الطلبة والمعلمين، والمشرفين التربويين، والقائمين على التربية والتعليم.

بدأ الاهتمام بالإبداع بدراسة "غالتون" (Galton) ١٨٦٩ عن العباقرة التي هدفت للوصول إلى المحدودات الوراثية للإبداع ولكنه أخفق لقصور الوسائل المساعدة في الدراسة.

***مفهوم الإبداع:**

لا يوجد تعريف مانع جامع لمفهوم الإبداع، فهناك تعريفات عديدة اقترحها الباحثون، فالإبداع هو إيجاد حل جديد وضئيل لمشكلة علمية أو عملية أو اجتماعية، ويعرف أوزبل الإبداع بأنه موجة نادرة في مجال معين من مجالات الجهد الإنساني، كما يعرف برونر العملية الإبداعية بأنها العمل أو الفعل الذي يؤدي إلى الدهشة والإعجاب، أما جيلفورد فيعرفه بأنه تفكير في نسق مفتوح يتميز بالإنتاج.

إن قدرة الأفراد على الاستجابة المنتجة وحلول المشكلات، يمثل نوعاً من الإبداع. ويرى جيلفورد بأن الإبداع يتضمن عدة سمات عقلية أهمها

الطلاقة (Fluency) والمرونة (Felxcibility) والأصالة (Originolity) والتأليف (Synthesis).

مما تقدم من التعريفات المختلفة للإبداع تتضح بعض المعالم الرئيسية للإبداع والتفكير الإبداعي:

١- الإبداع ظاهرة متعددة الجوانب والأوجه ويقصد به المقدرة على ابتكار شيء جديد أو إخراجه إلى حيز الوجود، ويقصد به ايضا عملية سيكولوجية يتم من خلالها ابتكار شيء جديد له قيمة، وهناك من ينظر إلى الإبداع على أساس الموقف الإبداعي أو البينة الإبداعية وهذا ما جاء به، ماكينون (Mackinnon)، الذي ميز بين أربعة جوانب أو مظاهر أساسية للإبداع، كما يرى بأنه لا يمكن دراسته، إلا إذا أحيط بهذه الجوانب الأربعة إحاطة شاملة وهذه الجوانب متمثلة في النقاط التالية:

أ- الشخص المبدع.

ب- الانتاجات الإبداعية.

ج- العملية الإبداعية.

د- الموقف الإبداعي.

وعلى هذا يمكن أن ينظر إلى الإبداع بأنه العملية الإنتاجية أو الموقف الإبداعي وهذا ما أكده رودز (Rodes) بأن الابداع ليس عملية تفكيرية جامدة فحسب، بـل إنه يحتـاج إلى تنسيق وتكامل، ولهذا فإن الابداع يمتاز بالنقاط التالية.

١- الإبداع تفكير مرن غير جامد يتضمن وضع الفرضيات واختبارها مـن قبـل الباحـث أو المبدع.

٢- عملية الإبداع تعتبر متنوعة ولا تحدد في مجال معين.

٣- التفكير الإبداعي عملية إنتاج هادفة ويتصف بالتنوع، ويحتاج إلى الخبرة والأصالة.

٤- ينبغي أن يكون الإبداع والابتكار ذا قيمية حتى يتم تقبله من قبل الآخرين.

٥- القدرة علـى إحسـاس وإدراك حـل المشـكلات، كـالتخمين والأسـئلة والتقصي والتجريـب والاكتشاف.

*مستويات الإبداع:

وضع "تايلر" (Taylor, 1965) خمسة مستويات للإبداع وهي على النحو التالي:

* **المستوى الأول:** "الإبداع التعبيري" "Expressive" ويتضمن التعبير الحر المستقل الـذي لا يكون فيه أصالة أو مهارة متمثلة برسوم الأطفال التلقائية، (تعبير عن الذات).

* **المستوى الثاني:** الإبداعي الإنتاجي "Productive" ويتضمن المنتجات العلميـة والفنيـة التي تتميز بمحاولة ضبط الميل وتحديد الأسلوب الـذي يـؤدي في المحصلـة النهائيـة إلى منتجات كاملة، (تحسين مستوى أسلوب الإنتاج).

* **المستوى الثالث** التجديـدات الاستحداثية وتتضمن التطوير والتحسـين الـذي يتضمـن استخدام المهارات الفردية والتصورية، (تطوير شيء موجود).

* **المستوى الرابع "الإبداعية الاختراعية"** (Inventive) وتتضمن اعمال المكتشفين والمخترعين الذين تظهر عبقريتهم باستخدام المواد والأساليب المختلفة في الاكتشافات والاختراع. (مخترع غير موجود في الاصل).

* **المستوى الخامس "الإبداعية والانبثاقية"** (Emergentive) ويتضمن ظهور مبدأ جديد أو مسلمة جديدة تزدهر حولها مدرسة جديدة. (أفكار جديدة لها اتباع).

***مكونات الإبداع والتفكير الإبداعي:**

تشير كثير من الدراسات العلمية المنطقية إلى أن التفكير الإبداعي يتضمن مجموعة من القدرات العقلية والتي يمكن عرضها على النحو التالي:

١- الطلاقة Fluency:

تتضمن الطلاقة الجانب الكمي من عملية الإبداع، وهي قدرة الفرد على أن يتذكر عدداً كبيراً من الأفكار والألفاظ والمعلومات والصور الذهنية بسهولة ويسر، وهذا يحتم أن يكون المبدع ذا ثقافة ومعلومات علمية واسعة، وأن الموهبة وحدها لا تكفي للإبداع وهذا ما أكده "نيوتون" (Newton) في أبحاثه العلمية المتعلقة بالجاذبية الأرضية التي لم يأت بها بطريقة عشوائية حيث كانت طريقته مترابطة. والسؤال المطروح علينا كيف تقاس الطلاقة، والجواب على ذلك يمكن أن تقاس بعدة طرق منها:-

١- سرعة التفكير بإعطاء كلمات في نسق محدد، أو التصنيف السريع للكلمات في فئات خاصة بها.

٢- تصنيف الأفكار وفقا لمتطلبات معينة كالقدرة على ذكر أكبر عدد ممكن من أسماء الحيوانات والنباتات المائية.

٣- القدرة على إعطاء كلمات ترتبط بكلمة معينة، كإعطاء المترادفات.

٤- القدرة على وضع أكبر قدر ممكن من المفردات في جمل وعبارات ذات معنى.

أما "جيلفورد" (Gulford)، فيشير إلى أربعة عناصر للطلاقة وهي على النحو التالي:

أ- الطلاقة اللفظية.

ب- الطلاقة الفكرية. (جمل).

ج- طلاقة التداعي للأفكار. (حل المشكلات).

د- الطلاقة التعبيرية. (المحادثة).

المرونة Flexibility:

تتضمن الجانب النوعي للإبداع، ويقصد بها قدرة الفرد على تغيير وجهة نظره حول المشكلة التي يعالجها بالنظر إليها من زوايا مختلفة، وقد تعني التنوع أو اختلاف الأفكار التي يأتي بها الفرد المبدع.

وتشير البحوث والدراسات إلى وجود نوعين من المرونة:

أ- **المرونة التكيفية (Adoptive Flexibility)** تعني تكييف الفرد ضمن حدوث متغيرات جديدة.

ب- **المرونة التلقائية (Sponkaneous Flexibility)** وتعني قدرة الفرد السريعة على إنتاج أكبر عدد ممكن من أنواع مختلفة من الاتجاهات والأفكار التي ترتبط بمشكلة ما أوبموقف معين. وتعرف المرونة بأنها نظرة شاملة لمشكلة ما في اتجاه معين وقد يتغير حسب تغير الأحداث.

الأصالة Originolity:

قدرة الفرد على تطوير القديم، دون أن يحذف كلياً، بمعنى آخر إن الأصالة لا تتعارض مع الإبداع، بل تأخذ بعين الاعتبار الأسس العامة للقديم ومن ثم تطوره.

التفاضل الإكمال أو التأليف Elaborat:

ويمكن تعريفه بأنه القدرة على دمج أجزاء مختلفة في وحدة واحدة بشكل متقن، بحيث يكون أساس بناء المعلومات المعطاة، يشكل نسقا فكريا معيناً ليصبح

أكثر تفصيلاً. والسير بالأجزاء المختلفة نحو نسق متكامل، يضم بقية الأجزاء، ومثال ذلك دراسة الأجزاء المختلفة في الجسم الإنساني، التي هي بالتالي تكون شكل الجسم الإنساني المتكامل.

* مراحل العملية الإبداعية Creative Process

لقد اختلف الباحثون وعلماء النفس في تحديد مراحل أو خطوات العملية الإبداعية فيعرف "موريس شتاين" الإبداع بأنه عملية تكوين الفرضيات واختبارها والتوصل إلى نتائج، وظهور الإبداع في جميع الجوانب. وأن هناك عدة مراحل لعملية الإبداع.

١- مرحلة تكوين الفرضية Hypothesis Formation

تبدأ هذه المرحلة بعد الاستعداد، وتنتهي بفكرة تكوين الفرضية التي تعرف بأنها قرار مؤقت يضعه الباحث في قرارة نفسه حتى يصل إلى حل، وتعتبر خطوة مهمة في مراحل الإبداع.

٢- مرحلة اختبار الفرضية Hyporhesis Testing

وتتضمن هذه المرحلة فحص واختبار الفكرة بدقة.

٣- مرحلة التوصل إلى النتائج Communication of Results

وهي المرحلة التي يستفاد من المعلومات والخبرات في التوصل إلى النتائج.

ويرى "ولاس وماركسيري" (Wallas and Marksbery) بأن عملية الإبداع هي مراحل متباينة تتولد أثناءها الفكرة الجديدة حيث تمر بعدة مراحل وهي على النحو التالي:

١- مرحلة الإعداد والتحضير Preparation

في هذه المرحلة تحدد المشكلة، ويتم فحصها من جميع الجوانب، ويشمل ذلك على تجميع المعلومات التي حصلنا عليها عن طريق الخبرة، ثم نقوم بتصنيفها عن طريق ربط عناصر المشكلة مع بعضها، وهذا يطلق عليه مرحلة التحضير.

٢- مرحلة الاحتضان أو الاجتمار

وتُعّرف بمرحلة التريث والانتظار، وهي بمثابة فترة الانطلاق لكي يتحرر العقل مـن التشويش الذي ليس له صلة بالمشكلة، بحيث يشعر المبدع شعوراً غامضاً بأنه يتقدم نحـو غايته، كأن تستحوذ المشكلة على افكاره وصوره الذهنية التي تساعده عـلى الإبـداع، ويـرى بعض علماء النفس أن المشكلة تكـون تحـت تـأثير عمليـات لاشعورية مختلفـة وتحتاج إلى تفكير مستمر.

٣- مرحلة الإلهام أو الإشراق

وتعرف هذه المرحلة التي يتم فيها انبثاق شرارة الإبداع، كما تعتبر بأنها اللحظة التي تولد فيها الفكرة الجديدة التي تؤدي بدورها إلى حل المشكلة، وبمعنى أخر إن الحل له علاقة بالعمليات الذهنية ويتضح فجأة وكأنه نوع من الاستبصار الفجائي أو الحدس والذي يؤدي للوصول إلى حل جديد عن طريق ترابط الأجراء بالكل.

٤- مرحلة إعادة النظر أو التحقيق

في هذه المرحلة يتعين على الفرد المبدع أن لا يتحيز لفكرة إبداعية بـل عليـه إعـادة النظر في الفكرة، ويتحقق بأنها صحيحة وتتطلب منـه التـدريب المسـتمر لتحديـد العمليـة الفكرية الإبداعية ومدى تلاؤمها وأهميتها للواقع.

هناك كثير من الدراسات تلخص خطوات عملية الإبداع وتتمثل في خمس نقاط

١- مرحلة الإحساس بالمشكلة: ونعني بذلك شعور الباحث بوجود مشكلة تتطلب منه حلاً.

٢- مرحلة تحديد المشكلة: ونعني بذلك تحديد عناصرها بشكل دقيق.

٣- مرحلة الفرضيات: وهذه لها علاقة بالحلول التي تتعلق بالمشكلة.

٤- مرحلة الولادة: ونعني بذلك الوصول الى الحلول.

٥- مرحلة التقويم: وتتضمـن هـذه الإضافـات الضـرورية للوصول إلى حلـول جديـدة تفـي بالمتطلبات التي جاءت بها عملية الإبداع.

* خصائص المبدعين علمياً:

تشير الدراسات والبحوث الخاصة بالمبدعين علمياً، بـأن المبـدع يتميـز بعـدد مـن الصفات العقلية – والشخصية والنفسية منها ما هو موقع اتفاق عام بين الدارسين ومنهـا مـا يعترض عليه الباحثون، وبشكل عام فإن المبدع ذو شخصية قوية وذكي، ويكون لدى المبـدعين خصائص عامة مشتركة من أهمها:

حـب استطلاع واستفسـار في النواحي العلميـة، والرغبـة في التقصي– والاكتشـاف، والبداهة والدهاء وسعة الخيال، وتفضيل المهمات والواجبات العلميـة الصعبة، والارتيـاح في حل التمارين، والمشكلات، ومرونة في التفكير، والثقة بالنفس وسرعة البداهة وتعدد الأفكـار، والإجابات وتنوعها، والتمتع بمستويات عقلية متمثلة في التحليل، والتركيب، وإصدار الأحكـام، وإظهار روح الاستقصاء العلمي في آرائهم وأفكارهم، وتكريس النفس للعمل الجـاد بدافعيـة ذاتية ويهيئون أنفسهم للعمل العلمـي لفـترات طويلـة، والقـدرة علـى التحليـل والتركيـب، بالإضافة إلى النقـاط السـابقة يـذكر "كيلفن تـايلر" (Kalven Taylor 1965) بـأن الأفـراد المبدعين يتسمون بسمات عقلية وسلوكية مـن أهمها، أفكارهم تثـير إلى الدهشة والمثـابرة وأعمالهم تميل إلى التفكير المتفاعل والاستقلالية في الفكرة والعمل.

أما بالنسبة للخصائص السلوكية فإن الأفراد المبدعين يكونون في بعض الأحيان متوافقين، وبعض الأحيان يكونون متعارضين ويواجهون بعض التناقضات مع الجماعات التي ينتمون إليها.

ويرى بعض الدارسين بـأن الأطفـال المبدعين يتسـمون بخصـائص معينة أهمها أن المبدع حيوي ولديه اعتداد بالنفس، ويرغب بالمخاطرة ويضع لنفسه

معايير عالية، ويكون واثقاً من نفسه، ومحباً للسيطرة أحياناً، والانفراد عـن النـاس، مـرن وسريع التكيف مع المواقف الجديدة. وشخصيته مستقلة وواثق من نفسه.

التفكير الإبداعي داخل غرفة الصف

يـرى "تـورانس" (Torance) أن هنـاك بعـض المبـادئ يمكـن مراعاتهـا في تـدريب المتعلمين على الابتكار، كاحترام المعلم لأسئلة التلاميـذ الموجهة إليـه، وتوجيـه خيـالهم نحـو موضوع معين، وأن يسمح لهم بأن يقوموا بأداء بعض الاستجابات، دون تهديدهم بـالتقويم، كأن يحسم بعض العلامات.

وهناك بعض النقاط المقترحة الأخرى لتشجيع النشاط الابتكاري داخل غرفة الصف، كالتعرف إلى المواهب المميزة لدى التلميذ، وتهيئـة الشـروط والظـروف المناسبة لـه، وضـع المهمات التي تساعده على تفعيل النشاط المميـز، وتـوفير الجـو الـديمقراطي الـذي يتصـف بالأخذ والعطاء، وتشجيع الأسئلة المنطقية المثيرة للتفكير وإتاحة الفرص لمشاركة التلاميـذ في عمليات الحوار وتشجيع إجاباتهم وتعزيزها.

المناخ الملائم للابداع

وضع "روجرز" (Rogers) شرطين عامين لتشجيع التفكير الإبداعي وهي:

أ- السلامة النفسية (ثقة الفرد بنفسه).

ب- الحرية النفسية (احترام شخصية المتعلم).

ويعتبر تقبل الفرد لنفسه مـن أهـم العوامـل النفسية كـما يراهـا روجرز، فعنـدما يشعر بأنه يتمتع بأمان نفسي، فإن هذا يؤدي إلى الطلاقة في التفكير والإبداع.

إن تحديـد الوضـع العـام كاسـتخدام الخـبرة وتـوفير الظـروف المناسبة، يـؤدي الى الارتياح والثقة بالنفس والتقبل الاجتماعي وكل ذلك يؤدي الى الابداع.

إن للحرية النفسية علاقة بعملية الإبداع كما يراها روجرز، كما أنه حـدد خصـائص للشخص الذي يمتاز بالحرية النفسية التي تتمثل في عدة نقاط:

١- القدرة على تقبل نفسه دون خوف.

٢- القدرة على التعامل مع الرموز والمجردات.

٣- أن يستطيع التلاعب بالمفاهيم والكلمات دون تردد أو تلعثم.

٤- أن يتعامل مع الرموز في مواقف معينة كما أنه يستطيع الوصول إلى حلول جديدة إبداعية.

هناك بعض الاقتراحات لتطوير الإبداع عند الأطفال، متمثلة في تنمية حب الاستطلاع لديهم، وتحريرهم من الخوف، وتشجيعهم على التخيل بشكل واقعي، وعلى الاختلاط بالأشخاص المبدعين، والمبادرات الفردية، وتهيئة الفرص لهم للابداع.

طريقة تعلم التفكير الإبداعي أو الابتكاري

هناك عدة طرق لتعلم التفكير الإبداعي من أهمها:

* طريقة ذكر الخصائص

تبدأ هذه الطريقة بتعداد الخصائص الأساسية لشيء أو موضوع أو موقف أو فكرة، وبعد هذا يبدأ الفرد بتحديد كل خاصية على حدة دون تدخل من جانب المعلم أو المدرب.

وهذه الطريقة تركز على إنتاج الأفكار دون نقدها إلا بعد الانتهاء من سردها بحيث تصبح الفكرة مقبولة، يراعى فيها عدم ممارسة أي لون من التقويم أو النقد أو الحكم، إلا بعد انتهاء المتعلم من سرد جميع أفكاره، بعدها يقوم بتقويمها في ضوء المواصفات ونواحي النقص والحاجات أو المطالب.

* طريقة العلاقات القسرية

تعتمد على إنتاج الأفكار الجديدة عن طريق افتعال مواقف تحتاج الى تفكير بشكل محدد وهذا يحتاج إلى التدريب على الابتكار.

* **طريقة القوائم**

تقوم هذه الطريقة بطرح مجموعة من الاسئلة التي لها مجال واسع من المعلومات (Information)، بحيث يكون لكل سؤال اجابة في قائمة الاجابات وهذه الاسئلة تثير انتباه الطلبة وتؤدي بهم للوصول الى مواضيع اخرى لها علاقة بالموضوع المطروح.

* **طريقة التحليل المورفولوجي (الشكلي) (Morphogy)**

طريقة شاملة تحتوي على طريقتين هما ذكر الخصائص والقوائم وتبدأ بتحليل المشكلة إلى أبعادها الأساسية، وتحديد الفئات المختلفة التي تنتمي إليها هذه الأبعاد، وبعد ذلك يقوم المتعلم بربط هذه الفئات بالطرق المحتملة للحل. ومن خلال ذلك يحصل على عدة طرق أخرى جديدة.

* **طريقة العصف الذهني**

وتستخدم للتدريب الجماعي والفردي وتعد من أبرز الطرق الشائعة في تنمية الابتكار، ومن خلال استخدامها يطلب من المتعلمين أن يكتبوا ويصرحوا بما يجول في أذهانهم دون قيد، والهدف من ذلك تحرير الفكر والوصول به إلى الناحية الابتكارية، حتى نتمكن من معرفة ما يجول بفكر المتعلم.

* **طريقة تالف الاشتات**

هذه الطريقة تشبه طريقة العصف الذهني لا سيما أنها تستند إلى موقف جماعي يؤدي إلى عملية التداعي الحر الطليق، كما تصلح هذه الطريقة للاستخدام الفردي لا سيما أنها تقوم على عملية المناقشة للوصول إلى الحلول، كما تسعى لتجميع الأفكار المختلفة في نسق واحد وتقوم على التوافق في إنتاج الأفكار.

خصائص الأنشطة الصفية لتطوير الإبداع

ومن أهم خصائص أنشطة تطوير الإبداع لدى التلاميذ ما يلي:

١- التعرف على ذوي الإبداع المرتفع.

التعرف على المبدعين يعتبر عملية رئيسية، يتم من خلالها تحديد مستوى الإبداع. والعمل على تشجيع الطاقات الإبداعية لدى الأطفال وتزويدهم ببعض المهارات، وأنواع من الخبرات التي تعمل على تطوير طاقاتهم الإبداعية إلى حد أعلى.

٢- التعرف على الإبداع في وقت مبكر.

التعرف على الإبداع في وقت مبكر يؤدي إلى تطوير الطاقات الابتكارية ومعرفة الصفات الذكائية، وتحديد الطاقات الإبداعية والعمل على تطويرها في المستقبل.

ما خصائص التفكير الابداعي ؟

يشتمل على عدة خصائص من أهمها:

١- يكون متسلسلاً ومترابطاً حول المشكلة المراد حلها.

٢- يستخدم في الاستدلال المنطقي كالاستنباط والاستقراء.

٣- نصل من خلالها الى حلول دقيقة.

٤- نتبع من خلاله اسلوب البحث العلمي.

التطبيقات التربوية

لقد حددنا في هذه الوحدة تعريفا للابداع وتطرقنا أيضاً لعدة مفاهيم مرتبطة بالتفكير الإبداعي، وحُدّدت خصائصه ومزاياه، وعليه يمكن القول إننا يمكن أن نستفيد من خلال تدريس هذه الوحدة على الصعيد العملي عدة جوانب وهي على النحو التالي:

١- تحديد مناهج تقوم على ايجاد نوع من التوازن والتسلسل المنطقي ونقلها للمتعلمين آخذين بعين الاعتبار الفروق الفردية لديهم.

٢- تحديد مستوى التفكير، كتحديد طريقة نموذجية بالنسبة للتعامل مع الطاقات الإبداعية عند التلاميذ حتى يتسنى لنا متابعة تقدمهم.

٣- تحديد الخصائص العقلية لنوعية المتعلمين داخل الصف الواحد بحيـث يـؤدي ذلك إلى تنشيط واتباع طريقة تعليمية ناجحة وتنشيط الناحية الإبداعية.

٤- استخدام الطرق الإبداعيـة بشـكل متسلسـل ومنطقـي ومتناسـب مـع طبيعـة الموضـوع المطروح، وهذا يؤدي إلى رفع مستوى التفكير عند الأطفال مستقبلاً.

الخلاصة

تطرقنا في الوحدة السابقة الى التفكير وحل المشكلة، والتفكير الموجه مقابل التفكير الذاتي، والمتغيرات المؤثرة في حل المشكلة والاستعداد والدافعية، ونظريات في حل المشكلات، وخصائص الاسلوب في تطوير المعلومات والتطبيقات ونماذج في الابداع.

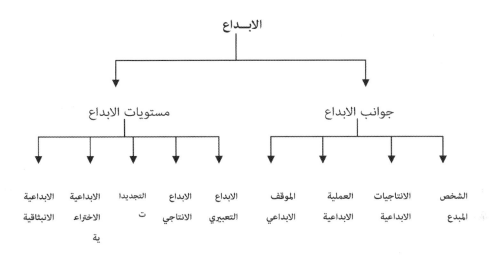

٢. مكونات الابداع

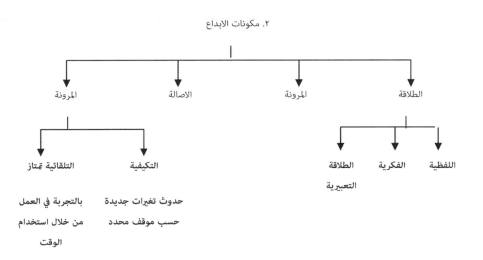

الوحدة التاسعة

الدافعية والتفاعل الصفي

* الأهداف
* تمهيد
* تعريف الدافعية.
* الفرق بين الحافز والدافع.
* كيف تحقق دافعية التعليم؟
* العوامل التي تؤدي إلى اعاقة التفاعل الصفي.
* ماذا نعني بالتفاعل الصفي؟
* ركائز الدافعية.

(أ) الدافعية للانتباه في التعلم الصفي.

(ب) دفع التلاميذ للاسهام في نشاطات الدرس وتعزيز إنجازاتهم.

* نظريات معاصرة حول دافعية التلاميذ للتعلم وتطبيقها في التعلم الصفي.
* نشاطات مقترحة للمعلمين لتقويم ممارستهم في زيادة الدافعية.
* التطبيقات التربوية.
* الخلاصة.

أهداف الوحدة التاسعة

* أن يتعرف الطالب على مفهوم الدافعية.
* أن يحدد الفرق بين الحافز والدافع.
* أن يفرق بين الباعث والدافع.
* أن يتعرف الطالب كيف تتحقق دافعية التعلم.
* أن يحدد أهم العوامل المؤثرة في دافعية التعلم والتفاعل الصفي.
* أن يتعرف على عملية التفاعل الصفي.
* أن يحدد الطالب أهم نماذج انماط التفاعل.

الوحدة التاسعة

الدافعية والتفاعل الصفي

تمهيد

في هذه الوحدة سنعرّف الدافعية، وسنذكر الفرق بين كل من الحافز والدافع والباعث، وسنتطرق أيضاً إلى كيفية تحقيق دافعية التعلم والعوامل المؤثرة فيها، وكيفية تحقيق التفاعل الصفي وماذا نعني به، ونماذج من أنماطه، والتطبيقات التربوية.

تشير الدراسات إلى أن للدافعية أثراً واضحاً ومميزاً في عملية التفاعل الصفي لاسيما أنها تؤدي إلى استثارة انتباه الطلبة، وتفعيل أدائهم داخل غرفة الصف وزيادة مستوى تحصيلهم، كما أنها تجعلهم قادرين على القيام بالنشاطات المنهجية واللامنهجية.

وبشكل عام يرى الباحثون في مجال علم النفس (Psychology) بأن الدافع هو المحرك الأساسي لسلوك الإنساني، سواء أكان هذا السلوك القصد منه سد حاجة بيولوجية أو اجتماعية أو نفسية، ولذلك سنبين في هذه الوحدة أثر الدافعية في زيادة فعالية التفاعل الصفي.

تعريف الدافعية

يمكن القول إن وراء أي سلوك كائن حي دافع لتحقيق غرضه من البيئة الخارجية التي ينتمي إليها، ولذلك تنوعت الدوافع كما أنها ارتبطت بطبيعة الظاهرة التي لها علاقة بحياة الفرد. ولذلك تُعّرف الدافعية سيكولوجياً "بأنها مجموعة المؤثرات التي تؤدي إلى تحريك السلوك لسد حاجة ما"، سواء أكانت بيولوجية أم اجتماعية.

بعبارة أخرى، يمكن القول إنها الميكانيكية التي تؤدي إلى تحريك السلوك والسرعة في الإنجاز، كما أنها تختلف من موقف لآخر، فقد يكون النجاح دافعاً لشخص ما ان يصل لمستوى تعليمي معين، بينما الخوف يعتبر دافعاً بيولوجياً للمحافظة على الذات.

فالدوافع ترتبط ارتباطاً وثيقاً في المحيط الخارجي، لاسيما أنها تتأثر بالمثيرات والحوافز الخارجية، فلا غرابة أن نجد بينها وبين المؤثرات الخارجية علاقة وطيدة ويمكن أن نوضح ذلك بالشكل رقم (٩-٢٩).

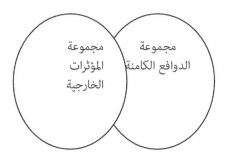

إن الشكل السابق يمثل الارتباط بين كل من الدوافع والمؤثرات الخارجية وتأكيداً على ذلك فقد توصلت الدراسات في مجال التفاعل الصفي إلى نتيجة مفادها، بأن الدافعية تعتبر الميكانيكية الخاصة التي تحرك السلوك التعليمي لدى التلاميذ، ويشترط في ذلك توفر المثيرات المتنوعة.

هناك بعض الدراسات التربوية في مجال التفاعل الصفي بينت ان مجموعة الأساليب والأنشطة ووسائل الإيضاح التي يستخدمها المعلم للتعزيز لها دورٌ حاسم في زيادة مستوى تعلم الطلبة بشكل إيجابي، ممثلاً ذلك في استخدامه لكل من التعزيز اللفظي والمادي ضمن إطار غرفة الصف.

فعلى سبيل المثال، يمكن لمعلم ما في صف معين أن يستخدم تعزيزاً لفظياً متنوعاً لإثارة دافعية الطلبة لتعلم القراءة، كأن يقول ممتاز يا رامي! صفقوا له، رائع يا سامي، أحسنت يا أمجد!..... الخ، حتماً بأن الأنواع المختلفة من التعزيز

اللفظي سيكون لها أثر واضح في عملية التفاعل الصفي، وستكون هذه الإجراءات بمثابة الدوافع التي تحرك سلوك الطلبة لكي يتفاعلوا مع المعلم.

أما فيما يتعلق بالتعزيز اللفظي غير المباشر فيمثل مجموعة الاستثارات التي يقوم بها معلم الصف لتحريك دافعية الطلبة للتفاعل الصفي، فقد تكون هذه الاستثارات ليست موجهة بشكل مباشر نحو الطالب كأن يقول المعلم: أرأيتم إجابة أحمد ؟ لقد كانت ممتازة! من منكم يأتي بإجابة مثلها، ويمكن أن يطرح مثالاً آخر لتعزيز الطلبة بشكل غير مباشر وزيادة تفاعلهم الصفي، كأن يقول من هو الطالب الممتاز الذي يريد الإجابة على هذا السؤال؟

من خلال ما سبق، نجد ان الأشكال التعزيزية اللفظية السابقة، سواء أكانت بشكل مباشر أو غير مباشر، فستؤدي في المحصلة النهائية إلى زيادة مستوى التفاعل الصفي، وقد نعتبرها الدافعية لتحريك التلاميذ نحو عملية التعلم.

الفرق بين الحافز والباعث

تشير الدراسات في مجال علم النفس العام، بأن الفرق بين الاثنين يظهر في أن الأول يمثل مجموعة الظروف الخارجية التي تؤدي إلى تحريك السلوك الإنساني، وتجعله يتحرك تجاه الهدف المنشود الذي يؤدي بدوره إلى إشباع مجموعة الحاجات التي لديه.

فعلى سبيل المثال، قد يكون لدى الفرد مجموعة حاجات بيولوجية كالجوع أو طلب الراحة ،فيقوم الفرد بسدها بطريقته الخاصة. والشكل رقم (٩-٣٠) يوضح ذلك:

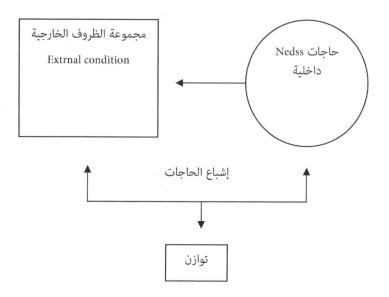

فالحاجة تعني مجموعة التغيرات الفسيولوجية الداخلية، التي تحدث في خلايا الجسم، فلابد من إشباعها حتى يتم التوازن ما بين الناحية الداخلية والخارجية.

اما الباعث فنعني به مجموعات السلوكات الناتجة عن الحاجة أو النقص الذي ينتج نتيجة لحاجة ما. ولابد من الإشارة إلى ذلك بشكل دقيق ومتكامل. وتبيان مدى الارتباط بينهما.

كيف تحقق دافعية التعليم؟

إن تنظيم المعلم لمعرفة الصف والتهيئة للدرس باستخدام الوسائل المناسبة والأساليب المتنوعة، يكون لها دور حاسم في زيادة فعالية التعليم لدى التلاميذ.

وتأكيداً على ذلك قام شاهين بدراسة عام ١٩٩٠ بعنوان "أثر استخدام الأساليب المتنوعة في تدريس مادة القواعد في اللغة العربية للصف الثاني إعدادي في منطقة عمان الكبرى"، وقد استخدم الباحث عدة أساليب متنوعة، متمثلة في كل من طريقة المحاضرة، والطريقة الاستقرائية والاستقصائية والاستنباطية، حيث طبّق هذه الطرق على عدة صفوف و توصل إلى النتائج التالية:

١. التركيز على التمهيد (التعلم القبلي)، فالتمهيد المشوق، يتمثل بطرح أسئلة تستجر دافعية طلبة الصف للإجابة كاستخدام النكتة أو الدعابة أو قصة قصيرة من خلال ذلك يصل إلى الموضوع.

ويرتكز ذلك على استخدام أسلوب سلس لتوصيل المعلومة، وهذه الإجراءات تعد من ركائز التعليم القبلي، ولها أثرٌ واضح في تحفيز أو استثارة دافعية التعليم.

٢. مراعاة الفروق الفردية داخل الصف، إن نجاح الأسلوب التعليمي يتوقف على ناحيتين، الأولى: كيف يمكن للمعلم أن يقدم المادة بأسلوبه للمتعلمين، أما الثانية فتناسب أسلوبه للفروق الفردية بين الطلبة.

ولابد من تفاعل الناحيتين، بحيث يتم إيصال المعلومات للمتعلمين بشكل منظم وجيد، ويتحقق ذلك في اتباع المعلم سياسة طرح الأسئلة المستمرة مع التركيز على التقويم التكويني.

٣. الربط بين الأهداف المراد تحقيقها في الحصة والأساليب التعليمية المتبعة لتحقيقها، ولا يتم ذلك إلا من خلال طرح الأسئلة المتعلقة بالأهداف، التي تكون بمثابة القاعدة التي تركز عليها في تحقيق الهدف التعليمي، فإن علاقة الأهداف بعملية الأساليب والأنشطة وبعملية التقويم، يطلق عليه بميكانيكية الهدف، والشكل رقم (٩-٣١) يوضح ذلك:

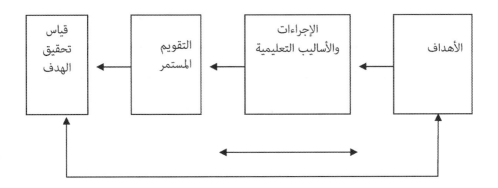

ببساطة واضحة إن تحقيق الأهداف ضمن غرفة الصف يعني تحقيق دافعية التعليم، وهذا لا يتم إلا إذا اتبعنا الأساليب التدريسية الناجعة [1].

العوامل التي تؤدي إلى إعاقة التفاعل الصفي

أما التفاعل الصفي فيعد المقدمة الأولى لإنجاح عملية التعليم، لاسيما إذا كانت منظمة ضمن الإطار العام للصف، فهي علاقة إيجابية قائمة على التفاهم والاستيعاب بين كل من المعلم والطلبة؛ بالرغم من وجود معوقات تؤثر على هذه العملية سلباً ومنها:

١. الوضع المثير: قد لا يكون مناسباً مع الموضوع، كأن يضع المعلم مثيرات ليست لها علاقة بموضوع الدرس، ممثلا ذلك باستخدامه أساليب وتقنيات تعليمية غير فعالة في استثارة دافعية الطلبة.

٢. عدم مراعاة ارتباط عملية النضج في التعلم: يمكن أن يكون الموضوع المراد تدريسه أعلى من مستوى قدرات الطلبة المعرفية، وبالتالي قد يمثل ذلك عائقاً لعملية التفاعل الصفي ضمن إطار غرفة الصف، فلابد أن نأخذ بعين الاعتبار القدرات المعرفية للمتعلمين.

٣. مجموعة الظروف الخارجية (External Condition):

هذه المجموعة تمثل عائقاً في بعض الأحيان، فيما يتعلق بعملية التفاعل الصفي، لاسيما إذا كان الصف غير مطابق للمواصفات الصحية وخالٍ من وسائل راحة التلاميذ، وهذا ما يجعل التلاميذ غير متكيفين وغير منسجمين مع طبيعة البيئة الصفية، مما يخلق لديهم القلق والخوف وعدم الاستقرار، كما أن عدم سد حاجات الأطفال بشكل كاف يؤثر سلباً في عملية التفاعل الصفي.

---

(١) يوسف شاهين، أثر استخدام الأساليب المتنوعة في تدريس مادة القواعد في اللغة العربية للصف الثاني الاعدادي في منطقة عمان الكبرى.

فالعوامـل الثلاثـة السـابقة تعـد مـن معيقـات التفاعـل الصـفي، وعـلى المعلمـين والإداريين العمل على إزالتها، حتى يتسنى لنا تحقيق التعليم بشكل متكامل.

***ماذا نعني بالتفاعل الصفي؟**

سؤال يتردد كل يـوم مـن قبـل كـل مـن المعلمـين والمـديرين والمشرفين حـول هـذا المفهوم، ويمكن تعريف التفاعل الصفي حسب ما ورد في كتاب مدخل لعلم الـنفس التربـوي (Introduction To Educational Psychology) لمؤلفه Roher، بأنـه العمليـة التـي يـتم مـن خلالهـا إتقـان مهـارة التعلـيم مـن قبـل المعلـم والوصـول بالطلبـة إلى مسـتوى الفهـم والاستيعاب من خـلال عمليـة النقـاش والحـوار والاسـتنتاج التـي تـؤدي إلى الضـبط الصـفي والاحترام المتبادل بين الطرفين والانتباه بشكل دقيق[١].

فالتفاعـل الصـفي يقـوم عـلى ثـلاث ركـائز تتمثـل في المعلـم والطالـب والأسـلوب التعليمي والشكل رقم (٩-٣٢) يوضح ذلك:

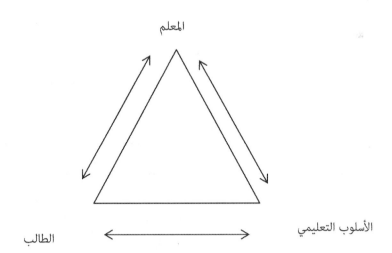

المعلم
الأسلوب التعليمي
الطالب

إن الشكل السابق يوضح التفاعل بين الركائز الثلاث فإنه من الممكن أن يحقق التعليم الفعال الناشط. وسوف نفصل ذلك:

١. المعلم: يجب أن يكون ذا شخصية قوية من ناحية اجتماعية ونفسية ومهنية، قادراً على إيصال المعلومات، يتمتع باحترام الطلبة، بحيث يؤثر فيهم، بشكل إيجابي.

٢. الطالب: عندما يكون متفاعلاً يتمتع بقدرات عقلية مرتفعة، يكون مواظباً على دروسه، يطرح أسئلة ذات صبغة علمية، منضبط سلوكياً داخل غرفة الصف، قادراً على التفاعل الصفي بشكل إيجابي، ويكون ذا شخصية اجتماعية قوية.

٣. أما الأسلوب فتشير الدراسات حسب ما جاء بها فلاندور (Flandour, 1965)، بأن أساليب التفاعل متنوعة ومتعددة، منها ما يتناسب مع محتوى المادة من ناحية، والمواقف التعليمية من ناحية أخرى، فالتنوع والاستحداث يعتبر من متطلبات إنجاح التعليم، فالتفاعل الصفي يتوقف على نوعية الاساليب المستخدمة، من حيث أنها تعتبر عملية تعليمية مهمة ترتكز على الناحية التربوية في اكتشاف أداء الطلبة وإمكانياتهم، وقدرات المعلمين وكفاءتهم.

فالأسلوب الناجح يرتبط بالخطة التعليمية اليومية المحددة بخطوات إجرائية لها دور في زيادة مستوى التعلم الصفي، وهذا بدوره يؤدي إلى التفاعل الصفي بشكل متكامل والشكل رقم (٩-٣٣) يوضح ذلك:

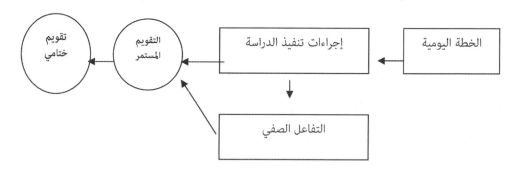

---

(١) Roher, Introduction to Educational Psychology.

من خلال استعراض الشكل السابق، نجد بأنه لا بد من وجود ترابط بين الخطة اليومية النظرية والاجراءات التنفيذية للدرس، وهذا بدوره يؤدى إلى تفاعل صفي بين الطلبة والمعلم، ومن خلال ذلك نحصل على التقويم المستمر (البنائي) والختامي بشكل دقيق.

نماذج أنماط التفاعل الصفي

تشير الدراسات بأن هناك أربعة انماط للتفاعل الصفي وهي على النحو التالي:

النموذج الأول:

في هذا النمط يكون المعلم متفاعلاً مع طلبة الصف، لكن الطلبة غير متفاعلين، ويعزى ذلك لعدم تقبلهم للمعلم أو عدم استجابتهم للموضوع، فالمعلم هنا يضع قصارى جهده لإيصال المعلومات للطلبة لكن دون جدوى، والشكل رقم (٩-٣٤) يوضح ذلك:

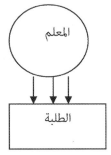

يوضح الشكل السابق تفاعل المعلم في تقديم المادة وشرحها، ولكن دون أن يحرك ساكناً لدى الطلبة.

يمكن وضع خطة علاجية ناجحة لمعالجة هذه الظاهرة تتمثل بعدة نقاط:

١. معرفة الطلبة الذين يثيرون الفوضى، ومحاولة معالجة ذلك عن طريق استبعادهم عن الصف أو جعلهم أكثر إيجابية.

٢. تغيير في استراتيجيات التدريس، بحيث تتناسب مع المستوى المعرفي لدى الطلبة.

٣. استخدام التقويم التشخيصي في الكشف عن نقاط القوة والضعف عند المعلمين.

هذا مجمل للنقاط التي يمكن اتباعها لجعل الطلبة متفاعلين ضمن هذا النموذج.

النموذج الثاني:

في هذا النوع قد يكون الطلبة متفاعلين، ولكن لا يكـون المعلـم متفـاعلاً معهـم ولا يستطيع ضبطهم، وهذا يعزى لضعف في شخصية المعلم، او لعدم قدرتـه إيصـال المعلومـات والشكل رقم (٩-٣٥) يوضح ذلك:

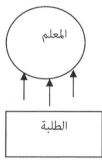

الشكل السابق يمثـل تفاعـل الطلبـة مـع المعلـم، ولكنـه غـير قـادر عـلى مجـاراتهم والتفاعل معهم.

ويمكن معالجة ذلك عن طريق اتباع نقطتين:

١. تقويم المعلم بحيث يصل إلى مرحلة يكون فيها قادراً على استثارة دافعية الطلبة.

٢. متابعة المعلم عن طريق الزيارات واستخدام التقويم المستمر.

النموذج الثالث:

يمثل هذا النموذج، طلبة صف غير متفاعلين المعلم أيضا، بعبارة أخرى الطلبة ضعفاء تحصيلياً والمعلم ضعيف، ونتيجة لذلك يصبح الصف نسقاً من الفوضى وعدم الضبط. والشكل رقم (٩-٣٦) يوضح ذلك:

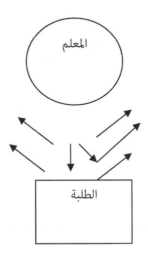

إن الشكل السابق يمثل الفوضى التي تحدث في الصف. ولا يوجد تفاعل يذكر بين كل من المعلم والطلبة.

كما تشير الدراسات في هذا المجال بأن التفاعل الصفي يمكن أن تحدثه في اتباع عدة خطوات:

١. توزيع طلبة الصف على بقية الشعب الأخرى، بعبارة أخرى يمكن دمجه في صفوف أخرى.

٢. استخدام برامج تعويضية لتطور الصف تحصيلياً.

٣. متابعة كل من المعلم والطلبة، عن طريق وضع خطة علاجية تكون شاملة متكاملة.

النموذج الرابع:

في هذا النموذج يكون المعلم والطلبة، متفاعلين ضمن الإطار الصفي، ويطلق عليه التفاعل الإيجابي الصحيح، ولكن يبقى أن نعزز هذا الصف بالزيارات

الصفية، وجعله أنموذجاً يحتذى به ضمن المدرسة، والشكل رقم (٩-٣٧) يوضح هذا التفاعل الإيجابي:

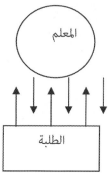

النموذج السابق يمثل التفاعل الإيجابي بين مستويات الطلبة والمعلم.

*** ركائز الدافعية**

وللدافعية ركيزتان أساسيتان هما:

أ-الدافعية للانتباه في التعلم الصفي

أولا: تحريك اهتمام التلاميذ وتجميع انتباههم في بداية الدرس:

إن تحريك اهتمام التلاميذ بموضوع التعلم وما يتصل بذلك من تجميع لانتباههم وحصره فيما سيقبلون عليه من نشاطات تعلمية يعد عملاً رئيسياً داخل مهمة توفير الدافعية للتعلم. وهو عمل يحتاج إلى مخيلة مبدعة منك، خاصة وأنك تعمل في ظل تنظيم خاص لليوم المدرسي يؤدي فيه جرس المدرسة دور المقر لانتهاء نشاطات ذات أهداف معينة وبداية نشاطات ذات أهداف مختلفة.

ماذا تفعل عادة أمام هذا الوضع؟ نضع لدروسنا مقدمة ننفذ منها مع تلاميذنا إلى موضوعات هذه الدروس؟ ولكن ما وظيفة هذه المقدمة؟ هل هي التوصل إلى موضوع الدرس؟ هل هي ربط القديم بالجديد بصورة تقريرية هادئة؟ وما قيمة هذا النوع أو ذاك من المقدمات في تجميع انتباه الأطفال إذا لم ننجح في إثارة اهتمامهم

الحقيقي بموضوع التعلم؟ وأي نوع من الانتباه نحصل عليه إذن؟ إنه انتباه إرادي يستند إلى الأصول المرعية في آداب السلوك في غرفة الصف. وهو انتباه لا يعمل معه العقل بحماسة. أما الطريق إلى الانتباه فكيف نحصل عليه إذن؟ انه انتباه إرادي يستند إلى الأصول المرعية في آداب السلوك في غرفة الصف. وهو انتباه لا يعمل معه العقل بحماسة. أما الطريق إلى الانتباه التلقائي الذي تنشط معه حواس التلاميذ وقدراتهم العقلية فهو يتطلب مسلكاً آخراً غير تلك المقدمات الهادئة. تعال ننظر في بعض الأساليب التي يقترحها الكاتبان "إمر" (Emmer) و"ميليت" (Millet) في هذا الصدد .

ثانيا: توضيح الأهمية الخاصة للأهداف التعلمية:

ويمكن أن يتم ذلك بطريقتين:

أ) أن يقرر المعلم لتلاميذه النتائج المباشرة والبعيدة لتحقيق الأهداف التعلمية، كأن يوضح فائدة التعليم عن الضرب في توفير الجهد والوقت الذي ننفقه على عمليات جمع طويلة.

ب) أن يسأل المعلم تلاميذه، عن الأسباب التي من أجلها يعتقدون أنهم في حاجة إلى تحقيق الأهداف التعلمية المقررة، ومثال ذلك أن يسألهم "لماذا يجب أن نتعلم الوسائل المختلفة لتنقية مياه الشرب"؟

ويذكر الكاتبان أن التلاميذ يعطون أحيانا تبريرات لا تقل أهمية عن تلك التي يقدمها المعلم. وإلى جانب قيمة هذه الطريقة في تحريك اهتمام التلاميذ، فإنها أيضاً تزود المعلم ضمنا ببعض المعلومات عن مدى استعداد تلاميذه للتعلم عن موضوع الدرس.

ثالثاً: إثارة دهشة التلاميذ واستطلاعهم:

يدخل المعلم إلى الصف فيعرض صورة مثيرة عن الحياة في المنطقة القطبية، أو يمسك صحيفة يومية ويقرأ للتلاميذ عن معلومات مثيرة عن القمر عاد

بها بعض رواد الفضاء، أو يروى حادثة تاريخية طريفة عن خالد بن الوليد، أو يسأل: ماذا يحدث في حياتنا لو توقفت الكرة الأرضية عن الدوران حول محورها؟

كل تلك الأساليب تشترك في إثارة دهشة التلاميذ واستطلاعهم، والدهشة متى كانت منتمية للأهداف تصلح أساساً أن نبني عليها بذكاء نشاطات تعلمية ملائمة لتلك الأهداف.

كل تلك الأساليب تشترك في إثارة دهشة التلاميذ واستطلاعهم والدهشة متى كانت منتمية للأهداف تصلح أساساً أن نبني عليه بذكاء نشاطات تعلمية ملائمة لتلك الأهداف.

رابعاً: الاستثارة الصادمة: (Shock Stimulus):

يقصد الكاتبان بهذا الأسلوب ما يلجأ إليه المعلم أحيانا من مثيرات تترك في نفوس التلاميذ أثراً صادماً، وينطبق ذلك بوجه خاص على ما يذكره المعلم من معلومات أو ما يثيره من أسئلة تضع التلاميذ في موقف الحائر المتسائل. ومن الأمثلة على ذلك نسأل تلاميذ الصف الابتدائي الثاني: لماذا يطير العصفور أحسن من الدجاجة مع أن جناحيه أصغر من جناحيها؟

إن هذا الأسلوب يتضمن ما هو أقوى من مجرد إثارة الدهشة والاستطلاع، ويعبر الكاتبان عن ذلك بقولهما "إن الفرق بين إثارة الاستطلاع وإثارة الحيرة يمكن التعبير عنه بأسلوب كيماوي فنقول إن ردود الفعل للأسلوب الأول تشبه الفقاعات، بينما ردود الفعل للأسلوب الثاني تشبه الانفجارات".

خامساً: إحداث تغييرات ملحوظة في الظروف المادية للموقف التعليمي التعلمي:

يدخل المعلم إلى الصف، ومعه بعض الأدوات والأجهزة العلمية يضعها أمام التلاميذ، أو يطلب اليهم إعادة تنظيم مقاعدهم على نحو خاص. أو يعلق في مكان بارز خريطة أو لوحات معينة، أو يحدث غير ذلك من تغييرات في الظروف المادية للموقف التعليمي التعلمي على نحو يلبي مطالب النشاطات التعلمية المخططة.

إن كل هذه التغييرات تساعد على جذب انتباه الأطفال وحصر ـ تفكيرهم فيما سيقبلون عليه من نشاطات.

سادساً: المحافظة على انتباه الأطفال طوال الموقف التعليمي التعلمي:

إن المحافظة على انتباه الأطفال إلى ما يجري من نشاطات تعليمية تعلمية هو عمل آخر للمعلم داخل مهمة توفير الدافعية. وهنا لا أخالك تكتفي بما يسمي أحياناً بالانتباه الكاذب، حيث يركز الطفل السمع والبصر تركيزاً مظهريا على ما يجري من نشاط بينما ينشغل عقله بأمور أخرى، بل أنت لا شك حريص على استقطاب الانتباه الحقيقي لتلاميذك حيث تنشغل عقولهم انشغالاً حقيقياً بما يجري من نشاط. والشرط الأول للحصول على الانتباه الحقيقي هو جاذبية مضمون النشاط وملاءمته للطفل. ومتى توافر هذا الشرط يمكن أن تعمل إلى جانبه بعض الأساليب المساعدة على جذب انتباه الأطفال والمحافظة عليه طوال الدرس. وفي هذا المجال يقترح الكاتبان (إمر) (Emmer) و ميليت (Millett) بعض الأساليب التي نعرضها لك فيما يلي :

سابعًا: التنوع في الأنشطة التعليمية التعلمية:

هناك العديد من هذه الأنشطة كالمحاضرة والمناقشة، والتجارب العلمية وغيرها من نشاطات عملية صفية، والعمل الكتابي، والعمل الجماعي، والمهم في استخدام كل هذه الأنشطة هو مراعاة التكامل العضوي بينها في سعيها لتحقيق الأهداف التعلمية المخططة، فالتنويع ليس هدفاً في حد ذاته، إنما هو أسلوب نلجأ إليه لنحافظ على انتباه الأطفال خصوصاً في الصفوف الابتدائية الدنيا حيث لا يستطيع الطفل تركيز انتباهه على نشاط من نوع خاص مدة طويلة نسبياً.

ثامناً: التنوع في الوسائط الحسية للإدراك:

وينطبق هذا الأسلوب بوجه خاص على تعليم أطفال الصفوف الابتدائية الدنيا، فإلى جانب التنوع في الأنشطة التعليمية التعلمية يجب الالتفات أيضا، وكلما

أمكن ذلك، إلى التنوع في الوسائط الحسية للإدراك خاصة فيما يتصل بحواس السمع والبصر واللمس.

تاسعاً: استخدام التلميحات غير اللفظية:

هنا تستخدم رأسك ويديك وتعبيرات وجهك لتنقل إلى تلاميذك رسائل تعبر عن معان مختلفة من التأمل أو التمحيص أو الرضا أو التشجيع أو التشكيك أو الرفض أو الدعوة إلى نقل الانتباه إلى شيء آخر. عن مثل هذه التلميحات كثيراً ما تكون أكثر قدرة من الكلام على جذب الانتباه. ولا شك أنك تستخدم هذا الأسلوب مع أطفالك، ولكنك تستطيع أن ترفع مستوى كفايتك في توظيفه متى خصصت لذلك جهدا مركزاً ومستمراً على فترة زمنية معينة.

عاشراً: التحرك في غرفة الصف:

المهم في هذا الأسلوب أن يكون تحركك كأن تنتقل إلى جانب أحد التلاميذ لتعبر له عن اهتمامك بما يقول ولتوحي إلى زملائه بالاهتمام أيضاً، وكأن تقترب من الخريطة المعلقة على أحد جدران الصف لتوحي إلى التلاميذ بتركيز انتباههم عليها، وكأن تقترب من بعض التلاميذ المنشغلين عما يجري من نشاط تعلمي لتوحي اليهم بضرورة التركيز على هذا النشاط. ويجب ألا يغيب عن بالنا عند استخدام هذا الأسلوب أن تحرك المعلم على نحو سريع ومتلاحق قد يكون عامل تشتيت لانتباه التلاميذ يجب تجنبه.

أحد عشر: تجنب السلوك المشتت للانتباه:

انت هنا تمتنع عن أي سلوك قد يؤدي إلى تثبيت انتباه تلاميذك كالإكثار من طرق طاولتك، أو طاولات الأطفال بالقلم أو المسطرة أو التكلم إلى التلاميذ مع النظر إلى اتجاه آخر أو اعتماد الصوت البالغ الارتفاع في مخاطبة التلاميذ.

تدريبان تطبيقيان:

أ) تعال نحاول معاً أن نبني معياراً يصلح للاستعانة في تقييمنا الذاتي لمقدمات دروسنا. فيما يلي ثلاثة من البنود التي يقترح أن يضمها هذا المعيار. أضف إليها ثلاثة بنود أخرى، استعداداً لمناقشتها مع زملائك في الحلقة الدراسية لينتهي جهدكم التعاوني إلى الخروج بمعيار متكامل يمكنكم تطبيقه لعدة أسابيع بغية تطوير ممارساتكم في هذا الجانب الهام من جوانب تعلم تلاميذكم.

١- إلى أي مدى نجحت في إقناع التلاميذ بقيمة الأهداف التعلمية للدرس؟

٢- إلى أي مدى أثارت المقدمة لدى التلاميذ اهتماما حقيقياً بما سيقبلون عليه من نشاطات تعلمية؟

٣- إلى أي مدى كانت المقدمة فاتحة لنشاطات الدرس وليست نشاطا غريبا عن الموضوع نفسه؟

٤- ....

٥- ....

٦- ....

ب) ان بعض الأساليب التي نلجأ إليها لتشجيع تلاميذنا على الانتباه لنشاطات الدرس يجب أن تسقط من ممارساتنا تماما. تعال نحاول بناء قائمة ببعض هذه الممارسات. وفيما يلي ثلاثاً منها. أضف إليها ثلاثا أخرى استعدادا لمناقشتها مع زملائك في الحلقة الدراسية.

١-الطلب المباشر، كأن تقول للتلاميذ مثلا: كتفوا أيديكم واصغوا إليّ جيداً.

٢-الإغراء بالمكافآت التشجيعية للمنتبهين.

٣-التهديد بعقاب كل من لا ينتبه.

٤- ....

٥- ....

٦- ....

ب. دفع التلاميذ للإسهام في نشاطات الدرس وتعزيز إنجازاتهم

دفع التلاميذ للإسهام في نشاطات الدرس:

إن انتباه التلاميذ إلى النشاطات التعليمية التعلمية ليس مقصوداً لذاته، وإنما المهم أن نبني على هذا الانتباه إسهاماً إيجابياً في هذه النشاطات، وإلا فما نفع الانتباه إذا اقتصر دوره على وضع التلاميذ في موضع المستقبل فحسب؟ إنك تأمل أن ترى أطفالك يسألون، ويجيبون، ويوافقون، ويعترضون، ويجربون، ويستنتجون. ولكن هذه الصور المختلفة للدور الفاعل للأطفال في التعلم. كيف نشجع أطفالنا على الإسهام فيها؟

إليك بعض الأساليب المقترحة في هذا الصدد. أدرس كلا منها بعناية محاولاً اكتشاف مواطن تفوقه وتصور تطبيقاته العملية لك في تنظيم تعلم أطفالك على نحو يزيد من دافعيتهم للإسهام في نشاطات الدرس.

١) اشتراك التلاميذ في تحديد الأهداف التعلمية وتخطيط النشاطات التعلمية:

رأينا من قبل كيف أن توضيح الأهمية الخاصة للأهداف التعلمية للتلاميذ يساعد على تجميع انتباههم وتركيزه على ما يجري من أنشطة تعلمية. ونضيف الآن أنه ليس هناك أساس نبني عليه النشاطات التعلمية أجمل من التقاء اهداف المعلم والمتعلم. إن اشتراك التلاميذ في تحديد الأهداف والتخطيط لتعلمها يعد عاملا حافزاً للإسهام المتحمس في النشاطات التعلمية. ولكن هل يخشى ـ أن ينحرف التلاميذ إلى اقتراح أهداف غير مناسبة لمستوياتهم أو للمتطلبات المنهجية؟ نعم، قد يحدث ذلك، ولكنك ستساعدهم على محاكمة مثل تلك الأهداف وتعديلها محولا بذلك مثل هذه المواقف إلى خبرات مربية.

انظر إلى هؤلاء التلاميذ في الصف الثالث: يخططون مع معلمهم ما يريدون تعلمه حول وحدة وردت في تقريرهم وموضوعها "الفصول والطقس"، وانطلاقاً من سؤال

عريض: "ماذا نريد أن نعرف حول هذا الموضوع؟" دخل التلاميذ ومعلمهم في مناقشة خلصت إلى تحديد المباحث التالية.

١- لماذا لا يكون اليوم الأول من فصل الربيع يوما دافئا وجميلاً على الدوام؟

٢- لماذا لا يظل الطقس ثابتاً في جميع أيام الفصل الواحد؟

٣- لماذا يهبط الظلام في وقت مبكر من اليوم في فصل الشتاء. ويتأخر هبوطه في أيام الصيف؟

٤- لماذا يكون الجو في الشتاء أشد برودة منه في الصيف؟

٥- لماذا تغيب الشمس مدة طويلة في القطب الشمالي؟

٦- لماذا يختلف التوقيت من بلد إلى آخر من بلدان العالم؟

ثم انظر بعد ذلك إلى الخبرة التالية يرويها لنا الدكتور/ حامد عمار.

كان تلاميذ الصف الثاني في إحدى المدارس الابتدائية الريفية يدرسون عن "الحصان"، وبعد أن فرغ المعلم من "الشرح" سأل تلاميذه، إذا كانوا قد فهموا، فأجابوا بالإيجاب. وهنا استأذن الدكتور؟ عمار المعلم وسأل تلاميذه: هل يحبون أن يعرفوا شيئاً عن الجمل؟ فأتته الأسئلة المتحمسة التالية:

١-كم سنة يعيش الجمل؟

٢-ما ثمن الجمل الصغير؟

٣-لماذا يحمل الحصان الأثقال ولا تحملها الجاموس مع أنها أكبر منه؟

قارن بين الموقفين.

تذكر بعد ذلك نقد (بوستمان وفاينجارتنر) للأسئلة التي يتعلم التلاميذ في مدارسهم إجاباتها. على أي الموقفين ينطبق هذا النقد؟

وقبل أن نترك هذا الأسلوب إلى غيره من الأساليب المشجعة للتلاميذ على الإسهام في نشاطات الدرس، نطرح عليك هذا السؤال استعداداً لمناقشته في الحلقة الدراسية:

هل يعد المنهج المدرسي عاملاً مقيداً للمعلم يجعل من المتعذر عليه استخدام هذا الأسلوب؟

....

....

....

توفير ألوان خاصة من النشاطات التعلمية التي تتطلب دوراً رئيساً للأطفال في التعلم:

سبـق أن تدارسـنا معـا فعاليـة النشاطات التعليميـة التـي تقـوم عـلى اللعـب والاستكشاف والاكتشاف في توفير دفع داخلي للتعلم، ولا شك أن هذا الدفع الـداخلي يـؤدي إلى الإسهام الإيجابي في تلك النشاطات. وفي هذا الصدد يقترح الكاتبان (أمر وميليت). لونين متميزين من النشاط هما:

أ) تمثيل الأدوار (Role- Playing).

وهو نشاط يصلح بصورة خاصة لـدروس الاجتماعيـات والقصـص اذكـر مثالاً مـن خبرتك في استخدام هذا الأسلوب.

ب)العمل في جماعات صغيرة.

حيث يتيح هذا التنظيم فرصاً أكثر للنشاط أمام كل طفل وهنا ينصح الكاتبان تـوفير شرطين على الأقل في استخدام هذا الأسلوب، وهما: أن يعرف جميـع أفـراد الجماعـة الأهداف التـي من أجلها يعملون كي يحققوا هذه الأهداف.

هل في خبرتك محاولة لتجريب هذا الأسلوب، إذا كان الأمر كذلك فيرجى أن تـذكر في الفـراغ التالي صعوبة أساسية واحدة جابهتها، وكيف حاولت التغلب عليها؟

....

....

٢) التوظيف الجيد لأسئلة المعلم:

في هذا المجال ينصح الكاتبان (أمر وميليت) بتوظيف الأسئلة التي تتطلب تفكيراً متمايزاً، بمعنى أن يتسع المجال أمام التلاميذ لاقتراح أكثر من إجابة واحدة للسؤال الواحد، وينصحان أيضاً باستخدام الأسئلة التمحيصية مثل؟

- لماذا ترى هذا الرأي؟

- ما رأيكم في هذه الإجابة؟ ومن ناحية أخرى يقترح الكاتبان (بوستمان وفاينجارتنر) استخدام الأسئلة الموجهة نحو تصور المستقبل مثل:

- كيف يمكن أن تتأثر حياة الناس في المستقبل بمخترعات مثل السيارة الكهربائية أو مخازن الملبوسات الورقية مثلاً؟

ويرى الكاتبان أن هذا النوع من الأسئلة إلى جانب تأثيره الدافع للمتعلم ينمي التفكير الإبداعي للأطفال ويهيئهم للتكيف مع مجتمع دائم التغير؟ تعال ننظر بعد ذلك في قائمة بعض الأسئلة التي ينصح الكاتبان السابقان بتوجيهها إلى أنفسنا إذا أردنا أن نقيم نوعية الأسئلة التي تثيرها لأطفالنا :

(   ) ١- هل ستساعد أسئلتي من ناحية على زيادة تطلع الأطفال للتعلم؟ وهل ستؤدي من ناحية أخرى إلى تنمية قدرتهم على التعلم؟

(   ) ٢- هل ستساعد على أن يشعر الأطفال بابتهاج يصاحب عملية التعلم وينتج عنها؟

(   ) ٣- هل ستساعد على تنمية ثقة الأطفال في قدرتهم على التعلم؟

(   ) ٤- هل يحتاج الأطفال إلى التقصي كي يحصلوا على إجابات لهذه الأسئلة؟

(   ) ٥- هل يسمح السؤال بالتنوع في الإجابات؟

(   ) ٦- هل تتطلب إجابة السؤال عمليات عقلية من النوع الذي يسمح للطفل بالتعبير عن ذاته المتميزة عن رفاقه؟

والآن ضع علامة (√) بين القوسين إلى يمين كل عبارة ترى أنها على إحدى المواصفات التي تفتقر إليها عادة أسئلتنا في غرفة الصف.

٣) التوظيف الجيد للصمت:

من المهارات التي تهتم جامعة ستانفورد بتدريب الطلاب المعلمين عليها مهارة استخدام الصمت في تشجيع التلاميذ على الاشتراك في المناقشة. وصمت المعلم في أثناء المناقشات الصفية يعني بعبارة سلوكية زيادة (كم إسهام التلاميذ بانقاص كم كلام المعلم). وهذه أربعة من مواقف توظيف الصمت التي توليها الجامعة اهتماماً خاصاً في تدريب المعلمين على هذه المهارة:

أ- يدلي المعلم بفكرة أو برأي معين يتطلب تفكيراً خاصاً من التلاميذ ثم يلجأ إلى الصمت. صمت ترجمته أن ما قاله يعد جديراً بتفكير الأطفال.

ب- يوجه المعلم سؤاله إلى أحد التلاميذ، ويتبع ذلك بفترة صمت تسمح للتلميذ بالتفكير، ذلك أن مطالبة التلميذ بإجابة سريعة قد تغريه بتقديم إجابة غير متبصرة أو قد تربكه وتشل تفكيره.

ج- ينصت المعلم إلى إجابة مقتضبة لأحد التلاميذ عن سؤال، معين أو تعليق له غير واضح، فيصمت قليلاً. إنه صمت يسمح للتلميذ بأن يفصل إجابته أو يوضح عبارته.

د- ينصت المعلم إلى سؤال يثير أحد التلاميذ، فيصمت قليلاً. إنه يفكر، وهو في الوقت نفسه يدعو التلاميذ إلى أن يفكروا أيضاً. ولعله بعد ذلك لا يجيب عن السؤال إنما يطلب من أحد التلاميذ أن يدلي بإجابة.

إن صمت المعلم في هذا الموقف أو ذلك يصعب على التلاميذ أحياناً تفسيره. ومن ثم يكون من المحبذ دائماً أن يصاحب الصمت بعض الايماءات أو التلميحات غير اللفظية لتعبر عن موقف المعلم: تأمل، تعجب، تساؤل، رضا، رفض أو غير ذلك. وتدرب جامعة ستانفورد الطلاب المعلمين على العديد من الرسائل غير اللفظية التي يمكن أن يرسلوها إلى أطفالهم عن طريق إيماءات بسيطة بوجوههم، أو حركات رؤوسهم وأيديهم وأجسامهم أو تلميحات مركبة يستخدمون فيها خليطاً من تلك الإيماءات البسيطة.

والآن، بالإشارة إلى الاستخدامات الممكنة للصمت في تشجيع التلاميذ على الإسهام في نشاطات الدرس، تصور موقفا معيناً تستخدم فيه الصمت مع تلاميذك. وضح كيف ترفق صمتك ببعض التلميحات غير اللفظية.

....

....

....

٤)اتاحة فرص الإسهامات الناجحة أمام جميع التلاميذ:

هذا الأسلوب يتطلب مراعاة التنوع في مستويات العمل ومضامينه لكي يجد كل طفل بعض فرص الإسهام الناجح. وفي تطبيقات لهذه القاعدة العامة في استخدام هذا الأسلوب يجدر بنا الالتفات بوجه خاص إلى الأطفال الذين يشعرون من أداءاتهم السابقة أن فرص نجاحهم محدودة وإلى أولئك الخجولين الذين يترددون في الإسهام في المناقشات الصفية.

في الفراغ التالي، أذكر أسلوبا واحداً مارسته بنجاح مع مثل هؤلاء الأطفال.

....

....

....

نظريات معاصرة حول دافعية التلاميذ للتعلم وتطبيقاتها في التعليم الصفي.

تشير هذه النظريات إلى أن الدافعية هي الميل إلى بذل الجهد لتحقيق الأهداف. ومن أجل زيادة دافعية التلاميذ، ينبغي على المعلمين أن يستشيروا انتباه تلاميذهم والمحافظة على استمرار ذلك الانتباه، وأن يقنعوهم بالالتزام لتحقيق الأهداف التعليمية/ التعلمية، وأن يفيدوا من الدافعية الداخلية للتعلم، وأن ينظموا نظماً من المكافآت الخارجية تحفز التلاميذ الذين يحفزون داخلياً للتعلم.

فمن أجل استثارة انتباه التلاميذ والمحافظة على ذلك الانتباه يستخدم المعلمون أنفسهم باعتباره مثيرا، ينوعوا وسائط التواصل مع التلاميذ، ويغيروا طرق التعليم من المحاضرة إلى الحوار فالمناقشة فعودة إلى الحاضرة وهكذا، ويطرحون الأسئلة على تلاميذهم، ويلجأون إلى غير ذلك من أنماط السلوك الحافز للتعلم، تلك الأنماط التي تركز على التنوع والتعبير في النشاطات.

يعتقد علماء النفس التربوي أن ثمة مصادر متعددة للدافعية الداخلية أولها: الانجاز باعتباره دافعاً (الانجاز – الدافع) (Achievement Motivation) وهو مفهوم يعبر عن القوة الدافعية للقيام بالعمل الجيد بالإشارة إلى معيار محدد للجودة والإتقان. وثانيها نظرية القدرة باعتبارها دافعاً (القدرة – الدافع) (Competence Motivation) وهي الحافز لزيادة قدرة الفرد كي ينمو ويزدهر في البيئة التي يعيش فيها. وثالثها نظرية تحقيق الذات (Self- actualization) وهي حاجة نفسية يسعى الفرد فيها إلى تحقيق اقصى ما تتجه له امكاناته وقدراته. ورابع هذه المصادر نظرية العزو أو السببية (Attribution Theory) وخامسها ما يسمى مصدر الضبط في الشخصية (Locus of Control) والمرجعان الخامس والسادس يتطرقان إلى العوامل البيئية والمكافآت الخارجية والدافعية الخارجية بالإضافة إلى الدافعية الداخلية وهي نظريات تناولتها هذه الدراسة بشيء من التفصيل.

وقد ألحقت هذه النظريات بتطبيقات صفية يمكن للمعلم القيام بها لتوفير المناخ المواتي لدافعية التلاميذ للتعلم، كما يمكن للدارسين مشاهدة الفيلم التلفازي حول أنماط السلوك الحافز للتعلم والداعم له، التي يمكن للمعلم القيام بها، ويعتبرها مؤشراً على توظيفه للسلوك الدال على إتاحة المناخ المواتي للدافعية.

أ) نظرية الإنجاز – الدافع (The Achievement Theory of Motivation):

تعريف المفهوم: اطلع على التعريفات التالية المقترحة للمفهوم:

التعريف الأول: "يتمثل الإنجاز - الدافع بسماته المحددة الثابتة عند بعض الناس في سعيهم إلى متابعة تحقيق الامتياز (التفوق) في النشاط الذي يقومون به من أجل النشاط ذاته" (١).

التعريف الثاني: "الإنجاز - الدافع وهو القوة الدافعة للأداء الجيد بالنظر إلى معيار معين من الامتياز (التفوق)" (٢).

التعرف الثالث: "إن الناس الذين يكافحون للوصول إلى الامتياز (التفوق) في مجال ما من أجل الإنجاز وليس من أجل الإثابة هم أناس يمكن اعتبارهم ذوي حاجة عالية للإنجاز".

نشاط:

بالإشارة إلى التعريفات الثلاثة السابقة، حاول تحديد مفهوم "الإنجاز - الدافع" مستفيداً من السمات المشتركة التي تلتقي عندها التعريفات المختلفة.

....

....

....

الخوف من الفشل:

يتضمن مفهوم الإنجاز – الدافع مفهوما آخر هو مفهوم "الخوف من الفشل"، وهو الحاجة لتجنب الإخفاق. ويعتقد أن الحاجة إلى الإنجاز والحاجة إلى تجنب الفشل مفهومان متوافران لدى جميع الناس بدرجات متفاوتة. واذا كانت حاجة فرد ما للإنجاز فيما يتصل بموضوع ما تفوق حاجة ذلك الفرد إلى تجنب الفشل، كان الميل عموماً (أي الدافعية الناتجة Resultant Motivation-) متمثلاً في سعي الفرد إلى القيام بالمجازفة والسعي إلى الإنجاز.

مثال على الإنجاز – الدافع: يرغب معلم التربية الرياضية في تدريب تلاميذه على بعض الحركات الرياضية الجديدة استعداداً للمباراة الكبيرة التي ستجري بعد شهرين. ويتضمن هذا التدريب ثلاث حركات جديدة صعبة. وإذا نجح التلاميذ في أداء هذه الحركات فإن الفريق سيضمن الفوز في المباراة، اما إذا باءت محاولاتهم بالفشل فإنهم لن يتمكنوا من الفوز فيها: إن زاهي هو أفضل عضو في الفريق وقد يتمكن من إتقان الحركات بيسر وسهولة، ولكنه يصر على القيام بالحركات مستخدماً الطريقة التقليدية بدلاً من استخدامه الطريقة الجديدة لأداء تلك الحركات، وذلك لأنه يخشى أن يحرج نفسه امام الناس. وهكذا فإن خوف زاهي من الفشل أقوى من حاجته إلى الإنجاز في هذا الموقف الخاص. أما مازن فهو عضو آخر في الفريق يسعى جاهداً إلى استخدام الطريقة الجديدة في أداء الحركات الثلاث. ومع أن مازن لا يوازي زاهي في لياقته البدنية إلا أنه أقل خوفا من الحرج من زاهي، لذلك فهو راغب في أن يبذل قصارى جهده لإتقان الحركات الجديدة. وهكذا نجد أنه آخر من يترك ساحة التدريب ويبدو عليه سعيه الدؤوب لتحديات جديدة. بالنسبة لمازن، إن الحاجة إلى الإنجاز تتغلب على أي خوف من الفشل لديه.

التأثيرات المتباينة للنجاح والفشل على السلوك:

إذا كانت دافعية التلاميذ للإنجاز تفوق دافعيتهم للخوف من الفشل، فإن رغبتهم في متابعة مشكلة ما تتعزز عندما يتعرضون لكمية معتدلة من الفشل. وبما أنهم مصممون على الإنجاز فإنهم يسعون مرة أخرى. (فإذا ما فشل مازن في حركة ما من الحركات الرياضية، فإنه على الأرجح سيسعى بجهد أكبر إلى إتقان الحركة المستهدفة). ويمكن القول كذلك، إن النجاح الذي يتحقق بسهولة كبيرة يسهم بالفعل في التقليل من دافعية التلاميذ الذين يتسمون بالميل إلى دافعية الإنجاز. (تذكر رغبة مازن في تجريب الحركات الجديدة وعدم اكتفائه بالحركات القديمة).

ولعل التأثيرات تنعكس فيما يتصل بالتلاميذ الذين يدفعهم الخوف من الفشل أكثر مما تدفعهم الحاجة إلى الإنجاز، فالفشل يحبطهم والنجاح يشجعهم. فزاهي مثلا

قد ينسحب من الفريق إذا ما شعر بالإحراج أمام الجمهور نتيجة أخطاء ارتكبها تتصل بالحركات الجديدة.

دافعية الإنجاز في غرفة الصف-بعض الاستراتيجيات التعليمية:

قد تجد من المناسب باعتبارك مربياً أن تسعى إلى محاولة التعرف إلى التلاميذ الذين تدفعهم الحاجة إلى الإنجاز وأولئك الذين تدفعهم الحاجة إلى تجنب الفشل. فبالنسبة لنظرية الإنجاز – الدافع، فإن التلاميذ الذين تتوافر لديهم دافعية عالية للإنجاز يميلون إلى الاستجابة أكثر من غيرهم في المهمات التي تتطلب التحدي، وفي المشكلات الجديدة أو غير العادية، وفي الفرصة للمحاولة مرة أخرى بعد الفشل. اما التلاميذ الذين يعنيهم تجنب الفشل أكثر من غيره فإنهم يميلون إلى الاستجابة للمهمات الأقل صعوبة وتحدياً، وإلى التعزيز الدائم للنجاح، وإلى الخطوات الصغيرة في التعلم، وإلى تجنب إعلان أخطائهم على الملأ.

دور الخبرات والبيئة في هذه النظرية:

إن نظرية الإنجاز – الدافع، التي طورها اتكنسون (Atkinson) تؤكد على ان المعالم المتعلمة في الشخصية تتأثر بشكل رئيس بالخبرات المبتكرة وبالبيئة. وقد طورت أخيراً نظرية أخرى هي نظرية العزو – الدافع والتي تركز أيضاً على الحاجة إلى الإنجاز والخوف من الفشل. وكأنها تتعامل مع هذين العنصرين باعتبارهما عنصرين يتسمان بالمرونة والتبدل.

(ب) نظرية العزو – الدافع: (The Attribution Theory of Motivation)

تحديد المفهوم:

تعد نظرية العزو – الدافع (أو السببية – الدافع) إحدى أكثر النظريات الإدراكية تأثيراً فيما يتصل بالدافعية وقد طور هذه النظرية برنارد واينر (Bernard Winer) حيث يقول: "إن المسلمة المركزية لنظرية العزو (أو السببية) والتي تميزها من غيرها من نظريات الدافعية التي تقوم على السرور والألم (Pleasure – Pain)، تتمثل في البحث عن الاستيعاب باعتباره دافعاً أساسياً للعمل".

ففي غرفة الصف، يعتقد واينر (Winer) أن السعي إلى الاستيعاب يقود لطرح أسئلة تتعلق بالنجاح والفشل. فقد يسأل التلميذ نفسه: "لماذا لم أنجح في اختبار نصف الفصل؟" أو ؟ "ما الخطأ في المقالة الي أعددت؟". يعتقد واينر أن التلاميذ وغيرهم من الناس أيضاً يحاولون معرفة الأسباب التي دعت الأمور ان تحدث على الشكل الذي حدثت فيه، أي أن يقوموا بعزو الأمور إلى أسباب معينة. وهكذا فإن التلاميذ يسعون إلى تقديم تفسيرات للأسباب التي جعلتهم يحصلون على العلامات والدرجات التي حصلوا عليها بالفعل من خلال تقديمهم لعوامل مثل القدرة، والجد، والمزاج، والحظ، والمساعدة، والرغبة، ووضوح إرشادات الاختبار.

تحديد مفهوم العزو:

قدم آركن (D. Arkin) من جامعة ميسورى - كولومبيا و د. ماريامـا (D. Maruyama) من جامعة مينسوتا تحديداً لمفهوم العزو من خلال دراسة قاما بها ولخصاها في مجلة علم النفس الأمريكي (العدد الأول المجلد ٧١، ١٩٧٩) قالا فيها:

"يعزو الطلبة العاديون أداءهم إلى عوامل: القدرة وصعوبة الأسئلة، والإعداد، والحظ. ويعزو الطلبة الناجحون تحصيلهم إلى عوامل داخلية تكون مسببات للنجاح أكثر مما يفعل الطلبة العاديون. وقد دلت الدراسة أن الطلبة الناجحين قد اعتبروا العوامل الداخلية والثابتة أسباباً أكثر أهمية من غيرها إذا ما قورنوا بزملائهم غير الناجحين".

وقد دلت بعض الأبحاث أن الناس يميلون عادة إلى أن يعزوا نجاحهم إلى جهودهم، وقدراتهم، ومهاراتهم، بينما يعزون فشلهم إلى الحظ غير السعيد. وصعوبة العمل الذي أوكل إليهم وإلى عوامل جانبية أخرى.

* نشاطات مقترحة للمعلمين لتقويم ممارستهم في زيادة الدافعية

أولاً: صحيفة تقويم ذاتي مقترحة للمعلمين لتقويم ممارساتهم في رعاية الدافعية للتعلم لدى تلاميذهم-

ويشتمل ذلك على رعاية الدافعية للتعلم ويمكن الأخذ بعين الاعتبار النقاط الموجودة في الجدول التالي:

الفقرات	بدرجة كبيرة	بدرجة متوسطة	بدرجة قليلة
١. ملاءمة النشاطات التعلمية التي نظمتها لتلاميذي لمستويات نموهم.	-	-	-
٢.اتاحة فرص كافية للنجاح أمام كل منهم.	-	-	-
٣. توفير عنصر الإمتاع للنشاطات التعلمية دون انتقاص من قيمتها التعلمية.	-	-	-
٤. اعتماد أساليب الدفع الداخلي التي تقوم على أن يكون النشاط التعلمي نفسه ممتعاً في طبيعته وفي نتاجاته التعلمية المباشرة.	-	-	-
٥. تجنب توظيف أساليب الدفع الخارجي محل الدفع الداخلي.	-	-	-
٦. الاهتمام بالفروق الفردية بين تلاميذي، فلا أدع مجالاً للتأثيرات السلبية على العلاقات فيما بينهم، أو على علاقاتهم معي.	-	-	-
٧. إتاحة جو تعلمي يوفر الحب والامن والحرية في بيئة المدرسة والصف.	-	-	-
٨. احترام الشخصيات المستقلة لتلاميذي وإتاحة الفرص أمامهم للتعبير عن تفردهم.	-	-	-
٩. العمل على توفير علاقات اجتماعية سوية بين تلاميذي داخل غرفة الصف وخارجها.	-	-	-
١٠. توفير ظروف مادية مواتية للتعلم في غرفة الصف (الإضاءة- التهوية- المقاعد- الأدوات التعليمية... الخ)	-	-	-
١١-السعي لكسب تقدير الآباء للعمل المدرسي، وتعاونهم مع المدرسة.	-	-	-

ثانياً : إثارة اهتمام تلاميذي بموضوع التعلم:

كنت استعين بكل من الممارسات التالية لإثارة اهتمام تلاميذي بموضوع التعلم في بداية الدرس:

الفقرات	بدرجة كبيرة	بدرجة متوسطة	بدرجة قليلة
١٢. تقرير الأهداف التعلمية بالتعاون مع تلاميذي.	-	-	-
١٣. إطلاع تلاميذي على الأهداف التعلمية المقررة للموضوع في حالة عدم إسهامهم في تقريرها.	-	-	-
١٤. اتاحة الفرص أمام تلاميذي للإسهام في تخطيط النشاطات التعلمية.	-	-	-
١٥. إثارة الدهشة والفضول لدى تلاميذي.	-	-	-
١٦. إثارة الحيرة لدى تلاميذي وتحدي عقولهم.	-	-	-
١٧. إحداث تغييرات ملحوظة في الظروف المادية للموقف التعليمي (عرض لوحة ما، أو وضع أجهزة أو أدوات معينة على طاولتي، أو توزيع بطاقات معينة على تلاميذي .... الخ).	-	-	-

ثالثاً: المحافظة على انتباه تلاميذي في أثناء الدرس:

أستعين بكل من الممارسات التالية للمحافظة على انتباه تلاميذي أثناء الدرس.

الفقرات	بدرجة كبيرة	بدرجة متوسطة	بدرجة قليلة
١٨-تنويع الأنشطة التعليمية التعلمية (كالانتقال من نشاط شفوي إلى نشاط كتابي أو علمي مثلاً) مع المحافظة على وظيفة النشاط بالإشارة إلى الأهداف التعلمية للدرس.	-	-	-
١٩-التنويع في الوسائل الحسية للإدراك: (السمع، البصر، اللمس)	-	-	-
٢٠-التنويع الوظيفي في صوتي، للتعبير عن معان أو مشاعر معينة	-	-	-
٢١-استخدام التلميحات غير اللفظية كتعبيرات الوجه أو التلويح بالأيدي للدلالة على معان أو مشاعر معينة.	-	-	-
٢٢-التحرك الوظيفي في غرفة الصف (كالاقتراب من تلميذ يطرح سؤالاً أو يدلي بإجابة، تعبيراً عن الاهتمام بما يقول).	-	-	-
٢٣-تجنب تلاميذي التشتيت الذي ينتج عن الإسراف في التعليمات أو العبارات التهذيبية الاعتراضية.	-	-	-
٢٤-تجنب تلاميذي التشديد الذي ينتج عن العوامل الخارجية كالضوضاء مثلاً.	-	-	-

رابعاً: حفز تلاميذي للإسهام في النشاطات التعلمية:
أستعين بكل من الممارسات التالية لحفز تلاميذي على الإسهام في النشاطات التعلمية.

الفـقـرات	بدرجة كبيرة	بدرجة متوسطة	بدرجة قليلة
٢٥-إسهام تلاميذي في تخطيط النشاطات التعلمية.	-	-	-
٢٦-توفير نشاطات تعلمية تتطلب أن يعمل تلاميذي في جماعات صغيرة.	-	-	-
٢٧-توفير نشاطات تعلمية مـن النـوع الـذي يجعل للتلاميـذ أدواراً أساسية فيها.	-	-	-
٢٨-استخدام أسلوب تمثيل الأدوار في تعليم الموضوعات التي تسمح بذلك.	-	-	-
٢٩-توظيـف المـواد التعليميـة (الكتـب المدرسية، والمـواد القرائيـة الإثرائيـة، والوسائل التعليميـة التعلميـة) في نشاطات تعلميـة مثيرة للتفكير.	-	-	-
٣٠-تنظيم نشاطات تعلمية تتيح للتلاميذ فرص الاختيار حيثما سمح الموضوع بذلك.	-	-	-
٣١-طرح أسئلة مثيرة للتفكير.	-	-	-
٣٢-إتاحة الفرص أمام جميع تلاميذي للإسهام الناجح في النشاطات التعلمية.	-	-	-
٣٣-طـرح أسـئلة تسـمح لتلاميـذي بممارسـة مخيلاتهم المبدعـة وتفكيرهم الأصيل.	-	-	-
٣٤-إعـادة صياغة السـؤال بأسـلوب أوضـح أو تجزئتـه ليتمكن تلاميذي من إجابته.	-	-	-
٣٥-توظيف الصمت القصير الذي يتخلل التفاعل اللفظي في غرفة الصف، لإتاحة فرص التأمل والتفكير أمام تلاميذي.	-	-	-
٣٦-إشراك عدد كبير من تلاميذي في الإجابة عن الأسئلة المطروحة.	-	-	-
٣٧-عدم الإكتفاء بإجابة واحدة عـن سـؤال يسـمح بعـدد أكبر مـن الإجابات الصحيحة.	-	-	-
٣٨-دعـوة تلاميـذي للإسـهام في مناقشـة أفكـار وآراء زملائهـم وتقويمها.	-	-	-
٣٩-الترحيب بأسئلة تلاميذي، وطرحها للمناقشة كلما سمح الموقف بذلك.	-	-	-

خامساً: تعزيز إسهامات تلاميذي الإيجابية في النشاطات التعلمية وإنجازاتهم الموفقة:

تحظى الأنواع التالية من إسهامات تلاميذي الإيجابية وإنجازاتهم بسلوك تعزيزي من جانبي:

الفقـرات	بدرجة كبيرة	بدرجة متوسطة	بدرجة قليلة
٤٠-الإجابات الصحيحة لتلاميذي عن أسئلتهم أو أسئلة زملائهم.	-	-	-
٤١-الإسهامات التي تعكس تفكيراً أصيلاً ومخيلة مبدعية.	-	-	-
٤٢-الإسـهامات التـي تنطـوي عـلى روح تعاونيـة وميـل لمسـاعدة الزملاء.	-	-	-
٤٣-الإسهامات البارزة التي تضيف إلى الموقـف التعليمـي التعلمـي ثراء خاصاً.	-	-	-
٤٤-الإنجازات التي تعكس جهداً جاداً من التلاميذ.	-	-	-
٤٥-الإنجازات التي تحمل طابع التنظيم الجيد الدقة في العمل.	-	-	-
٤٦-الإنجازات التي تدل على تقدم في أداءات التلميذ نفسه.	-	-	-
٤٧-الإنجازات الجماعية لتلاميذي عندما يعملون في فرق صغيرة.	-	-	-

التطبيقات التربوية

من خلال عرض ما سبق، يمكن القول إن عملية التفاعل الصفي تعتبر من العمليات المهمة التي تؤدي إلى زيادة التحصيل. ولذلك نرى إتباع أساليب متنوعة ومختلفة آخذين بعين الاعتبار الفروق الفردية بين الطلبة، بحيث يؤدي ذلك إلى زيادة مستوى تحصيلهم. كما أن للتعزيز مكانة هامة في زيادة فعالية الطلبة، ولذلك فإن استثارة دافعية الطلبة وجعلهم متفاعلين يرتكز ذلك على توزيع الأسئلة واتباع التهيئة التي تؤدي إلى الانتباه الجيد.

من خلال ما تم عرضه تكمن التطبيقات التربوية في النقاط التالية:

١. التنويع في الأساليب حسب مستوى كل مادة تعليمية، ومستوى طلبة الصف المراد تدريبهم.

٢. استخدام التهيئة المناسبة، متمثلاً ذلك بإيجاد بنية صفية فيزيائية واجتماعية مناسبة لتحفيز الطالب على التعلم.

٣. استخدام استراتجيات تعليمية تناسب موضوع الدرس، كاستخدام كل من التعليم التعاوني والناشط.

٤. اتباع الأنواع المختلفة من التعزيز لتثبيت عملية التعليم.

٥. التركيز على إيجاد التغذية الراجعة (Feed back)، متمثلاً ذلك في المادة وطرح الأسئلة وترسيخها في أذهان التلاميذ، وهذا يؤدي في المحصلة النهائية إلى تفعيل دور التعليم في الصف.

الخلاصة

إن الدافعية للتعلم تعتبر الركيزة الأساسية في استثارة التفاعل الصفي لدى التلاميذ، وحتى يتم ذلك فلابد من استخدام طرق واستراتيجيات تحفز ذلك، والتركيز على التعزيز بأنواعه المختلفة، وهذا يؤدي إلى تفعيل دور التعلم. من خلال ما تقدم يمكن توضيح ذلك من خلال المخطط التالي:

مخطط هيكلي

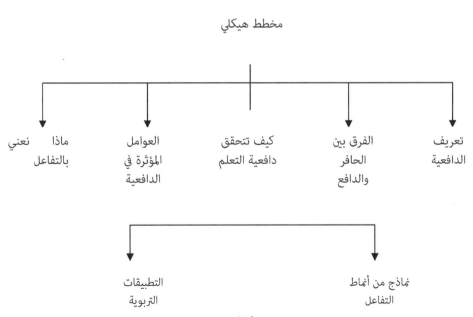

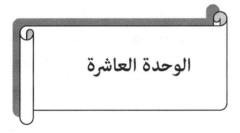

الوحدة العاشرة

التعلم التعاوني (طريقة المجموعات)

* أهداف الوحدة
* تمهيد.
* تعريف بطريقة المجموعات.
* كيف يتم ترتيب المجموعات داخل غرفة الصف؟
* كيف تتم عملية التقييم بطريقة المجموعات؟
* ما هي الأسس التي تستند إليها الطريقة التعاونية؟
* ما هي الموضوعات التي يمكن تدريسها بطريقة المجموعات؟
* كيف يتم توزيع موضوعات الدرس على الطلبة.
* التطبيقات التربوية.
* الخلاصة.

أهداف الوحدة العاشرة

* أن يتعرف الطالب على طريقة المجموعات.

* أن يحدد الأسس التي تستند إليها طريقة المجموعات.

* أن يتعرف على الموضوعات التي يمكن تدريسها بطريقة المجموعات.

* أن يستخلص التطبيقات التربوية.

الوحدة العاشرة

التعلم التعاوني (طريقة المجموعات)

تمهيد

تستند هذه الطريقة إلى توافق كل من أهداف التعلم، والمجتمع، حيث تعمل على تفتح شخصية الطالب، كما أنها تنمي ميوله، وتفجر طاقاته، وتحث على التعاون بينـه وبـين أفراد مجموعته، وتعد هذه الطريقة من الأساليب الحديثة المستمدة مـن التربيـة التقدميـة، كما أنها تراعي الفروق الفردية بين الطلبة وتكسبهم الثقة بأنفسـهم وتشـعرهم بالاطمئنـان، وتساعدهم على معرفة ذواتهم والاستفادة من قدراتهم ضـمن إطار الجماعـة التـي ينتمـون إليها، وتوجههم توجيهاً مهنياً واجتماعياً نحو الأهداف التعليمية المنشود تحقيقها.

سنتطرق في هذه الوحدة إلى تعريف طريقة المجموعات، والأسس التي تستند إليها، والموضوعات التي يمكن تدريسها بواسطتها، والتطبيقات التربوية.

تعريف بطريقة المجموعات "Work Shop group Study"

إن الأفكار التربوية الحديثة تنادي بـربط الحيـاة بالواقـع المـدرسي، ولا نسـتغرب ان تدخل الافكار الى غرفة الصف في وقتنا الحاضر، فطريقة المجموعات تعد من الطرق الحديثة ويمكن وصفها بأنها تقوم على تشكيل جماعة متماسكة يمكن تنظيمها إلى مجموعـات عمـل صغيرة، بحيث تسمح لكل تلميذ باختبار مجموعته التي يرغـب في العمـل معهـا، كمـا أنهـا تحقق حاجات التلاميذ النفسية من ناحية، وإيصال محتوى المادة لهم من ناحية أخرى، كـما تكسبهم فعالية ضمن الإطار الجماعي، ويمكن للتلاميذ أن يمارسوا نوعين من النشاطات:

أ. نشاطات ابتكارية: مهمتها إثارة دوافع التفاعل عند التلاميذ، حيث يمارسون ضمن هذه الطريقة أعمالاً يدوية كقص الورق وتشكيل الأدوات الخشبية، كما أنهم من خلال هذه الطريقة يعبرون عن ذواتهم.

ب. النشاطات المعرفية: إكساب المعارف للتلاميذ وتدريسهم الحقائق والقوانين.

من خلال ما تقدم يمكن تعريف طريقة المجموعات، بأنها مجموعة الاساليب التي تعتمد على التعاون بين المجموعة التعليمية الواحدة فيما بينها، وتنافسها مع المجموعات التعليمية الأخرى [١].

كما أن هذه الطريقة تؤدي إلى زيادة فعالية التعليم، خاصة عند التلاميذ بطيئي التعلم، ويكونون متفاعلين ونشطين.

اما دور المعلم في طريقة المجموعات فيتمثل بالنقاط التالية:

أ. يهيئ بيئة تربوية مناسبة لنمو المتعلمين، تثير دافعيتهم للعمل الجماعي وتساعدهم على اكتشاف ميولهم وقدراتهم المعرفية.

ب. يُعد المعلم الأدوات والوسائل الأولية اللازمة لعمل المجموعات.

ج. يعطي المعلم نشاطاً جماعياً، يزود به التلاميذ بالتوجيهات المناسبة قبل البدء بالعمل ضمن المجموعات الخاصة بهم، حيث يثير وعيهم بعض المشكلات التي تصادفهم.

كما يقصد بمفهوم المجموعات أنها العمل الزمري، الذي من خلالها نقسم الصف إلى مجموعات، بحيث تكون المجموعة من أربعة الى سبعة طلاب، فيقومون بالعمل معاً، على إنجاز أعمال أو مهام حددها لهم المعلم. وتختار كل مجموعة من بين أعضائها قائداً أو ممثلاً عنها، ليعرض ما قامت به مجموعته، او إرشادها إلى بعض الأعمال أو الأنشطة الفردية والجماعية.

---

(١) نبيل عبد الهادي، "طريقة المجموعات"، مجموعة محاضرات.

ما هو التعلم التعاوني؟

تحديد المفهوم:

التعلم التعاوني ليس في العمل الزمري التقليدي الذي يستخدمه بعض المعلمين حين يطلبون إلى الطلبة الجلوس جنبا الى جنب في مقاعدهم أو حول طاولة واحدة، ويتحدثون لبعضهم بعضا وهم يقومون بنشاطاتهم بصورة فردية.

والتعلم التعاوني ليس في أن يقوم الطلبة بالمهمات الموكلة إليهم ثم تقدم لهم الارشادات ليمدوا يد العون لبطيئي التعلم من زملائهم في غرفة الصف.

والتعلم التعاوني ليس أن يطلب إلى الطلبة إعداد تقرير ما، يقوم أحدهم بالعمل كله ويضع الآخرون أسماءهم على النتاج.

التعلم التعاوني أكثر من أن يجلس الطلبة فعليا بجانب بعضهم، وأكثر من أن يناقش بعض الطلبة المواد التعليمية مع الطلبة الآخرين، أو مساعدتهم، أو تدارس المادة التعليمية المقررة ما بين الطلبة، مع أن كل عنصر من هذه العناصر مهم للتعلم التعاوني.

يكون التعلم تعاونيا اذا ما توافرت فيه السمات المميزة التالية التي تعتبر عناصره الأساسية:

١- التآزر: الاعتماد الإيجابي المتبادل بين الطلبة في المجموعة التعلمية الواحدة.

٢- التفاعل: الاعتماد الايجابي المتبادل بين الطلبة في المجموعة التعلمية الواحدة.

٣- المسؤولية: بحيث تكون المجموعة التعلمية مسؤولة عن أداء العمل المستهدف، وكل عضو فيها مسؤول وخاضع للمحاسبة ذاتيا، ومن قبل زملائه في المجموعة، وبوساطة المعلم.

٤- التواصل البين -شخصي: بحيث يكتسب الطلبة في المجموعة التعلمية مهارات التواصل البين -شخصية (بين الأشخاص) والمهارات اللازمة للعمل في المجموعة الصغيرة.

والسؤال الذي يطرح نفسه علينا كيف يتم بناء طريقة المجموعات؟ وللإجابة عن مثل هذا السؤال، لا يعني العمل الزمري تجنب المعلم تماماً للطريقة التقليدية في التدريس، بل يقوم قبل البدء بتقسيم الصف إلى مجموعات، وإعطاء صورة إجمالية عن موضوع الدرس وعناصره، وأهدافه الخاصة، حيث يتم في الدقائق العشر الأولى، توزيع الأنشطة على الطلبة، ودور المعلم يكمن بالتجول والإشراف على المجموعات وإبداء الرأي والإرشاد والملاحظة، وعليه ان يكتشف قدرات الطلبة ويوجهها بطريقة علمية، وأن لا يكون متحيزاً لمجموعة على حساب المجموعات الأخرى.

من خلال ما تقدم يمكن طرح المثال التالي: لنفترض أننا نريد تـدريس موضوع القراءة في اللغة العربية لطلبة الصف الثالث الابتدائي، حتماً سنقوم بالإجراءات التالية:

١. تقسيم طلبة الصف إلى عدد من المجموعات، بحيث يكون عدد أعضاء المجموعة الواحدة متساوياً، فعلى سبيل المثال إذا كان عـدد الطلبـة ثلاثين طالباً، يقسـمون إلى خمـس أو ست مجموعات، بحيث تحتوي المجموعة الواحدة من خمسة إلى ستة طلاب والشـكل رقم (١٠-٣٨) يوضح ذلك:

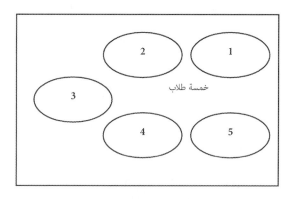

٢. أن يراعي في تقسيم المجموعات الفروق الفردية بين طلبة الصف بحيث يكون التلاميذ الأذكياء والمتوسطين والمتخلفين تحصيلياً ضمن المجموعة الواحدة.

٣. أن يكون لكل مجموعة قائد، وهو الذي يدير شؤونها.

٤. أن يقسم العمل ضمن المجموعة الواحدة.

٥. أن تتم عملية التقييم بشكل جماعي أولاً وبشكل فردي ثانياً.

*كيف يتم ترتيب المجموعات داخل غرفة الصف؟

يشترط في غرفة الصف أن تكون واسعة، فيها أثاث أعد لهذه الطريقة، كالطاولات المستديرة والخزائن ذات الرفوف، والكراسي التي يتناسب حجمها مع التلاميذ، كما يجب أن تكون السبورة كبيرة وواضحة.

يجب أن يتم ترتيب مجموعات طلبة الصف بشكل دائري، بحيث كـل مجموعـة تقابـل الأخــرى، ويوجـد بـين كـل مجموعـة والأخـرى مسـافة. والشـكل رقـم (١٠-٣٩) يوضح ذلك:

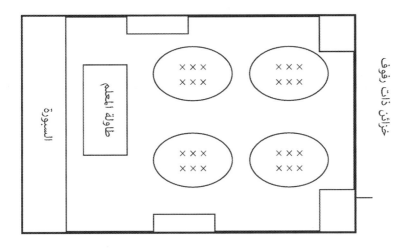

فالشكل السابق يوضح توزيع الطلبة ضمن المجموعات، ويبين شكل غرفة الصف ومواصفاتها، حتى تناسب هذه الطريقة، كما يفترض من معلم ان يطلق على كل مجموعة اسم حتى يميزها عن بقية المجموعات الاخرى.

وتشير الدراسات والأبحاث في مجال استخدام أساليب التدريس المعاصرة، بأن مزايا استخدام طريقة المجموعات (الطريقة التعاونية) يتمثل في عدة نقاط:

- إن هذه الطريقة تشجع الطلبة في الحصول على المعلومات ذاتياً.

- تتيح لعدد أكبر من الطلبة الاشتراك في استخدام الأدوات التعليمية والأجهزة الأخرى بحيث تؤدي الى زيادة فعالية التعليم.

- توفير الفرصة للمعلمين لتصحيح العمل الفردي للطلبة، من خلال التنقل بين مجموعات الطلبة والإطلاع على ما يقوم به أفراد المجموعة.

- احترام الطلبة لبعضهم وانتزاع روح العدوانية لديهم.

- إعطاء فرصة للطلبة بطيئي التعلم للتفاعل والاشتراك مع الطلبة الآخرين.

- يمكن أن يتعلم الطلبة من بعضهم من أجل تحسين مستواهم وزيادة قدراتهم العلمية.

- يمكن المعلمين من تصميم سلسلة من الأنشطة والمهام تناسب حاجات الطلبة وقدراتهم.

والسؤال الذي يطرح نفسه علينا ما هي العناصر الرئيسية للتعلم التعاوني؟

العناصر الرئيسة للتعلم التعاوني

لابد من توافر العناصر الخمسة الرئيسة التالية في كل مجموعة صغيرة تعمل معا حتى يمكننا القول إنها تطبق التعلم التعاوني فيما تقوم به.

العنصر الأول: الاعتماد الايجابي المتبادل (Positive interdependence)

ويتمثل هذا العنصر في أن يشعر كل عضو في المجموعة أن عليه أن يعمل بجد لإنجاح العمل المطلوب وإنجاز المهمة الموكلة للمجموعة بحيث يدرك

كل عنصر أن النجاح نجاح للجميع، وبذلك يرفع كل عضو الشعار التالي: إما أن نسبح وننجو معا أو أن نغرق معا.

وينفذ هذا العنصر عندما تكون المهمة المطلوبة إلى المجموعة واضحة من حيث الأهداف والمحتوى والمهمات الفرعية الموكولة لكل واحد، وعندما يدرك كل فرد أنه يعتمد اعتمادا ايجابيا – أي أنه يشعر بروح التآزر- مع الآخرين.

العنصر الثاني: التفاعل بالمواجهة (Face-top face Interaction)

التآزر وحدة لا يكفي إذ لابد لأعضاء المجموعة من أن يتفاعلوا فيما بينهم عمليا ولفظيا ليساهموا معا في تحقيق النتاجات التعلمية المتوقعة.

العنصر الثالث: المحاسبية الفردية (أو المسؤولية الفردية):

(Individual accountability)

يتحمل كل عضو في المجموعة مسؤولية إتقان المادة التعليمية المقررة أو القيام بالمهمة المحددة الموكولة إليه. ويستهدف عمل أعضاء المجموعة تعاونيا حث كل عضو على أن يزيد تحصيله إلى درجة عالية وإلى أقصى ما يستطيع ويدعم أعضاء المجموعة بعضهم بعضا لمساعدة أنفسهم على تحقيق المهمة العامة المطلوبة الى المجموعة والمهمات الفرعية المقررة لكل عضو من أعضاء المجموعة.

العنصر الرابع: مهارات التواصل بين الأشخاص ومهارات العمل مع المجموعات الصغيرة:

(Interpersonal and small group skills)

ينبغي أن يتم تعليم الطلبة مهارات التفاعل الاجتماعي ومهارات العمل الزمري، إذ لا يكفي أن يوضع بعض الطلبة الذين لا يمتلكون مهارات التفاعل الاجتماعي مع زملائهم في مجموعات والطلب إليهم أن يتفاعلوا.. فالأمر يتطلب إعداداً لهم على مهارات التواصل بين الأشخاص، وتدريباً لهم على العمل مع المجموعات الصغيرة، وحفزاً لهم على القيام بذلك.

العنصر الخامس: معالجة عمل المجموعة: (Group Processing)

ويتضمن هذا العنصر تحليلا يقوم به أعضاء فرق العمل التي تعمل تعاونيا لـ:

١- درجة الجودة التي اتسم بها العمل وتحقق فيها الهدف.

٢- درجة استخدام اعضاء المجموعة المهارات الاجتماعية اللازمة لتعزيز أواصر العلاقة الطيبة بينهم، الأمر الذي يسهل مهارات التواصل بينهم وعلاقات العمل السليمة التي تحقق الأهداف المنشودة.

* كيف تتم عملية التقييم بطريقة المجموعات؟

يستخدم بطريقة المجموعات التقويم التكويني (المستمر او البنائي)، فمن خلاله يتم تقويم المجموعة ككل، وهذا متمثل بطرح الأسئلة الشفوية على كل مجموعة من المجموعات، ويكون المعلم قد أعدّ قوائم على السبورة أو على لوحات خاصة تمثل قيمة العلامـــــات التـــي ستحصـــل عليهــــا كـــل مجموعـــة، والشـــكل رقـــم (١٠-٤٠) يوضح ذلك:

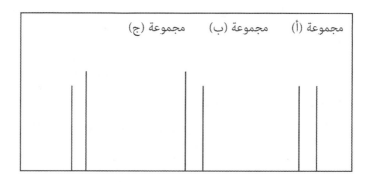

ويمكن أن يكون التقييم بشكل فردي، بحيث يمكن تقييم كل طالب داخل المجموعة الواحدة وهذا له دور إيجابي في إرساء عملية التفاعل بين أفراد المجموعة نفسها، ويحصـــل التقيـــيم أيضـــاً بتحضـــير مـــا يســـمى بـــأوراق العمـــل (Work Sheets). التي يتم إعطاؤها لأفراد المجموعة الواحدة، ولحلها بطريقة

جماعية ومن ثم نضع علامات المجموعة ككل آخذين بعين الاعتبار علامات أفرادها.

٢ : ٣ اختلاف التعلم التعاوني عن الزمر التقليدية:

ثمة فروق كثيرة بين التعلم التعاوني الزمري وبين الزمر التقليدية التي يشكلها المعلمون في التعلم الصفي ومن هذه الفروق ما يلي :

٢ : ٣ : ١ بخلاف الزمر التقليدية، فإن مجموعات التعلم التعاوني تستند إلى التآزر ما بين الأعضاء، ذلك التآزر الذي توجهه الأهداف المخططة جيدا والتي تشرك الأفراد والمجموعات في العمل لأداء المهمات الموكلة اليهم.

٢:٣:٢ يتحمل كل عضو في المجموعة مسؤولية فردية لإتقان المادة المقررة في التعليم التعاوني، كما تتحمل كل مجموعة المسؤولية، وتتلقى التغذية الراجعة، والتقويم، ويساعد الأعضاء بعضهم بعضا. اما بالنسبة لمجموعات التعلم التقليدية فلا تتوافر مسؤولية محددة بالنسبة لكل عضو، إذ ان البعض يعتمد على جهود الآخرين ولا يساهم فعليا في العمل.

٢ : ٣ : ٣ تتشكل مجموعات التعلم التعاوني من أعضاء متمايزين في مقدراتهم بينما تكون المجموعات التقليدية، عادة، من الأعضاء المتماثلين في مقدراتهم.

٢ : ٣ : ٤ يتحمل كل عضو المسؤولية القيادية، وإن لم يكن ثمة قائد معين، في مجموعة التعلم التعاوني، بينما يعين قائد للمجموعة عادة في الزمر التقليدية.

٢ : ٣ : ٥ يتحمل الأعضاء في التعلم التعاوني المسؤولية المشتركة لإنجاز المهمات الموكولة اليهم، ويشعر كل واحد بالمسؤولية الملقاة على كاهل غيره، وليس على كاهله فحسب، بينما يندر ان يتحمل أعضاء الزمر التقليدية مسؤولية تعلم الأعضاء الآخرين في المجموعات.

٢: ٣: ٦ في التعلم التعاوني تسعى الأهداف المنشودة إلى تحقيق علاقات عمل طيبة بين الأعضاء من جهة وتوفير الدرجة القصوى من التعلم من جهة أخرى، بينما يركز أعضاء الزمرة التقليدية على إنهاء العمل المطلوب فقط.

٢ : ٣: ٧ يجري تدريب أعضاء المجموعات في التعلم التعاوني على المهارات الاجتماعية لتعزيز علاقات العمل الوثيقة فيما بينهم. ومن هذه المهارات: مهارات التواصل، والقيادة، وبناء جسور من الثقة، وحل المشكلات الخ.. بينما لا يتدرب أعضاء الزمرة التقليدية على ذلك، إذ ان المعلم يفترض توافر هذه المهارات لدى الطلبة.. ولا يكون الأمر كذلك في أغلب الأحيان.

٢ : ٣ : ٨ يتدخل المعلم في مجموعات التعلم التعاوني التي يعمل بها الطلبة ويحلل المشكلات ويزودهم بالتغذية الراجعة، بينما يلاحظ المعلم الزمر التقليدية ويكون تدخله نادرا.

٢ : ٣: ٩ ينظم المعلم الإجراءات التي تساعد أعضاء المجموعات لتحليل درجة فاعليتها في التعلم التعاوني، بينما لا تقوم الزمر التقليدية بهذا التحليل أو المعالجة.

والجدول التالي يلخص الفرق بين مجموعات التعلم التعاوني ومجموعات التعلم التقليدية: (١٠-٨)

مجموعات التعلم التقليدية	مجموعات التعلم التعاوني
١- لا يتوافر اعتماد متبادل بين الطلبة	١- الاعتماد الإيجابي المتبادل (التآزر)
٢- لا مسؤولية فردية	٢- المحاسبية الفردية (المسؤولية)
٣- مجموعة متجانسة في أعضائها	٣- مجموعة غير متجانسة في أعضائها
٤- قائد واحد معين	٤- قيادة متبادلة
٥- الفرد مسؤول عن نفسه فقط	٥- المسؤولية المشتركة نحو بعضهم بعضا
٦- التأكيد على المهمات فقط	٦- التأكيد على المهمة وصيانتها
٧- يفترض ان لدى الطلبة مهارات اجتماعية ويتم تجاهلها	٧- تعلم المهارات الاجتماعية بشكل مباشر
٨- يتجاهل المعلم وظيفية المجموعة	٨- يلاحظ المعلم ويتدخل
٩- لا تتوافر معالجة (تجهيز) للمجموعات	٩- المجموعات تجهز(تعالج) فاعليتها

نشاط (٣)

بالإشارة إلى خبرتك الميدانيـة في تنظـيم المجموعات التعلمية، مـا هـي مواصفـات هـذه المجموعات ؟ والى أي مدى تتسم بمواصفات مجموعات التعلم التعاوني ؟

-

-

-

-

البدائل التعليمية / التعلمية

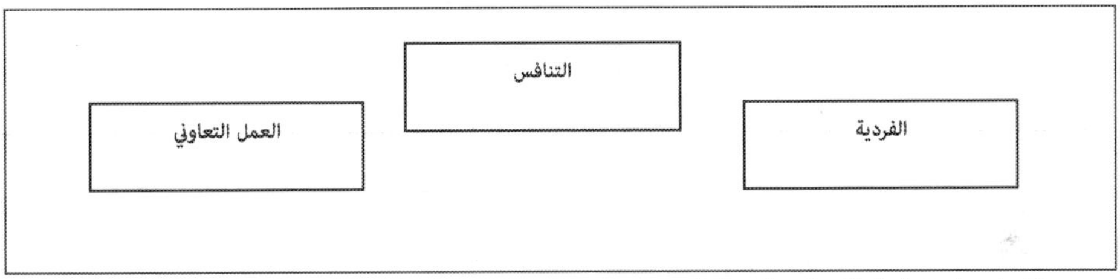

العمل التعاوني	التنافس	الفردية

دور المعلم في تنفيذ التعلم التعاوني

يمكن للمعلم ان ينفذ التعلم التعاوني من خلال مراعاته لخمس استراتيجيات تنضوي تحتها ثماني عشرة خطوة. وتعتبر هذه الخطوات متداخلة ولازمة لتطبيق المجموعات الفاعلة في التعلم التعاوني في غرفة الصف. ويمكن استخدام هذه الخطوات في أي موضوع دراسي ومع أية مجموعة عمرية. وتنفيذ الخطوات والإجراءات بدقة وفاعلية أمر يستلزم وقتا ودراسة وتدربا.. فالمسألة ليست سهلة.. إنها تحتاج إلى جهد ومتابعة، وخاصة، ان المعلمين يتلقون ضغوطا كي يعلموا كما يعلم الآخرون، أي أنهم يخضعون لضغوطات تطالبهم بأن يتركوا طلبتهم يتعلـ.مون بمفردهم، وان يمنع الطلبة من ان ينظروا في دفاتر زملائهم. واذا أراد المعلم ان ينجح في تنفيذ هذه الخطوات عليه ان يعلم طلبته كيف يعملون معا وكيف يتآزرون

ويعززون الروح التعاونية والتضامنية فيما بينهم. فتنفيذ التعليم التعاوني في غرفة الصف ليست مسألة سهلة ولكنها تستحق الجهد المبذول في سبيلها. الأمر ذاته ينطبق على تنفيذ التعلم التعاوني خارج غرفة الصف.

٣ : ١ الاستراتيجيات الخمس لدور المعلم

لا يقتصر دور المعلم على تنظيم مواقف التعلم التعاوني لطلبته فحسب بل إن دوره يتضمن مجموعة الاستراتيجيات الخمس وهي:

١- التحديد الواضح لأهداف الدرس (الأهداف التعاونية والأكاديمية)

٢- اتخاذ قرارات بشأن توزيع الطلبة في مجموعات تعلمية قبل ان يتم تعليم الدرس.

٣- الشـــرح الواضـــح للمهمـــة والبنيـــة الهدفيـــة (goal structure) المطلوبـــة مـــن الطلبة.

٤- مراقبة الفاعلية في مجموعات التعلم التعاوني والتدخل لتقديم المساعدة في المهمة المنوطة (كالإجابة عن الأسئلة وتعلم المهارات ذات الصلة بالمهمة)، أو لزيادة مهارات الطلبة البين -شخصية أو مهارات العمل في زمر (مجموعات) .

٥- تقويم تحصيل الطلبة ومساعدتهم في ان يناقشوا معا درجة الجودة لتعاونهم مع بعضهم .

نشاط (٤) :

إلى أي مدى تنطبق هذه الاستراتيجيات على "منحى النظم" في النظر إلى العملية التعليمية/التعلمية، أي باعتبارها:

مدخلات ونشاطات ونتاجات ؟

-

-

-

والخطوات الثماني عشرة التالية تتناول هذه الاستراتيجيات الخمس بشيء من التفصيل وتبين الإجراءات اللازمة لتخطيط التعلم التعاوني وتنفيذه وتقويمه ومتابعته كاستراتيجية جديدة للتعلم داخل الصف وخارجه، هذا وقد جمعت هذه الخطوات الثماني عشرة في ثلاثة أقسام عريضة.

٣ : ٢ خطوات إجرائية للتعلم التعاوني :

يمكن للخطوات الثماني عشرة التالية أن تندرج تحت أقسام ثلاثة متساوية (٦ خطوات لكل قسم) وهي :

٣ : ٢ : ١ القسم الأول : صوغ الأهداف وصناعة القرارات

٣ : ٢ : ٢ القسم الثاني : تنظيم المهمة والاعتماد المتبادل (التآزر)

٣ : ٢ : ٣ القسم الثالث: المراقبة والتدخل والتقويم.

ويندرج تحت كل قسم من الأقسام السابقة عدد من الخطوات الإجرائية التي ينبغي على المعلم القيام بها ليضمن ان المجموعات التي يشكلها تقوم بمهماتها وفق استراتيجيات التعلم التعاوني.

٣ : ٢ : ١ القسم الأول: صوغ الأهداف وصناعة القرارات

(Formulating objectives and making decisions)

الخطوة (١) : تحديد الأهداف التعليمية:

(Specifying the instructional objectives)

ويمكن ان تتضمن الأهداف التعليمية أهدافا أكاديمية وأخرى للمهارات التعاونية، فلا يكفي ان تقتصر- الأهداف على الجانب الأكاديمي للطلبة بما يتوافق ومستوياتهم التعليمية والمفاهيم التي يسعون لتحقيقها، بل لابد للمعلم من ان يضع أيضا أهدافا يستهدف من خلالها تعليم الطلبة ان يتعاونوا وأن يعملوا معا. إن وضع الأهداف لكل حصة دراسية لابد ان يكون أمرا تلقائيا مثله مثل وضع المفتاح في مكانه لتشغيل السيارة.

الخطوة (٢): اتخاذ قرار بشأن حجم المجموعة :

(Deciding on the size of the group)

بعد ان يكون المعلم قـد حـدد أهدافـه يسـعى إلى تشكيل المجموعـات التعلميـة،
وينصح ان يتراوح عدد أعضاء كل مجموعة ما بين ٢-٦ طلبة. ولابـد للمعلم مـن ان يراعـي
الاعتبارات الأربعة التالية في سعيه إلى تشكيل مجموعات التعلم التعاوني:

١- ان ازدياد عدد أعضاء المجموعة يتيح المجال أمامهم للتفاعل ولاستفادة بعض الأفراد مـن
الخبرة المتميزة التي قد تكون لدى أحد أعضائها.

٢- ومـع ذلك، فإن العـدد الكبـير للمجموعـة يسـتلزم ان يكـون أعضـاؤها ماهـرين في إتاحـة
المجال امام كل واحد للتعبير عن نفسه، وفي التنسيق فيما بينهم، والتوصل إلى الإجمـاع،
وتوضيح المادة التعليمية المستخدمة، وإشراك جميع الأعضاء في العمل. إن القيام بـذلك
كله يتطلب مـن المعلـم ان يبـدأ بتعليم طلبتـه المهارات التعاونية لأنهـا تعد بمثابـة
المتطلبات القبلية لأداء المهمات المنوطة بالمجموعات بشكل فاعل.

٣- إن توافر المواد التعليمية من جهة، وطبيعة المهمة الموكلة للطلبة، هي من العوامـل التـي
تؤثر في قرار المعلم بالنسبة لحجم المجموعات التي يشكلها.

٤- وإذا كان الوقت المتاح للتعلم التعاوني قصيرا، توجب على المعلم أن يبقي أعـداد الأعضـاء
في المجموعـات قليلا (ما بين ٢و٣) ذلك لأن المجموعـات الصـغيرة تحتـاج إلى قليـل مـن
الوقـت لتنظيم نفسها، ويمكنهم العمل بشكل أسـرع ويتـاح الوقـت لكـل عضـو مـن ان
يعبر عن نفسه في المجموعة الصغيرة عندما يكون الوقت محدودا أكثر مـما هـو الحـال
عندما تكون المجموعة كبيرة العدد. وينصح المعلمـون بـأن يبـدأوا تشـكيل مجموعـات
التعلم التعاوني من طالبين أو ثلاثة لكل مجموعة، وخاصة في البـدايات الأولى لتطبيـق
هذا المنحى، أو عندما يكون المعلم مبتدئا، ثم يتدرج بتكبير حجم المجموعة لتصل إلى
أربعة طلبة،

فخمسة، فستة... وينصح ان لا تتعدى هذه المجموعات هذا العدد الأخير لأن الأعداد الكبيرة قد لا تتيح المجال لكل واحد من المشاركة أو قد تترك الفرصة لبعض الطلبة ان يكونوا سلبيين.

لذلك: حذار ان تبدأ بالمجموعات الكبيرة... ابدأ بالمجموعات الصغيرة... الثنائية والثلاثية... وتدرج... وتوقف عند الفرقة السداسية.

الخطوة (٣): تعيين الطلبة في المجموعات التعلمية

(Assigning students to learning groups)

ثمة طرق كثيرة يمكن للمعلم اعتمادها في تعيين الطلبة في مجموعات التعلم التعاوني: كمراعاة المستوى التحصيلي للطلبة بحيث تتضمن المجموعة مثلا طالبا متفوقا، وطالبين متوسطي التحصيل، وطالبا ضعيف التحصيل، أو كمراعاة المعلم لرغبات الطلبة في العمل مع بعضهم بعضا شريطة ان لا يؤدي ذلك إلى عزل بعض الطلبة أو تجمع الفئات الطلابية بشكل متجانس تحصيليا أو سلوكيا..الخ.

وينصح المعلمون بتشكيل مجموعات التعلم التعاوني غير المتجانسة (Heterogeneous) وليس وفق المجموعات المتجانسة (Homogeneous) ومع ان الزمر المتجانسة تكون لازمة أحيانا لإتقان مهارات محددة أو لتحقيق أهداف تعليمية معينة، إلا ان عدم التجانس في تشكيل المجموعة (أي من مرتفعي التحصيل ومتوسطيه وضعيفيه) سيترك المجال للاحتكاك الفكري، وللأخذ والرد، والأسئلة والأجوبة والشرح داخل كل مجموعة تعلمية عاملة.

اما بالنسبة للعنصر الزمني الذي ينبغي مراعاته بشأن مدة تشكيل المجموعات وعملها، فالأمر يقرره المعلم والظروف الخاصة بالصف والمدرسة والموضوع الذي يدرسه، ومع ذلك فإن المعلم ينصح بالإبقاء على مجموعاته لفترة زمنية معقولة ليتمكن الأعضاء من تعلم المهارات التعاونية والعمل معا، ومن تعلم كيفية التوصل للأهداف الأكاديمية كزمرة، فقد تستمر هذه المجموعات لشهر واحد أو لشهرين أو حتى لفصل دراسي كامل، ومع ذلك ينصح المعلمون بأن يتيحوا

المجال أمام كل عضو في المجموعات ان يعمل مع آخرين من صفه، وعدم الاقتصار على أعضاء مجموعته، لذلك يسعى المعلم إلى إعادة تشكيل المجموعات خلال العام الدراسي بحيث يحقق للطلبة في الصف كله العمل معا من خلال المجموعات المختلفة للتعلم التعاوني.

الخطوة (٤): ترتيب الغرفة (Arranging the room)

ينصح المعلم ان يتيح المجال أمام مجموعات التعلم التعاوني للعمل بهدوء دون ان يرفعوا أصواتهم... وينصح، إن أمكن، ان تجلس المجموعات في دوائر ليشاهد الأعضاء بعضهم وللتفاعل والتواصل بشكل فاعل... وقد يتطلب هذا الأمر إعادة ترتيب الغرفة بحيث ينهمك أعضاء المجموعة في جو مريح ليتبادلوا الأفكار وليشاهدوا معا جميع المواد التعليمية ذات الصلة. كما لابد للمعلم من ان يترك مساحات بين المجموعات في أثناء العمل.

الخطوة (٥): تخطيط المواد التعليمية لتعزيز الاعتماد المتبادل (التآزر)

(Planning the instructional materials to promote interdependence)

لابد للمعلم من ان يتيقن من ان المواد التعليمية التي يوزعها على أعضاء المجموعات هي مواد تسلم نفسها للمشاركة فيما بينهم، ولتحقيقهم الأهداف معا. ولا يعتبر هذا الأمر مهما، إذا كان الطلبة ماهرين في المهارات التعاونية ومتدربين على العمل تعاونيا، ولكن الأمر مختلف بالنسبة لحديثي العهد بالتعلم التعاوني... عندها على المعلم ان يخطط المواد التعليمية بحيث تكون مصممة للعمل التعاوني وبذل الجهد المشترك وليس للعمل الفردي، وبحيث يكون شعار المجموعة: "نغرق معا أو نسبح معا" .

ويمكن للمعلم ان يوزع على كل مجموعة، بادئ ذي بدء، نسخة واحدة من ورقة العمل، أو ورقة النشاط، أو المادة التعليمية عندما يعتاد أعضاء المجموعة العمل بشكل تعاوني معا. أو يمكن للمعلم ان يوكل إلى كل مجموعة أداء مهمة

متكاملة، بحيث ينهي كل عضو جزءا من المهمة ويعرضها امام زملائه، وتتكامل جهودهم المشتركة في اعتماد كل واحد على الآخرين لإتمام المهمة.

الخطوة (٦): تعيين الأدوار بما يكفل الاعتماد المتبادل (التآزر)

(Assigning roles to ensure interdependence)

ومن الخطوات التي تضمن اعتماد الطلبة على بعضهم بعضا هو تعيين أدوار مكملة ومتداخلة لأعضاء المجموعات بحيث يلزم كل دور صاحبه على العمل بفاعلية. ومن الأدوار التي يمكن للمعلم إناطتها بالطلبة ما يلي:

الملخص: وهو الذي يحدد الخلاصات والإجابات.

المصوب: وهو الذي يصوب الأخطاء التي قد يقع فيها أحد أعضاء المجموعة.

الباحث: وهو الذي يحصل على المواد المطلوبة للمجموعة ويتواصل مع المجموعات الأخرى أو مع المعلم.

المسجل: ليسجل قرارات المجموعة وليحرر التقرير الذي تعده.

المشجع: ليعزز إسهامات الأعضاء.

المراقب: وهو الذي يلاحظ أو يرصد جودة التعاون في المجموعة.

نشاط (٥) :

إلى أي مدى تراعي هذه الخطوات الست المتصلة بالأهداف وصناعة القرارات في تنظيمك للمجموعات التعلمية التي تشكلها من طلبتك؟

٣ : ٢: ٢ القسم الثاني: تنظيم المهمة والاعتماد المتبادل (التآزر)

(Part 2 : Structuring the Task and Interdependence)

الخطوة (٧) شرح المهمة الأكاديمية (Explaining the academic task)

يشرح المعلمون في هذه الخطوة الأهداف والمفاهيم والمبادئ والاستراتيجيات المتصلة بالمهمة الأكاديمية بالنسبة لطلبتهم، كما ينبغي على المعلمين مراعاة الجوانب التالية في هذه الخطوة :

أولا : أوضح المهمة تماما للطلبة قبل ان يبدأوا العمل. واذا ما وجد أحد الطلبة غموضا في فهم المهمة لجأ إلى زملائه في المجموعة ليستوضحهم المطلوب قبل ان يعود إلى المعلم، كما يحدث غادة عندما يعمل الطلبة إفراديا، ويقوم أعضاء المجموعة عادة بتوضيح المهمة لزميلهم الذي يطلب التوضيح منهم.

ثانيا: اشرح أهداف الدرس، وجد الصلة ما بين المفاهيم والمعلومات المستهدفة وبين الخبرات السابقة للطلبة وما قد تعلموه، وذلك من أجل مساعدتهم على انتقال أثر التعلم واستبقائه.

ثالثا: عرف المفاهيم المستهدفة، واشرح الإجراءات التي ترى ضرورة ان يتبعها الطلبة، وعزز ذلك بالأمثلة كي تساعدهم على فهم ما سيتعلمونه وما سيعملونه لإتمام المهمة المنوطة بهم.

رابعا: اطرح أسئلة محددة على الطلبة تتيقن من فهم المهمة المستهدفة. إن إجابات الطلبة عن الأسئلة تزود المعلم بتغذية راجعة هادية حول ما استوعبوه وتطمئنه عن استعدادهم للبدء بإنجاز المهمة الموكلة اليهم.

الخطوة (٨) بناء التآزر الإيجابي الموجه نحو الهدف

(Structuring positive goal interdependence)

يخبر المعلم طلبته ان عليهم ان يضعوا أهدافهم للمجموعات التعلمية والعمل تعاونيا على تحقيقها، تحت شعار: نغرق معا أو نسبح معا، فالمسؤولية للتعلم مشتركة بين أعضاء المجموعة، ويمكن للمعلم القيام بما يلي ليساهم في بناء التآزر الإيجابي الموجه نحو الهدف لدى الطلبة:

أولا: إصدار المجموعة التعلمية نتاجا موحدا، أو تقريرا واحدا، أو ورقة مشتركة، ويوقعون جميعا عليها. وقد يطلب المعلم من بعض أعضاء الفرق، عشوائيا، ان يجيبوا عن الأسئلة المطروحة، أو ان يعرضوا ما توصلت إليه المجموعات التعلمية التي عملوا فيها، وبذلك يتحمل كل عضو المسؤولية كاملة حول النشاط المعني وتحقيق الهدف المنشود.

ثانيا: تقديم إثابات للمجموعات ككل؛ أي علامة لكل عضو في مجموعته لا لعضو دون آخر من أعضاء المجموعة، وبذلك يتضامن ويتآزر الطلبة في تعليم بعضهم بعضا وفي التعلم من بعضهم بعضا في تهجئة الكلمات وكتابتها، وفي حل مسائل الرياضيات، أو غير ذلك من الدروس، ليحصلوا معا على الإثابة التشجيعية كحصولهم على فترة للراحة... أو للعب... أو للمطالعة في مركز الموارد التعلمية إلخ.

الخطوة (٩) : بناء المحاسبية (المسؤولية) الفردية:

(Structuring individual accountability)

تستهدف المجموعة التعاونية مساعدة كل عضو فيها للتوصل إلى أقصى درجة ممكنة للتعلم فلن يكون العمل تعاونيا إذا قام بعض الأفراد بالعمل، واذا كان موقف بعضهم سلبيا.. لذلك لابد للمعلم من التدخل ليقيس أداءات المجموعات والأفراد عن طريق الاختبارات، أو الاختبار العشوائي لبعض الأفراد ليشرحوا ما حققوه، أو ليشرح الطلبة ما تعلموه لشخص آخر، أو ان يدقق المعلم النتاج الفردي بالإضافة إلى النتاج الزمري ويمنح درجة معينة. إن مثل هذه الإجراءات تساهم في ان يتحمل كل فرد في المجموعة التعاونية المسؤولية كاملة عن العمل الذي يشترك فيه مع الآخرين.

الخطوة (١٠): بناء التعاون بين المجموعات

(Structuring inter group cooperation)

ينبغي ان لا يقتصر التعاون بين أعضاء المجموعة التعلمية الواحدة فقط، بل لابد للتعاون من ان يتعدى ذلك ليمتد بين طلبة الصف كله، والمجموعات التعلمية الأخرى، فعندما تنهي مجموعة تعلمية معينة عملها، يمكن للمعلم ان يطلب إلى أعضائها الانتشار في الصف، والعمل مع المجموعات الأخرى للأخذ بيدها لتحقيق أهدافها، أو لتبادل الأفكار بين الأعضاء المشتركين في المهمة من كل

مجموعة، ثم عودة كل عضو إلى مجموعته لإفادتها بما حصل عليها من معلومات موثقة.

الخطوة (١١) : شرح معايير النجاح (Explaining criteria for success)

في تحديد معايير النجاح بالنسبة لمجموعات التعلم التعاوني لا يستخدم المعلم المنحى الاعتدالي لعلامات طلبة الصف (Norm- referenced evaluation) في سعيه لتقويم تعلم الطلبة، بل إنه يستخدم المحكات المعيارية ومستويات الاتقان المحددة سلفا على هيئة نتاجات مستهدفة من الطلبة (Criterion- referenced evaluation) لذلك يرصد تقدم الطلبة- مجموعات وأفرادا- بالإشارة إلى تحقيقهم الأهداف المنشودة... وتراعى الفروق الفردية في المهمة وفي التقويم بحيث لا يطلب إلى الطلبة إنجاز مهمات تفوق طاقاتهم، ويرصد تقدمهم من خلال مقارنة الأداء السابق بالأداء اللاحق. فإذا كانت مهمة حفظ معاني عشرين كلمة مهمة كبيرة بالنسبة لأحد أطفال الصف الثالث الابتدائي... خفض العدد المطلوب من الكلمات بما يناسب قدراته... ويقوم وفق المهمة التي عدلت.

ويسعى المعلم، أيضا، إلى تحديد معايير النجاح بالنسبة للصف كله، إذ لا يكفي تحديد تلك المعايير للمجموعات التعلمية وللطلبة كأفراد.

الخطوة (١٢): تحديد السلوك المرغوب فيه (Specifying desired behaviour)

على المعلم ان يحدد مفهوم "التعاون" واستخداماته إجرائيا كي يدرك الطلبة كنهه ويحسنوا توظيفه تحقيقا للأهداف المنشودة من التعلم التعاوني كاستراتيجية جديدة في العملية التعليمية/التعلمية. وعليه أن يعودهم، في البداية، أن يبقوا جالسين مع مجموعاتهم ، بحيث لا يترك الطالب زمرته للتجول داخل غرفة الصف، وأن يتخاطبوا معا بأصوات منخفضة (أقرب إلى الهمس)، وبأن يستأذن بعضهم بعضا عندما يريدون التحدث، وان يخاطبوا بعضهم بأسمائهم. ومن الأنماط السلوكية التي يتوقع القيام بها، أيضا، لضمان قيام المجموعة التقليدية بعملها تعاونيا بصورة فاعلة، ما يلي:

١- ان يشرح الطالب كيفية حصوله على الإجابة.

٢- ان يطلب إلى كل عضو إيجاد الصلة بين ما يتعلمه الآن وما قد تعلمه سابقا.

٣- التيقن من ان كل طالب قد فهم المادة المقررة ووافق على ما ذهبت إليه المجموعة التعاونية.

٤- تشجيع كل طالب على المشاركة في المجموعة التعلمية التعاونية.

٥- الإصغاء بدقة إلى ما يقوله كل عضو في المجموعة.

٦- توجيه النقد للأفكار لا للأشخاص.

من خلال عرض ما سبق يشير الشكل رقم (١٠-٤١) إلى ذلك:

الخطوات الإجرائية للتعلم التعاوني

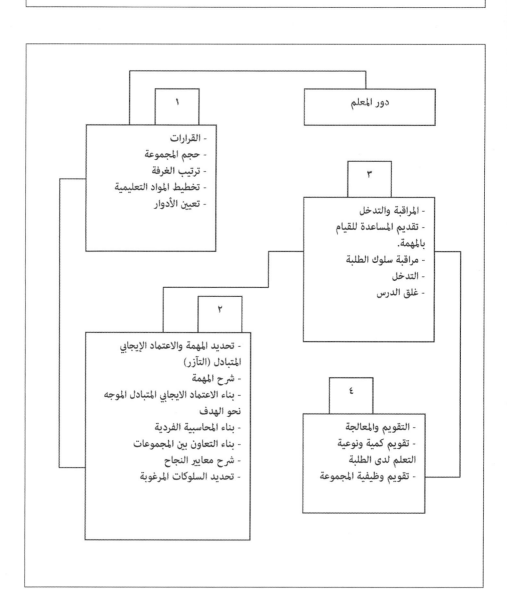

دور المعلم

١
- القرارات
- حجم المجموعة
- ترتيب الغرفة
- تخطيط المواد التعليمية
- تعيين الأدوار

٣
- المراقبة والتدخل
- تقديم المساعدة للقيام بالمهمة.
- مراقبة سلوك الطلبة
- التدخل
- غلق الدرس

٢
- تحديد المهمة والاعتماد الإيجابي المتبادل (التآزر)
- شرح المهمة
- بناء الاعتماد الايجابي المتبادل الموجه نحو الهدف
- بناء المحاسبية الفردية
- بناء التعاون بين المجموعات
- شرح معايير النجاح
- تحديد السلوكات المرغوبة

٤
- التقويم والمعالجة
- تقويم كمية ونوعية التعلم لدى الطلبة
- تقويم وظيفية المجموعة

المراقبة والتدخل والتقويم

(Part 3: Monitoring , intervening & evaluating)

الخطوة (١٣): مراقبة سلوك الطلبة (Monitoring students behaviour)

في التعلم التعاوني يبدأ المعلم عمله جديا عندما تبدأ مجموعات التعلم التعاوني بالعمل داخل غرفة الصف أو خارجه. إذ لا يكفي أن يقسم المعلم الطلبة إلى مجموعات، ويحدد لهم مهماتهم ليبدأوا تنفيذ التعلم التعاوني.. إن نجاحهم للقيام بهذا النوع من التعاون في التعلم هو أمر يستغرق وقتا وجهدا من المعلم ومن المتعلمين.. فالمعلم مطالب بمراقبة أعضاء المجموعات لرؤية المشكلات التي قد يواجهونها لدى سعيهم لإتمام المهمات الموكلة إليهم، ولمشاهدة الكيفية التي يتعاونون فيها.

ويمكن للمعلم أن يستخدم صحيفة ملاحظة خاصة يسجل فيها عدد المرات الدالة على سلوك تعاوني مرغوب فيه لدى الطلبة.وكلما كانت المعلومات التي يحصل المعلم عليها معلومات دقيقة، كانت الصحيفة نافعة للمعلم والمتعلمين معا. ومن الأنماط السلوكية التي ينبغي على المعلم مراقبتها ورصدها الأنماط التالية: (المساهمة في تقديم الأفكار، وطرح الأسئلة، والتعبير عن المشاعر، والإصغاء الناشط، والتعبير عن الدعم وقبول الأفكار، والتعبير عن الحميمية (العلاقة الطبية التي تتسم بالدفء)، وعلاقة المحبة التي تربط بين أعضاء المجموعات التعلمية، وتشجيع جميع الأعضاء على المشاركة في العمل، وتقديم التلخيصات (المختصرات)، والتيقن من الفهم، والقضاء على جو التوتر عن طريق المرح (المزاح، نكتة).

هذا ويمكن للمعلم تطوير صحيفة ملاحظة خاصة بمراقبته سلوك الطلبة أثناء عملهم في مجموعات التعلم التعاوني، ويمكن أن تتضمن هذه الصحيفة عددا من الأسئلة مثل:

(١): - هل يفهم الطلبة المهنة الموكلة إليهم؟

(٢):- هل تقبل الطلبة مفهوم اعتمادهم على بعضهم بشكل إيجابي (التآزر)، وهل تقبل الطلبة المحاسبية (المسؤولية) الفردية (بمعنى أن يتحمل كل عضو في المجموعة مسؤولية ما تتوصل إليه المجموعة التي يعمل فيها)؟

(٣):- هل يتجه الطلبة في عملهم نحو المعايير المنشودة، وهل تعتبر تلك المعايير ملائمة للنجاح؟

(٤):- هل يمارس الطلبة الأنماط السلوكية المحددة بالفعل، أم أنهم لا يقومون بذلك؟

هذا وقد تأخذ صحيفة الملاحظة الشكل التالي:

صحيفة ملاحظة

اسم المجموعة:.......................................

العضو رقم (٣)	العضو رقم (٢)	العضو رقم (١)	المهارة
			- يطلب المساعدة: - يشارك بالآراء - يقدم المساعدة.

تعليقات:

الخطوة (١٤): تقديم المساعدة للقيام بالمهمة:

(Providing Task Assistance)

عندما يراقب المعلمون المجموعات التعاونية وهي تعمل، ينبغي عليهم أن يوضحوا الإرشادات ويراجعوا الإجراءات والاستراتيجيات التي يعتبرونها مهمة للقيام بالمهمة، كما أن عليهم أن يجيبوا عن أسئلة الطلبة، ويعلموهم المهارات

اللازمة للقيام بالمهمة المستهدفة عندما يكون ذلك لازما. وعندما يناقش المعلمون المفاهيم والمعلومات مع طلبتهم، ولابد لهم مـن اسـتخدام اللغـة المناسـبة والتعـابير الملائمـة وذات الصلة بالتعلم.. كما ينبغي أن يكون المعلم دقيقا في تقديمه المساعدة للطلبة لأن ذلك يعزز التعلم المرغوب فيه ويعزز الانتقال الإيجابي للتعلم، وذلك بمساعدة الطلبـة عـلى ربط التعلم الجديد بما اكتسبوه سابقا.

الخطوة (١٥): التدخل لتعليم المهارات التعاونية:

(intervening to teach collaborative skills)

عندما يقوم المعلمون بمراقبة المجموعات التعلميـة يجـدون بعض الطلبة ممـن لا يتسـمون بالمهارات التعاونيـة الضـرورية، أو قـد يلاحظـون بعض المجموعـات التي تواجـه مشكلات فيما يتصل بالتعاون. وفي مثل هذه الحالات، قـد يرغب المعلم بالتدخل مقترحـا بعض الإجراءات الفاعلة للعمل معا، كما يمكنه أن يقترح أوجـه السـلوكات الفاعلة ينهمك الطلبة بها، وقد يرى المعلمون مـن المناسب أن يتـدخلوا كي يعـززوا الأنمـاط السـلوكية التـي تتسم بالمهارة. وقد يلعب المعلم دور المستشار بالنسبة لمجموعة ما كي يساعدها على العمـل بفاعلية. وعندما يلاحظ المعلم أن مجموعـة تعلميـة تعـاني مـن نقص المهارات الاجتماعيـة اللازمة لها للقيام بدورها بفاعلية قد يتدخل المعلم لتعليم الطلبة هذه المهارات اللازمة لهم. كما ينبغي على المعلم أن لا يتدخل في عمل مجموعة التعلم التعاوني إلا إذا طلب إليه ذلك. فإن أفضل وقت لتعليم المهارات التعاونية هو ذلك الوقت الذي يشعر فيه الطلبة بالحاجـة إليها. والطلبة يتعلمون عـن المهـارات التعاونية عندما يتعلمون مفاهيمها وطرقها. وهـم يتعلمون المهارات التعاونية عندما يطبقونها في خضم تعلم العلوم والرياضيات واللغة. ومـن الأمور الطبية فيما يتصل بالمهارات التعاونية أنه يمكن تعليمها وتعلمها مثل أي مهارة أخرى.

ومع ذلك، لابد من مراعاة الجوانب الأربعة التالية:

أولا:- على الطلبة أن يشعروا بأنهم في حاجة إلى اكتساب المهارة.

ثانيا: - ينبغي أن تحدد المهارة بوضوح ودقة، بما في ذلك ما سيقوله الطلبة وما سيفعلونه عندما ينهمكون في مهارة ما، فلكل مهارة تعاونية- غالبا- أقوال وأفعال يمارسها الأعضاء عند تطبيقهم لها.

ثالثا: - ينبغي تشجيع التدرب على المهارة: فقد يشكل المعلم بوقفته حاملا قلما وورقة بالقرب من المجموعة حافزا كافيا لها للانهماك بالمهارة.

رابعا:- ينبغي أن يتوافر الوقت للطلبة، والإجراءات، كي يناقشوا درجة جودة استخدامهم المهارات.

خامسا:- ينبغي أن يثابر الطلبة في ممارسة المهارة المستهدفة حتى تصبح جزءا من ذخيرتهم.

إن تعليم المهارات التعاونية وتعلمها أمر لازم لتنفيذ مجموعات التعلم التعاوني داخل غرفة الصف وخارجه. أما بالنسبة لعدد المهارات التي ينبغي اكتسابها، فينصح تعلم ما بين خمس وثماني مهارات في الفصل الدراسي الواحد، أو في العام الدراسي.

الخطوة (١٦): القيام بغلق الدرس (Providing elosure to the lesson)

ينبغي على الطلبة أن يكونوا قادرين في نهاية الدرس على تلخيص ما تعلموه من جهة، وأن يكونوا مستوعبين إمكان استخدام ذلك في المستقبل، وقد يرغب المعلم أحيانا أن يزود الطلبة بتلخيصات للدروس، أو أن يسألهم عن الأفكار الرئيسة المتضمنة في المهمة، أو أن يقدموا أمثلة دالة على المفاهيم المطروحة، أو أن يجيب المعلم عن أية أسئلة قد لا تكون عالقة في أذهان الطلبة.

الخطوة (١٧): تقويم نوعية تعلم الطلبة وكميته

(Evaluating the quality and quantity of students learning)

مهما كانت المهمة التي تقوم بها مجموعة التعلم التعاوني، لابد للمعلم من أن يطبق نوعية النتاج وكميته.. وينصح المعلم أن يستخدم التقويم القائم على أساس مستويات اتقان (محكات معيارية) مقررة.. وليس التقويم القائم على أساس

المنحنى الاعتدالي لعلامات طلبة الصف، وبذلك يؤكد المعلم على نوعية الأهداف التي تحققت وكميتها (عددها) وبالإضافة إلى تقويم الكيفية التي تم فيها تعلم المفاهيم والمعلومات والمبادئ المقررة، لابد لأعضاء الفرق التعلمية من أن يتلقوا- من المعلم- تغذية راجعة هادية حول درجة الفاعلية التي تعاونوا فيها أثناء قيامهم بالعمل الموكل إليهم.وبعض المعلمين يمنح المجموعة درجتين على قيامهم بالعمل تعاونيا، الدرجة الأولى تمنح للتحصيل الذي قاموا به، أما الدرجة الثانية فتمنح للسلوك التعاوني الذي أبدوه.

الخطوة (١٨): تقدير درجة جودة قيام المجموعة بوظيفتها

(Assessing how well the group functioned)

ينبغي أن تنظم الملاحظات مع كل مجموعة من مجموعات التعلم التعاوني بحيث تحدد كل واحدة منها ملاحظة تناقش مع زملائه بعد أداء المهمة الموكولة إليهم درجة الفاعلية التي عمل فيها الأعضاء متآزرين ومتضامنين. حتى وإن كان الوقت قصيرا، لابد من تخصيص بعض الوقت للتحدث عن جودة قيام المجموعات بوظيفتها، لتحديد مواطن القوة، والأوجه التي تحتاج إلى تحسين.

وقد يرى المعلم من المناسب أن يقوم بهذه الخطوة مع الصف كله حيث يعطيهم أمثلة محددة دالة على التعاون، وأخرى غير دالة عليه (دون أن يذكر أسماء الطلبة المعنيين بالتعاون أو الذين لم يتعاونوا).

إن الطلبة يتعلمون من التغذية الراجعة التي يتلقونها حول جودة قيامهم بالوظائف المقررة لهم، وتساعدهم هذه التغذية الراجعة على تطوير ممارساتهم المرغوب فيها مستقبلا، والوقت الذي يبذل في هذه الخطوة ليس وقتا ضائعا، وذلك لأن كل مجموعة صغيرة تستهدف في عملها أن تحقق هدفين رئيسين هما:

أولا:- انجاز المهمة بنجاح.

ثانيا:- إيجاد العلاقات البناءة، والمحافظة عليها بين الأعضاء لتحقيق مهمة الانتقال إلى المهمة التالية:

ولابد أن يتم العمل في المجموعة التعلمية التعاونية بروح من الاستمتاع والحيوية والبهجة، فإذا كان الجو مكفهرا وغير ودي فإن ذلك يشير إلى ظاهرة غير صحية، إذ لابد للطلبة مـن أن يشاركوا في العمل الزمري وهم مرتاحون وسعيدون ومستمتعون.

نشاط (٧)

إلى أي مدى يمكنك مراعاة هـذه الخطوات الست فيما تنظمـه مـن مجموعـات تعليمية استنادا إلى جهودك في المراقبة والتدخل والتقويم؟

التركيز على المسؤولية المشتركة لإنجاز يخلق العلاقة التعاونية: فنغرق معا أو نسبح معا

٣:٣ الخلاصة المتصلة بالخطوات الإجرائية:

إن تنفيذ الخطوات الثماني عشرة السابقة معا في المواقف التعلميـة التعاونيـة يحول الزمر التعلميـة التعاونيـة إلى مجموعـات فاعلـة للـتعلم التعاوني داخـل الصف أو خارجـه، وبذلك يتحول الحلم إلى حقيقة واقعة. وتسلم هذه الخطوات نفسها إلى جميع الموضوعات الدراسية وإلى جميع الطلبة باختلاف أعمارهم.

إن إعادة تنظيم الـتعلم وفـق مجموعـات الـتعلم التعاوني مسألة ليسـت سـهلة. فالمعلمون الذين اعتادوا على المحاضرة والتلقين، والطلبة الذين عاشـوا المنافسـة فيما بينهم طويلا، سوف يجدون صعوبة في محو الخبرات السـابقة، وتبنـي ممارسـات جديـدة. ومع أن المسألة ليست يسيرة إلا أنها تستحق الجهد المبذول فيها.

والنصيحة التي نقـدمها للمعلم هـي أن يبـدأ الـتعلم التعـاوني تـدريجيا.. خطوة خطوة.. وليس دفعة واحدة، لأن تنفيذ الخطوات برمتها مسألة تستغرق

وقتا وتتطلب مهارة ودراية من المعلم والمتعلم، وهو أمر يتم اكتسابه بصورة تراكمية.

كما ينبغي على المعلم أن يحسن اختيار الوقت ليجرب فيه التعلم التعاوني مع طلبته، ويخطط جيدا لتنفيذه، وإنجاحه بدون تسرع، ولابد للمعلم من أن يدمج التعلم التعاوني في خطته الدراسية الشهرية أو الفصلية ويتابع تنفيذه تدريجيا، والشكل رقم (١٠-٤٢) يوضح ذلك :

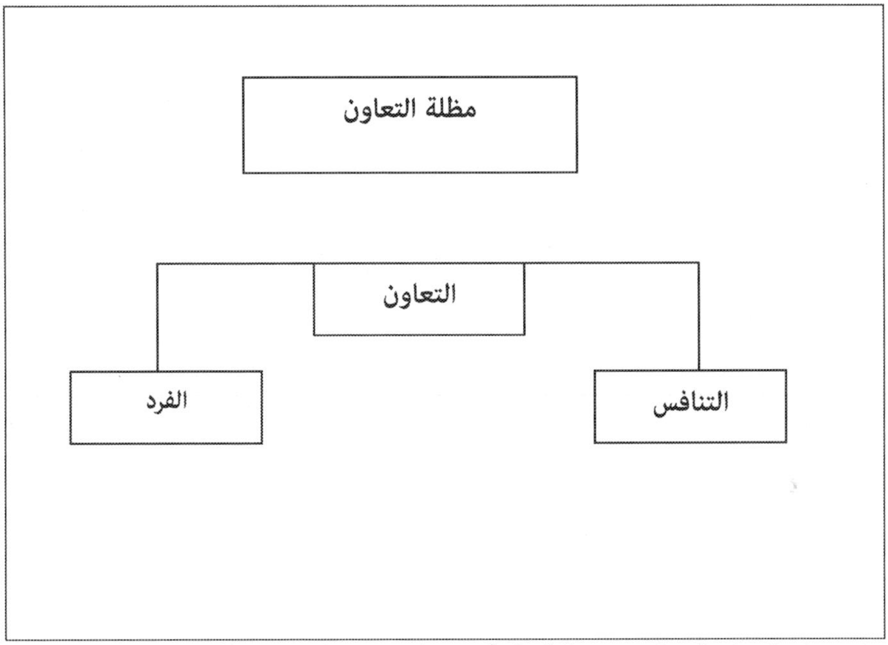

إن نجاح التعلم التعاوني بين الطلبة، داخل الصف وخارجه، يتطلب مناخا تعاونيا داخل المدرسة وخارجها، ففي المدرسة لابد للمعلمين من أن يعلموا معا متآزرين متضامنين في لجانهم المدرسية، وفي تعاونهم مع الإدارة ومع بعضهم، بحيث يسود جو الألفة والتعامل والتكافل. وفي الأسرة والمجتمع المحلي ينبغي أن يسود التعاون التعاوني- عن طريق مجموعات التعلم التعاوني- داخل الصف فقط، بينما يعيش الطلبة جوا مناقضا خارجه.. إن تغيير اتجاهات الطلبة نحو التعلم، ونحو بعضهم، وتحملهم مسؤولية في التعلم الذاتي مسألة ليست يسيرة... وتستغرق وقتا.. ولكنها ممكنة .. وآثارها الإيجابية كبيرة فهي قصيرة المدى وبعيدته.. حيث

أن التعلم التعاوني يحقق الأهداف المتوخاة عن طريق القيام بالمهمات تعاونيا..ويبني لدى الطلبة شخصيات غيرية غير أنانية تحب الخير لنفسها ولغيرها، وتتعاون مع الآخرين على تحقيق هذا الخير للجميع. ولربما كانت هذه إحدى أهم فضائل هذه الحركة المسماة: " التعلم التعاوني".

وفي النهاية فإن هذا التعيين الدراسي مذكرة لإعداد الدروس وفق التعلم التعاوني، تتضمن خمس خطوات والشكل رقم (٤٣-١٠) يوضح ذلك

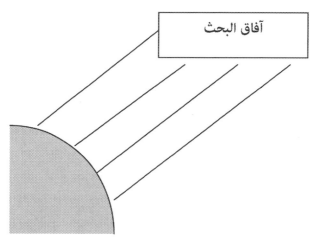

٤- البحوث حول التعلم التعاوني

١:٤ دلالات البحوث السابقة

أجريت في العقود الستة الأخيرة من هذا القرن نحو مائة واثنتين وعشرين دراسة حول أثر التعلم التعاوني على التحصيل المدرسي، قام جونسون وآخرون بتجميعها بعشرين دراسة عام ١٩٨٣ أظهرت تفوق التعلم التعاوني على التعلم التنافسي- أو التعلم الإفرادي في تعلم الطلبة فيما يتصل بحل المشكلات، واكتساب المفاهيم، والحفظ والتذكر، والأداء الحركي، وإصدار الاحكام والتنبؤ. وقد تفوقت نتائج التعلم التعاوني على غيرها بالنسبة للطلبة من جميع الفئات العمرية، وفي جميع المواد الدراسية.

وقد أشارت تلك البحوث، أيضا، إلى أن التحصيل المدرسي كان أعلى عندما نظمت المواقف التعلمية تعاونيا بدلا من تنظيمها تنافسيا أو إفراديا. كما أشارت النتائج إلى أن الخبرات في التعلم التعاوني قد عززت كفايات أكثر من التفكير الناقد، واتجاهات إيجابية أكبر نحو المواد الدراسية المختلفة، وكفايات أعظم في العمل التعاوني مع الآخرين ، وصحة نفسية سوية.

٢:٤ انعكاسات البحوث على المعلمين

تتمثل انعكاسات البحوث بالنسبة للمعلمين في الجوانب الستة الأخيرة:

١:٢:٤ يمكن لإجراءات التعلم التعاوني أن تستخدم بنجاح مع أية مهمة أكاديمية.

٢:٢:٤ ينبغي أن تنظم المجموعات التعلمية- عندما يكون ذلك ممكنا- بحيث يتاح المجال للحوار والنقاش واختلاف وجهات النظر أكاديميا، على أن يدار ذلك كله بطريقة إيجابية وبناءة.

٣:٢:٤ ينبغي أن يشجع الطلبة بعضهم بعضا كي يبقوا منهمكين في مهماتهم ويناقشوا المواد التعليمية المقررة بطريقة تضمن الشرح الشفهي والتفسير واستخدام استراتيجيات التعلم العليا.

٤:٢:٤ ينبغي أن يشجع الطلبة كي يدعموا جهود بعضهم وكي يحققوا جهود بعضهم الموجهة نحو العمل (المهمة)، ويزود بعضهم بالتغذية الراجعة، ويكلفوا أن يشارك جميع أعضاء المجموعات لفظيا في العملية التعلمية.

٥:٢:٤ كقاعدة عامة، ينبغي أن تشتمل المجموعات التعاونية على طلبة من مختلف المستويات-مرتفعي ومتوسطي وضعيفي التحصيل- وذلك من أجل تعزيز النقاش، والتعليم عن طريق الأقران (peer teaching) وتبرير الإجابات.

٦:٢:٤ ينبغي أن تشجع العلاقات الإيجابية بين أعضاء مجموعات التعلم التعاوني.

٣:٤ تعزيز التعلم التعاوني

تميل الخبرات التعلمية التعاونية- عندما يعمل الطلبة معا ليتوصلوا إلى أقصى ما يستطيعون تحصيليا- إلى تعزيز العلاقات الإيجابية وعملية التقبل ما بين

الطلبة، وبذلك تقدم مساهمات مهمة في حل أزمة التنشئة الاجتماعية وبشكل أكثر تحديدا، فإن المربين الذين يرغبون في تعزيز العلاقات البناءة ما بين الطلبة يسعون إلى القيام بما يلي:

١:٣:٤ بناء مواقف تعاونية حيث سعى الطلبة، في مختلف المراحل الدراسية ان يعملوا مع بعضهم بعضا من أجل تحقيق الأهداف المشتركة.

٢:٣:٤ التأكيد على النتاجات المشتركة، بدلا من الفردية، عندما يكون ذلك ممكنا.

٣:٣:٤ التعليم المباشر للمهارات البين-شخصية اللازمة لبناء العلاقات التعاونية والمحافظة عليها ما بين الأقران (الزملاء).

٤:٣:٤ إعطاء الطلبة الصغار ومن هم في سن المراهقة المسؤولية الحقيقية تجاه رفاهية الأقران ونجاحهم.

٥:٣:٤ تشجيع مشاعر الدعم، والتقبل، والاهتمام، والالتزام باعتبارها جزءا من المواقف التعاونية.

٦:٣:٤ تحميل الطلاب في المراحل الابتدائية وما بعدها المسؤولية لتلبية التزامهم نحو زملائهم المشتركين معهم في المجموعات التعاونية، وإعطائهم نوعا من المسؤولية والسلطة نحو بعضهم.

٧:٣:٤ التأكد من ان الطلبة في مختلف الأعمار يمارسون النجاح في المجموعات التعاونية.

٤:٤ الحاجة لإجراء البحوث حول التعلم التعاوني في منطقتنا

جرت دراسات ميدانية كثيرة، وبحوث إجرائية كثيرة حول تطبيق التعليم الزمري كاستراتيجية تعليمية، من خلال دورات التدريب التي تنظمها وزارات التربية للقيادات التربوية، للمعلمين وللجامعيين، وأشارت نتائج تلك الدراسات والبحوث أيضا إلى تفوق التعلم الزمري- المنظم باعتباره جزءا من حركة التعلم التعاوني- على غيره من الأساليب التعليمية/ التعلمية.

ومع ذلك، فالبحوث التي جرت داخل المنظمة العربية، وفي الغـرب، لم تتوصـل بعـد إلى نتائج حاسمة إلى تحديد المواقف التي ينبغي فيها توظيف التعلم التعاوني، أو التنافسيـ ، أو الفردي.. فثمة مجال للتنافس بين الطلبة. وما زال ذلك أمرا سائدا في المنطقة العربية.. وما زال ثمة مجال للتفريد ومراعاة الفروق الفردية.. لكن الجهود تنصب في حركة التعلم التعاوني على خلق الذات الاجتماعية (الغيرية) بالإضافة إلى تنمية التفكير وتحسين التحصيل.

لذلك، فالمربون العرب مدعوون إلى الاستمرار في تطبيق ما اعتـادوا ان ينفـذوه مـن نشاطات فردية تنافسية، ولكنهم مدعوون قبل ذلك إلى خلق المواقـف التعليميـة/ التعلميـة ذات الصلة بالتعلم التعاوني وتجريب أثر ذلك على تحصيل ونماء شخصياتهم.

نشاط (٨)

استنادا إلى خبراتك الميدانية ومطالعتك، حدد بعض البحوث والدراسات المتصلة بالتعلم الالكتروني في منطقتك أو في موضوع اختصاصك، والجدول رقم (١٠-٤٤) يشير إلى ذلك .

دلالات البحوث حول التعلم التعاوني
استبقاء متزايد
تحصيل أعلى
لابد من أخذ وجهات نظر الآخرين بعين الاعتبار
استخدام أكبر لعمليات التفكير العليا
الفئات المختلفة
مزيد من الدافعية الداخلية
اتجاهات أفضل نحو المعلمين
اتجاهات أفضل نحو المدرسة
دعم اجتماعي أكبر
تقدير أعلى للذات
سلوك منسجم مع المهمة
تكيف نفسي إيجابي متزايد
مزيد من المهمات التعاونية

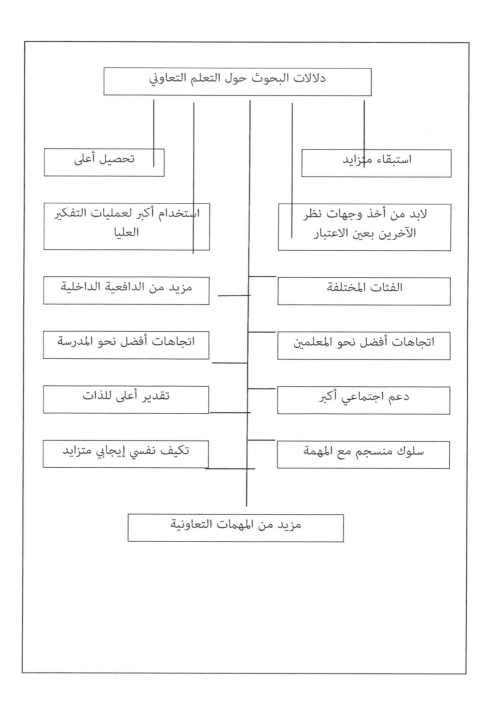

ما هي الأسس التي تستند إليها الطريقة التعاونية (المجموعات) (Grouplearning)؟

تستند هذه الطريقة الى مجموعة من الاسس التربوية والنفسية والاجتماعية، والتي لها دور هام في تفعيل عملية التعلم لدى الطلبة، وتتمثل على النحو التالي:

١. الأسس التربوية

تعّد الاسس التربوية من الركائز الهامة في تشكيل طريقة المجموعة لعدة أسباب من أهمها:

١. تجمع هذه الطريقة بين النمو الفردي للمتعلم والجماعي، ويؤدى ذلك إلى تربية متكاملة.

٢. من خلال هذه الطريقة يتعلم التلميذ السلوك الاجتماعي والتعاون، وهي تساعده على التخلص من القيم الفردية السلبية كالأنانية والمنافسة غير شريفة والغرور.

٣. يتحمل المتعلم مسؤولية إنجاز العمل واحترام النظام، الذي يؤدي إلى الانضباط الذاتي.

٤. تؤدي هذه الطريقة إلى الإنجاز المستمر من قبل التلاميذ ضمن المجموعة الواحدة.

فالأساس التربوي لطريقة المجموعات يؤدي إلى تهذيب الذات، ويجعلها قادرة ان تعمل ضمن النسق الجماعي الذي تنتمي إليه.

٢. الأسس الإجتماعية

يعّد هذا الاساس من مقومات إنجاح هذه الطريقة، لاسيما أنها تشكل الركيزة الأساسية في تشكيل روح التعاون بين الفرد وجماعته التي يعمل معها ويتعلم من خلالها، ولذلك تعد مهمة للأسباب التالية:

١. يمارس المتعلم حياة اجتماعية عادية داخل المجموعة ويتعاون مع افرادها في حل المشكلات التعليمية.

٢. العمل الجماعي يثير دوافع النشاط لدى التلاميذ، فيشعرهم بأن عليهم المساهمة في المشاركة وعملية النقاش والتعلم، للحصول على أعلى الدرجات بين الجماعات الصفية الأخرى.

١. تهتم هذه الطريقة بحاجات التلاميذ، وتحاول عن طريق العمل الجماعي تقوية دافع الانتماء من خلال الجماعة.

٢. تساعد على اكتشاف ميول الأطفال ضمن مجموعات الصف الواحد، بحيث يسمح لكل تلميذ أن يشترك في مجموعة يسمح له بتغيرها.

٣. يتعلم التلاميذ عن طريق النشاطات التي يقومون بها، حب التعاون والتفاعل فيما بينهم.

٣- الأسس النفسية

يمكن القول إن الاساس النفسي يعّد من ركائز هذه الطريقة وهو يستند على الاسس التالية:-

١- تهتم هذه الطريقة بسد حاجات التلاميذ النفسية والمعرفية، وتحاول معرفتها وسدها عن طريق العمل الجماعي، وتقوية الانتماء للجماعة.

٢- تساعد هذه الطريقة على اكتشاف ميول تلاميذ المجموعة الواحدة ضمن غرفة الصف، وهذا متمثل بأن يسمح لكل تلميذ ان يعبر عن نفسه بطريقة ديموقراطية.

٣- يتعلم التلاميذ من خلالها التفاعل الايجابي، ويمكن زيادة مستوى نشاطه.

*ما هي الموضوعات التي يمكن تدريسها بطريقة المجموعات؟

سؤال يطرح من قبل العاملين في مجال التربية والتعليم، وللجواب على مثل هذا السؤال، يمكن القول إن طريقة المجموعات يمكن تطبيقها على جميع المواد الدراسية وموضوعاتها، كاللغة العربية، والتربية الدينية، والرياضيات والعلوم العامة، والتربية الفنية، والاجتماعيات والموسيقى، والتربية الوطنية، ولكن يبقى أن نقول قبل التطبيق يجب الاخذ بعين الاعتبار توزيع الأدوار داخل المجموعة الواحدة

واستخدام التقويم المستمر، الذي يؤدي في المحصلة النهائية إلى تشكيل منظومة تعليمية متكاملة تؤدي إلى زوال المنافسات الفردية، بحيث يتعاون التلميذ مع مجموعته ليدفعها إلى النجاح.

ملخص القول، إن طريقة المجموعات أو التعاونية، تجعل الطلبة يتفاعلون ضمن إطار المجموعة الواحدة، مما يساعد الطلبة بطيئي التعلم أن يتفاعلوا بشكل مميز مع زملائهم، وهذا يتم عن طريق اوراق العمل الجماعية والفردية التي تقدم للمجموعة الواحدة. والشكل رقم (٤٥-١) يوضح ذلك:

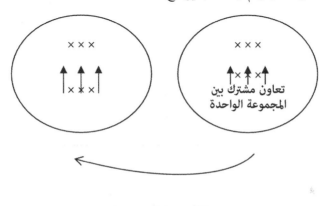

تعاون مشترك بين المجموعة الواحدة

تنافس بين المجموعتين

من خلال استعراض الشكل السابق نجد بأن التعاون حصل بين المجموعة الواحدة، كما انه يوجد تنافس ضمن المجموعتين المختلفتين داخل الصف، وهذا بدوره يؤدي الى تفعيل دور الاطفال الاقل نشاطا.

*كيف يتم توزيع موضوعات الدرس على الطلبة؟

تشير الدراسات في هذا المجال، إلى أن توزيع الموضوعات الدراسية ضمن إطار الوحدة الدراسية الواحدة، يؤدي إلى تفعيل الأدوار داخل المجموعة الواحدة، ويشجع العمل الفردي ضمن الإطار الجماعي، وهذا بدوره يؤدي إلى كسر الملل والاهتمام بالمادة.

ويمكن توضيح ذلك من خلال الشكل رقم (٤٦-١٠).

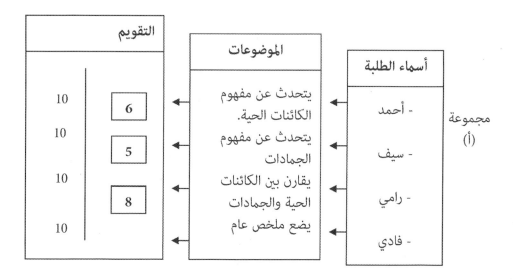

التقويم		الموضوعات	أسماء الطلبة	
10	6	يتحدث عن مفهوم الكائنات الحية.	- أحمد	
10	5	يتحدث عن مفهوم الجمادات	- سيف	مجموعة (أ)
10	8	يقارن بين الكائنات الحية والجمادات	- رامي	
10		يضع ملخص عام	- فادي	

يشير الجدول السابق إلى توزيع موضوعات الوحدة على طلبة المجموعة الواحدة من ناحية، وعلامات التقويم من ناحية اخرى، لذلك لا بد من المتابعة المستمرة لهذه الناحية.

٥- تعليم الطلبة المهارات التعاونية

(Teaching students cooperative skills)

٥ : ١ أهمية المهارات التعاونية (The Importance of Cooperative Skills)

"وتعاونوا على البر والتقوى ولا تعاونوا على الإثم والعدوان". صدق الله العظيم

لا يولد الأطفال وهـم يعرفـون بـالفطرة كيـف يتعاونون مـع الآخـرين. فمهـارات التواصل بين الأشخاص والمجموعات لا تظهر لدى اتصال الصغار أو الكبار مع بعضهم بعضا. فالكثير من الطلبة، في جميع المراحل الدراسية، يفتقـرون إلى المهـارات الاجتماعيـة الأساسـية، كعدم مقدرتهم على فهم عواطف الآخرين، أو عـدم النجـاح في مناقشـة موضـوع مـا. وقـد تستمر هذه النقيصة الاجتماعية معهم بعد أن

يتركوا مقاعد الدراسة. فالطلبة الـذين يفتقرون إلى المهارات الاجتماعية المناسبة يجدون أنفسهم معزولين ومنبوذين وغير متوافقين. ويعتقد أن نحو ١٠% مـن الأطفال لا يتمتعون بصداقة أحد، وأن نحو ثلث الطلبة محبوبين مـن زملائهـم. وتـترك العلاقات غـير الودية بين الطلبة أثرا على نموهم العقلي والاجتماعي، وعلى عافيتهم وسعادتهم، ونجـاحهم، وصحتهم النفسية.

والمهـارات التعاونيـة هـي حجـر الرحـى للمحافظـة عـلى أسرة مستقرة، ومهنـة ناجحـة في المستقبل، ومجموعة مستقرة من الأصدقاء. ومع ذلك، لا بد من تعليم هذه المهارات، بشكل مقصود ومحدد كما يجري تعليم المهارات الدراسية كمهارات القراءة والرياضيات. وبمـا أن الطلبة لم يتعلموا قط كيف يعملون بفاعلية مـع الآخرين، فإنـه لا يتوقـع مـنهم أن يقومـوا بذلك. والخبرة الأولية لعدد مـن المعلمـين الـذين يحـاولون تنظيـم الـتعلم التعـاوني هـي أن الطلبة لا يتمكنون من التعاون مع بعضهم بعضا. ومع ذلك فإن المهارات الاجتماعيـة تلعـب دورا رئيسا في إنجـاح المهمـة في إطار الـتعلم التعـاوني. فالطلبـة يحتـاجون إلى أن يصبحوا ماهرين في التواصل، وفي بنـاء التواصل، وفي بنـاء الثقـة بالـذات وبالآخرين، والقيام بـدور قيادي، وحل المشكلات المحتملة مع الآخرين. ويعتبر تعلم المهارات التعاونية متطلبا قبليا لا بد منه للتعلم الأكاديمي حيث إن التحصيل يتحسـن عندما يصبح الطلبة أكـثر فاعليـة في العمل مع بعضهم.

٥ : ٢ الفرضيات التي يقوم عليها تعليم المهارات التعاونية

(Teaching Cooperative Skills: Assumptions)

ثمة أربع فرضيات يقوم عليها تعليم المهارات التعاونية. وهذه الفرضيات هي:

٥ : ٢ : ١ الفرضية الأولى: قبل تعليم المهارات لا بد من إيجاد إطار للتعاون؛ إذ لا يتوقـع مـن الطلبة ان يتعاونوا مع بعضهم إذا كانت النشاطات التعليميـة مخططة ومنفذة بطريقـة فردية بحيث يعمل الطلبة فرادى ومعزولين ومتنافسين - وإذا كانت

طبيعة المهمة الموكلة للطلبة هي أن يعملوا بصورة تنافسية، عزز ذلك شعورهم بالفردية ...

وبالأنا ... بدل النحن؛ لذلك يتوجب على المعلم أن يسعى إلى إيجاد إطار للتعاون بين الطلبة

بحيث يشعر كل فرد في المجموعة أنه عضو مكمل لها... وبحيث يسترشدون بالمقولة التالية:

نطفو (ننجو) معاً أو نغرق معاً. (Sink or Swim Together).

٥ : ٢ : ٢ الفرضية الثانية: ينبغي تعليم المهارات التعاونية للطلبة بشكل مباشر. إن تخطيط

المعلم لدروسه تعاونيا هو أمر لا يحقق المهارات التعاونية لدى الطلبة تلقائياً. والمهارات

التعاونية لا تتوافر لدى الطلبة منذ الولادة... إن تعلمها لا يختلف عن تعلم أي مهارة أخرى

كالقراءة، واستخدام المجهر، والعزف على البيانو، أو كتابة مجلة كاملة.

٥ : ٢ : ٣ الفرضية الثالثة: ومع أن المعلم هو الذي ينظم التعاون داخل غرفة الصف وهو

الذي يحدد أساسا المهارات المطلوبة للتعاون، فإن الأعضاء الآخرين في المجموعة هم الذين

يقررون بشكل كبير المهارات التي يجري تعلمها واستيعابها، ويعتمد المعلمون على الطلبة

المشاركين في مجموعات التعلم التعاوني للمساعدة والمراقبة في استخدام المهارات، وهم

الذين يقدمون التغذية الراجعة حول درجة جودة المهارات المستخدمة، ويعززون استخدامها

المناسب.

٥ : ٢ : ٤ الفرضية الرابعة: كلما تعلم الطلبة المهارات التعاونية مبكراً كان ذلك أفضل. ويمكن

تعليم الأطفال المهارات التعاونية وهم في السنوات الأولى من العمر قبل أن يدخلوا المدرسة،

كما يمكن لمعلمة الروضة ورياض الأطفال أن تعلم أطفالها بعض المهارات التعاونية،

وينسحب الأمر على الطلبة في جميع المستويات اللاحقة، وعلى الراشدين في المجتمع، فعندما

نطلب إلى الكبار أن يتعاونوا في أسرهم وعملهم ومجتمعاتهم المحلية نكون متأخرين في

تقديم هذه النصيحة، إذ لا بد من إعداد الأطفال على أن يعيشوا متعاونين ويعملوا

متضافرين متآزرين متضامنين لتحقيق المهمات المشتركة.

٥ : ٣ ما المهارات التي ينبغي تعليمها؟ (What Skills Need to be Taught)

تؤدي مهارات التواصل بين الأشخاص إلى نجاح الجهود التعاونية بين الطلبة. أما المهارات التعاونية التي يحتاج المعلمون إلى رعايتها لدى الطلبة فهي لا تتوافر لديهم سابقاً والتي تلزم للمجموعات التعلمية التعاونية داخل الصفوف وخارجها. ولدى ملاحظة المعلم لعمل المجموعات التعاونية، ومراقبته أداءها، يمكنه أن يحدد ما يفتقر الطلبة إليه من مهارات تعاونية.

٥ : ٣ : ١ المهارات اللازمة لتشكيل المجموعات: (Forming)

وهي المهارات اللازمة لتشكيل المجموعات وإعداد المعايير اللازمة للسلوك المناسب. وفي هذا الصف يمكن الالتفات لأوجه السلوك التالية:

(١)-العمل في التعلم التعاوني بهدوء ولا ضجيج: يقوم المعلم والطلبة بالعمل التعاوني دون أن يصرفوا وقتا طويلاً في تنظيم الغرفة أو المقاعد، ويحتاج هذا الأمر إلى تدريب خاص.

(٢)- البقاء مع المجموعة: ينبغي أن لا يتجول الطلبة في غرفة الصف، بل أن يبقوا حيث هم، أي مع مجموعات التعلم التعاوني.

(٣)- استخدام الأصوات الهادئة: الأصوات الهادئة (المنخفضة) ضرورية للغاية في المجموعات التعلمية لاقترابها من بعضها بعضا في غرفة الصف.. وقد يعين المعلم عضوا في المجموعة ليكون مسؤولا عن استخدام الصوت الهادئ حيث يقوم بتذكير زملائه بخفض أصواتهم عندما يكون عاليا.

(٤)- تشجيع كل عضو على المشاركة: لا بد لكل عضو في المجموعة أن يدلي بدلوه بحيث يشترك في تقديم الرأي وفي المشاركة بالمواد التعليمية المقررة بحيث تكمل جهوده جهود المجموعة وتعززها. وقد يجد أعضاء المجموعة من المناسب أن ينظموا الادوار بحيث يعطى لكل واحد نصيبه في المشاركة.

(٥)- ومن المهارات اللازمة الأخرى لتشكيل المجموعات القيام بما يلي:

أ- استخدام أسماء الزملاء في المجموعة

ب- التطلع إلى العضو المتحدث

ج- المحافظة على الأيدي (والأرجل) في مكانها (الجلسة المناسبة)

د- عدم استخدام المثبطات (كالنقد السلبي)

هـ- التطلع إلى الورقة (المادة التعليمية المعنية)

٥ : ٣ : ٢ المهارات اللازمة لقيام المجموعات بوظيفتها: (Functioning)

وهي المهارات اللازمة لإدارة جهود المجموعة لإتمام مهماتها والمحافظة على علاقات عمل فاعل ما بين الأعضاء. وفيما يلي بعض هذه المهارات:-

(أ)- تقديم الإرشادات للمجموعة، ويتم ذلك من خلال:

١- تحديد الهدف من المهمة.

٢- لفت الانتباه إلى الزمن المقرر.

٣- تحديد الاجراءات اللازمة للقيام بالمهمة.

(ب)- التعبير عن الدعم والقبول، لفظيا وغير لفظي، وذلك من خلال، تطلع أفراد المجموعات إلى بعضهم، والاهتمام، والمديح، والطلب إلى الآخرين أن يدلوا بآرائهم، وتقديم الخلاصات.

(ج)- طلب المعونة أو التوضيح، لما تقوله المجموعة أو لما تفعله.

(د)- التطوع بتقديم الشرح أو التوضيح.

(هـ)- إعادة الصياغة أو التوضيح لمساهمات عضو آخر في المجموعة.

(و)- حفز المجموعة عندما تكون الدافعية متدنية، وذلك عن طريق اقتراح أفكار جديدة، أو من خلال المرح، أو أن يكون متحمسا.

(ز)- وصف المشاعر للفرد عندما يكون ذلك مناسبا

· إن المزج بين المهارات الفرعية السابقة يؤدي إلى انهماك أعضاء المجموعة بالعمل، وقيامهم بالإجراءات الفاعلة، وإلى أداء المهمة ببهجة وسرور، كلها متطلبات لازمة للقيام بدور قيادي في المجموعات التعلمية التعاونية.

٥ : ٣ : ٣ المهارات اللازمة للصياغة (Formulating)

مهارات الصياغة لازمة لتزويد الطلبة بالعمليات الذهنية المطلوبة لإيجاد فهم أعمـق للمـادة التعليميـة المدروسـة، وهـي لازمـة لاسـتخدام عمليـات التفكـير العليـا واستراتيجياتها، ولإتقان المادة التعليمية واستبقاء مفاهيمها. وبما أن الغرض مـن المجموعـات التعلمية هو زيادة تعلم أعضائها، فإن ثمة بعض المهارات التي تستهدف تحديداً مساعدة الطلبة على تجهيز (معالجة) المادة التعليمية (أو صياغتها) ومن هذا المهارات التي يقوم بهـا الأعضاء:

(١)- الملخص (Summariser)

يقوم كل عضو في المجموعة بتلخيص ما تم تعلمه، مستخدما لغته الخاصة وموظفـا ذاكرته.

(٢)- المصوب (أو المصحح) (Corrector)

وهو العضو الذي يسعى للدقة من خلال تصويب الخلاصة التي قـدمها عضو آخـر، بحيث يضيف معلومات هامة لم يتضمنها التلخيص أو أفكاراً أو حقائق تـم تلخيصـها بشـكل غير صحيح.

(٣)- الباحث عن التفسير والربط (Elaboration Seeker)

ويتم ذلك عن طريق ربط المادة التعليمية الجديدة بما جرى تعلمه سابقاً مـن قـبل أحد أعضاء المجموعة التعلمية التعاونية.

(٤)- مساعدة الذاكرة (Memory Helper)

وذلك من خلال البحث عن طرق ذكية لتذكر الأفكار والحقائق الهامـة، وذلـك عـن طريق استخدام الصور، والصور الذهنية وغيرها.

(٥)- المدقق (Checker)

وهو الذي يطلب أن يكون النطق (اللفظ) موضحا للعمليـة العقليـة الغامضـة، وبذلك يفتح المجال للتصويب والمناقشة.

(٦)- مدقق الشرح (Explanation Checker)

كأن يطلب إلى الأعضاء الآخرين في المجموعة أن يعلنوا عن خطة لتعليم طالب آخر المادة التعليمية المستهدفة. فالتخطيط لأنسب الطرق لتدريس المادة يترك آثاراً مهمة على نوعية استراتيجيات التفكير وعلى الاستبقاء.

٥ : ٣ : ٤ المهارات اللازمة للتخمر (التعمق) (Fermenting)

وتتضمن مهارات التخمر (التعمق) تلك المهارات اللازمة للانهماك في الحوارات الأكاديمية لإعادة دراسة المفاهيم المتضمنة في المادة التعليمية، ولفك المشكلات الإدراكية، والبحث عن مزيد من المعلومات، وتقديم المسوغات بالنسبة للخلاصات التي جرى تقديمها. فالحوارات الفكرية تدعو أعضاء المجموعات التعلمية للتعمق في المادة التعليمية ومفاهيمها، ولتحديد المسوغات للملخصات التي يضعونها، وللتفكير بشكل متمايز حول الموضوع المطروح، وللبحث عن المعلومات الأخرى لدعم موقفهم، والجدال البناء حول الحلول أو القرارات البديلة، وبعض المهارات المتضمنة في الحوارات الأكاديمية (التي تؤدي إلى التخمر أو التعمق بالمفاهيم والمبادئ والحقائق) ما يلي:

(١)-انتقاد الأفكار وعدم انتقاد الناس.

(٢)-فك الارتباط داخل المجموعة التعلمية عندما يكون ثمة عدم اتفاق.

(٣)-دمج عدد من الأفكار المختلفة في موقف واحد.

(٤)-طلب المبرر الذي يقدمه العضو للخلاصة التي قدمها أو للإجابة التي أدلى بها.

(٥)-الإضافة على جواب أو خلاصة كان قد قدمها أحد الأعضاء، وذلك من خلال تقديم مزيد من المعلومات أو الانعكاسات المتصلة بها.

(٦)-طرح أسئلة سابرة (تمحيصية) تقود إلى فهم أو تحليل أعمق.

(٧)-توليد مزيد من الإجابات تتخطى الإجابة الأولى أو الخلاصة التمهيدية وتقديم عدد من الإجابات المنطقية ليتم الاختيار من بينها.

(٨)-تفحص الحقيقة من خلال تدقيق عمل المجموعة بالإشارة إلى الإرشادات والوقت المتاح، والامثلة الأخرى الدالة على الحقيقة.

وباختصار،فإن المعلمين يبدأون بتشكيل المهارات ليضمنوا أن أعضاء المجموعة موجودون ومتجهون نحو العمل مع بعضهم ثم تساعد المهارات الوظيفية المجموعة التعلمية على القيام بعملها بهدوء وتبني العلاقات البناءة بين الأعضاء. وتضمن مهارات الصياغة توافر التعلم في مستويات التفكير العليا. أما مهارات التخمر (التعمق) فهي أكثر المهارات تعقيداً وصعوبة من حيث درجة اتقانها، وهي مهارات تضمن توافر التحدي الذهني داخل المجموعة التعلمية.

كيف تعلم المهارات التعاونية ...؟

(How Do You Teach Cooperative Skills?)

٥ : ٤ : ١ تعلم المهارة وتعليمها: إن تعلم المهارات التعاونية أشبه بالتعلم الإجرائي (Procedural Learning)، وتعلمها كتعلم كرة القدم أو التنس (كرة اليد)، أو كالقيام بالجراحة الدماغية، أو كقيادة السيارة أو الطائرة. وتعلم المهارة التعاونية، كالتعلم الإجرائي، ينتج عن عملية تتضمن الخطوات التالية:

(١)-الانهماك بالمهارة.

(٢)-الحصول على التغذية الراجعة.

(٣)-التأمل بالتغذية الراجعة.

(٤)-تعديل السلوك والانهماك بالمهارة مرة أخرى.

(٥)-إعادة الخطوات ٢ و ٣ و ٤ مرة بعد أخرى حتى تستخدم المهارة بشكل مناسب بطريقة تلقائية.

اما تعليم المهارة التعاونية فيتم عن طريق الخطوات الخمس الرئيسة التالية:

(١)-التأكد من أن الطلبة يحسون بالحاجة إلى المهارة.

(٢)-التأكد من أن الطلبة يفهمون ماهية المهارة والوقت الذي ينبغي عليهم استخدامها.

(٣)-تنظيم مواقف للتدرب وتشجيع إتقان الطلبة للمهارة.

(٤)-التأكد من أن لدى الطلبة الوقت والإجراءات اللازمة للتجهيز (وتلقي التغذية الراجعة) المتصل باستخدام المهارة.

(٥)-التأكد من أن الطلبة يثابرون في ممارسة المهارة حتى تصبح المهارة عملاً طبيعيا.

ولتعليم المهارات الخمس السابقة، يمكن للمعلم أن يعلم طلبته مهارات فرعية ممكنة لها، فيما يلي عرض للخطوات/ المهارات الخمس متبوعة بالمهارات الإجرائية الفرعية:

٥ : ٤ : ٢ الخطوة الأولى: مساعدة الطلبة كي يروا الحاجة للمهارة

(Step 1 : Helping Students See the Need for the Skill)

يمكن للمعلمين أن يعززوا وعي الطلبة بالحاجة للمهارات التعاونية عن طريق القيام بما يلي:

(١)-عرض (Displaying) الملصقات واللوحات الدالة على أهمية المهارات، أمام الطلبة في غرفة الصف.

(٢)-إقناع الطلبة بأهمية إتقانهم للمهارات التعاونية لتحسين عملهم.

يشير الجدول السابق إلى توزيع موضوعات الوحدة على طلبة المجموعة والواحدة من ناحية، وعلامات التقويم من ناحية اخرى، لذلك لا بد من المتابعة المستمرة لهذه الناحية.

(٣)- تصديق (Validating) أهمية المهارات عن طريق منح العلامات أو الإثابات للمجموعات التي يقدم أفرادها الدليل على إتقانهم المهارات.

الخطوة الثانية: التيقن من أن الطلبة قد فهموا ماهية المهارة

(Ensuring students understand what the skill is)

حتى يتعلم الطلبة مهارة مـا، ينبغـي أن تكـون لـديهم فكـرة واضحـة عـن ماهيـة المهارة، وعن كيفية القيام بها. والاستراتيجيتان التاليتان يستخدمهما المعلمون للتأكد مـن أن الطلبة قد فهموا ماهية المهارة والزمن المناسب لاستخدامها:

(١)-مساعدة الطلبة على توليد عبارات أو أنماط سلوكية محددة تعبر عن المهارة.

(٢)-قيام الطلبة بتوضيح المهارة أو نمذجتها ولعب الأدوار الدالة عليها.

الخطوة الثالثة: تنظيم مواقف التدريب

(Setting up practice situations)

إذا أراد الطلبة أن يتقنوا مهارة ما، فإنهم يحتاجون إلى أن يتـدربوا عليهـا مـرة بعـد أخرى. والاستراتيجيات الثلاث التالية هي استراتيجيات فاعلة لتشجيع التدرب:

(١)-تعيين أدوار محددة لأعضاء المجموعة للتأكد من ممارسة المهارة.

(٢)-الإعلان عن أن المهارات المتوافرة سوف تجري ملاحظاتها.

(٣)-استخدام تمرينات غير أكاديمية لبناء المهارات من أجل تزويد الطلبة بالفرص للتدرب على المهارات التعاونية.

الخطوة الرابعة: التأكد من أن الطلبة يجهزون (يعالجون) استخدامهم للمهارات

(Ensuring that students process their use of the skills)

إن التدرب على المهارات التعاونية ليس أمـرا كافيـا. فالطلبة يحتـاجون أن يناقشـوا ويصفوا ويتأملوا في استخدامهم المهارات مـن أجـل تحسـين أدائهـم. ومـن أجـل أن يتأكد المعلمون من أن الطلبة يستخدمون النقاش ويزودون زملاءهم بالتغذية الراجعة الهامة حول استخدام المهـارات، ينبغـي عـلى المـربين أن يـوفروا الوقـت وينظمـوا الإجـراءات للتجهيـز (المعالجة) وقد يتمكنون من ذلك من خلال الاستراتيجيات الثلاث التالية:

(١)- خصص وقتا منتظماً للتجهيز (للمعالجة)، كتخصيص عشر دقائق في ختام الحصة أو عشرين دقيقة في الأسبوع.

(٢)-تخصيص مجموعة من الإجراءات ليطبقها الطلبة.

(٣)- توفير الفرص للتغذية الراجعة الإيجابية ما بين أعضاء المجموعات وقد يرى المعلمون من المناسب أن يقدموا نمذجة للمعالجة (التجهيز) بادئ ذي بدء، وبين الفينة والأخرى من اجل أن يتعلم الطلبة منهم وكي يتقنوا المهارات المستهدفة.

التأكد من أن الطلبة يثابرون في التدرب على المهارات:

(Ensuring the students persevere in practicing the skills)

ينبغي على الطلبة التدرب على المهارات التعاونية لفترة كافية من الزمن بقصد إتقانها ودمجها في ذخيرتهم السلوكية. وفيما يلي مجموعة من المراحل التي يمر فيها تطور معظم المهارات:

(١)-الوعي بضرورة المهارة.

(٢)-فهم ماهية المهارة.

(٣)-الانهماك الواعي بالمهارة.

(٤)-الشعور بعدم اليقينية من إتقان المهارة.

(٥)-الاستخدام الماهر والآلي للمهارة.

(٦)-الاستخدام الرتيب للمهارة.

إن التحرك من الوعي بالمهارة إلى استخدامها بشكل رتيب أمر يتطلب المثابرة في التدرب المستمر على المهارات التعاونية ...

الخلاصة المتصلة بالمهارات التعاونية:

لا شك مما نتعلمه يفوق في أهميته تعلم المهارات اللازمة للعمل تعاونياً مع الناس الآخرين. فمعظم التفاعل الإنساني هو تفاعل تعاوني بطبيعته. ومن دون نوع المهارة للتعاون بفاعلية، يكون من الصعب (إن لم يكن من المستحيل) المحافظة

على الـزواج، أو التمسـك بوظيفـة مـا، أو أن تكـون جـزءاً مـن المجتمـع المحلـي، أو المؤسسة التي تعمل فيها.

والملحق الثاني في هذا التعيـين الـدراسي يحتـوي علـى الخطـوات الخمـس السـابقة في تعليـم المهارات التعاونية مطبقة على "وحدة لتخطيط المهارات الاجتماعيـة". ادرس الملحـق وحـاول تدارس إمكان تطبيقه على الطلبة الذين تعمل معهم.

٦-الإشراف على استخدام المعلم للتعلم التعاوني

(Supervising Teacher's Use of Cooperative Learning)

٦ : ١ دور القيادات التربوية:

لن يصير المعلمون مهرة في استخدام إجراءات التعلم التعاوني عن طريق حضورهم مشغلا حول التعلم التعاوني أو من خلال دراسة هـذا التعيـين الـدراسي. بـل إنهـم يصبحون أكفاء وفاعلين عن طريق العمل ، فمن أجل أن يطور المعلمون خـبراتهم في إجـراءات الـتعلم التعاوني، يحتاج المعلمون إلى أن يصبحوا قادرين على التخطيط التلقائي (الروتينـي) لـدروس تقوم على التعلم التعاوني، دون أن يبذلوا جهداً كبيراً في التخطيط أو التفكير وليتمكنـوا مـن ذلك فإنهم يحتاجون إلى تطبيق إجراءات التعلم التعاوني لعدة سنوات، وبحيث يقدم لهـم الدعم والمساعدة داخل غرفة الصف. ويتطلب هذا الأمـر أن يـتقن المشرف التربوي ومدير المدرسة مهارات التعلم التعاوني عن طريق تنظيم نظام مهني داعم ومطور لكفايات المعلم المتصلة بالتعلم التعاوني داخل غرفة الصف وخارجـه. ومـن أجـل أن يقـوم المشرف التربوي ومدير المدرسة بمهمة مساعدة المعلم في اكتساب مهارات التعلم التعاوني، لا بد من القيام بما يلي:

(١)-إدراك المبادئ الأساسية لإتقان الاستراتيجية التعليمية الجديدة.

(٢)-عدم الاقتصار على الإشراف المفرد.

(٣)-القدرة على التمييز بين التنفيذ الفاعل أو غير الفاعل.

(٤)-فهم الأغراض من مجموعات الدعم الفنية (التربوية).

(٥)-معرفة كيفية تنظيم وإدارة نظام الدعم المهني (التربوي).

٦ : ٢ المبادئ الأساسية لإتقان استراتيجيات تعليمية جديدة ذات صلة بالتعلم التعاوني:

فيما يلي خمسة مبادئ أساسية ينبغي للمشرف التربوي أو مدير المدرسة مراعاتها في التطور الفاعل لمهارات التعلم التعاوني لدى المعلمين:

١- من أجل أن ينفذ المشرف التربوي، أو مدير المدرسة، إجراءات التعلم التعاوني بنجاح ينبغي إقامة نظام من التنمية المهنية ما بين المعلمين الذين يطبقون التعلم التعاوني في عملهم داخل غرفة الصفوف أو خارجها.

٢- ينبغي على المعلمين أن يفهموا ماهية التعلم التعاوني جيداً، وأن تقدم لهم استراتيجيات دقيقة ومهارات محددة حول كيفية تنفيذه داخل غرفة الصف وخارجه، والتدريب الفاعل الذي ينبغي على المشرف التربوي ومدير المدرسة تنظيمه ينبغي أن يراعي المرونة- بحيث يتاح المجال أمام المعلمين الذين ينفذونه أن يكيفوا التعلم التعاوني بما يلائم الموضوعات الدراسية المختلفة، والمواد المنهجية، والظروف الخاصة بالمنطقة، والأهالي، والطلبة.

٣- ينبغي على المشرف التربوي، أو مدير المدرسة، أن يكونا على استعداد لتقديم يد المساعدة للمعلم الذي يطبق التعلم التعاوني عندما تدعو الحاجة ويكون ذلك لازما. كما يمكن للقائد التربوي أن ينظم دروسا توضيحية تطبق فيها استراتيجيات وإجراءات التعلم التعاوني ويزود المعلمين المنفذين بتغذية راجعة هادية.

٤- من أجل أن يكون التنفيذ ناجحا، يحتاج المعلمون لدعم من القيادات التربوية، مشرفين ومديرين. وعلى هؤلاء القادة استيعاب استراتيجيات التعلم التعاوني ورصدها في سلوك المعلمين والمتعلمين.

٥- من أجل أن يتمكن المعلمون من تنفيذ إجراءات التعلم التعاوني بطريقة تلقائية، فإنهم يحتاجون إلى الوقت لاكتساب الخبرات بطريقة الخطوة خطوة. ويعتقد أن

المعلم يحتاج إلى فترة زمنية قد تقارب السنتين ليصبح ماهراً في تنفيذ التعلم التعاوني كاستراتيجية جديدة وفاعلة مع طلبته.

عدم الاقتصار على الإشراف المفرد:

لا يتمكن المشرف التربوي، أو مدير المدرسة، من العمل إفراديا مع المعلمين لتعليمهم مهارات التعلم التعاوني، بل لا بد من تقديم الدعم والتشجيع والمساعدة والتغذية الراجعة للمعلمين كمجموعات متضامنة ومتآزرة. ويتوقع أن يكون للجهود الزمرية التي تبذلها القيادات التربوية أثر إيجابي أكبر على تنمية مهارات التعلم التعاوني لديهم، ليتمكنوا بدورهم من تنظيم هذه المهارات لدى طلبتهم داخل صفوفهم وخارجها.

مجموعات الدعم التربوية:

يحتاج القادة التربويون إلى دعم تربوي من المعلمين الذين يخضعون للتدريب حول مهارات التعلم التعاوني. والغرض من مجموعات الدعم التربوية هو العمل المشترك والمستمر ما بين القيادات التربوية والمعلمين من أجل:

١- مساعدة المعلمين بعضهم بعضا كي يستمروا في اكتساب الكفاية في استخدام إجراءات التعلم التعاوني.

٢- مناقشة القيادة التربوية للمشكلات التي يواجهها المعلمون أثناء تنفيذ إجراءات التعلم التعاوني داخل الصف وخارجه.

٣- مساعدة المعلمين على التخطيط الجيد والتنفيذ الفاعل لمهارات التعلم التعاوني

٤- العلاقة الطيبة (الصداقة الحميمة) بين القيادات التربوية والمعلمين والمشاركة في النجاحات المشتركة المتصلة بالتعلم التعاوني. تساعد المعلمين على تبادل الآراء ويدعمون جهد بعضهم بعضا في الاستخدام الفاعل لإجراءات التعلم التعاوني.

٥- تعاون القيادات التربوية مع المعلمين في:

(١) تنظيم مناقشات تربوية متكررة حول التعلم التعاوني بما في ذلك المشاركة في النجاحات.

(٢) التخطيط المشترك والتصميم والإعداد والتقويم للمواد التعليمية المنهجية لتنفيذ التعلم التعاوني داخل الصف وخارجه.

(٣) تنظيم دروس توضيحية حول التعلم التعاوني ومشاركة المعلمين في تبادل الخبرات المستفادة.

تنظيم مجموعات الدعم التربوية:

أما الخطوات التي يمكن للمشرفين التربويين والمديرين مراعاتها في سعيهم لتنظيم وإدارة مجموعات الدعم التربوية داخل غرفة الصف وخارجها، فهي الخطوات التالية:

(١) الإعلان الصريح عن دعمك لاستخدام إجراءات التعلم التعاوني.

(٢) الاختيار المناسب للمعلمين الذين سيبدأون بتنفيذ التعلم التعاوني داخل الصفوف وخارجها.

(٣) المراجعة المشتركة لمفاهيم التعلم التعاوني وإجراءاته.

(٤) التأكيد على الاعتماد المتبادل الموجه نحو الهدف بين مجموعة الدعم التربوية.

(٥) الاتفاق على خطة عمل تفصيلية لتنفيذ التعلم التعاوني ما بين القائد التربوي والمعلم الذي سيسعى إلى تنفيذه.

(٦) تنظيم الاجتماعات الأولى للمعلمين حتى يتمكنوا من القيام بذلك بمفردهم مستقبلا بهدف التنفيذ الفاعل للتعلم التعاوني داخل الصف وخارجه.

(٧) تقديم الموارد والحوافز المطلوبة للمجموعات كي تقوم بعملها.

(٨) التأكد من أن مجموعات الدعم التربوية تناقش درجة جودة قيامها بوظائفها، والمحافظة على العلاقات الطيبة بين الأعضاء.

(٩) قيام القائد التربوي بدور العضو في المجموعات العاملة على تنفيذ التعلم التعاوني في غرفة الصف وخارجه، وليس قيامه بدور المستشار الخارجي.

(١٠) التخطيط بعيد المدى لعمل تطوري عن طريق التعلم التعاوني.

الخلاصة المتصلة بالإشراف:

إن تبني القيادات التربوية، والمعلمين، للتعلم التعاوني كاستراتيجية جديدة لمواجهة الظروف الخاصة للطلبة، لا يعني دعوة هذه القيادات إلى أن تسقط الأساليب التقليدية الأخرى والمتمثلة في التنافس، أو في الأساليب الحديثة المتمثلة بالتفريد، لأن التنافس سمة يعيشها الطالب والمربي في الأسرة والمجتمع كما يعيشها الطالب في المدرسة، كذلك الحال بالنسبة للتعليم المفرد الذي يراعي الفروق الفردية والذي ينطلق مع الطالب من حيث هو... فمدارسنا مدعوة إلى الاستمرار في استخدام الأساليب التنافسية والمفردة عندما ترى ذلك لازما، ولكن الاستراتيجية الجديدة المتمثلة في التعلم التعاوني جاءت لتستفيد من حسنات المنحيين السابقين، وتسعى إلى أن تضيف إليهما من خلال التركيز على العمل الجماعي والروح الاجتماعية والتآزر والتضامن في السراء والضراء لخلق جيل متعلم ... يتعلم كيف يتعلم ... يتسم بالإيثار ... يبني ذاته ومستقبله وذوات غيره بقدر ما يستطيع ... له ولمن حوله ... للطلبة جميعا باعتبارهم لبنات خيرة في مجتمع متضامن ووطن عظيم.

التطبيقات التربوية

من خلال استعراض النقاط التي جاءت بها الوحدة، يمكن القول إن التعليم التعاوني يعتبر ركيزة أساسية في تفعيل دور الطلبة ضمن المجموعة الواحدة، بحيث نجعل الطلبة متيقظين دائماً في الحصة الصفية، وبعيدين عن الملل، من هنا نجد بعض الدراسات تؤكد على أهمية تطبيق هذه الطريقة لما لها من مزايا في جعل الطلبة متعاونين فيما بينهم ضمن المجموعة الواحدة، وهذا يؤدي إلى تشكيل إطار متكامل من التفاعل الصفي، مما يؤدي إلى حدوث التعاون والتكافل بينهم في الحصول على الاستفادة.

وتشير الدراسات، إلى أن للتعليم التعاوني أهمية تكمن في النقاط التالية:

١. تبعد العزلة والانطواء عن الطلبة بطيئي التعلم، مما يؤدي ذلك إلى تفعيل دورهم في النشاطات الصفية، وزيادة مستوى تحصيلهم.

٢. تؤدي إلى إزالة الملل لدى الطلبة ضمن إطار الصف، بحيث تجعل الطلبة قادرين على الاستمرار في متابعة الحصة الصفية.

٣. تؤدي إلى زيادة مستوى تحصيل الطلبة الذين يعانون من بطء في التعلم " Slow learning " ، وهذا يتم عن طريق الاهتمام بهم وإشراكهم في المناقشة ضمن المجموعة الواحدة.

٤. تشكيل منظومة صفية متعاونة ومتنافسة في التحصيل، وهذا يؤدي إلى تشكيل اطار صفي عام يزيد من قدرات التلاميذ تحصيليا.

الخلاصة

استعرضنا في هذه الوحدة بعض النقاط الهامة كتعريف طريقة المجموعات، والأسس العامة التي تستند إليها، والموضوعات التي يمكن أن تدرس من خلالها، وتوزيعها، والتطبيقات التربوية على هذه الطريقة والمخطط التالي يوضح ذلك.

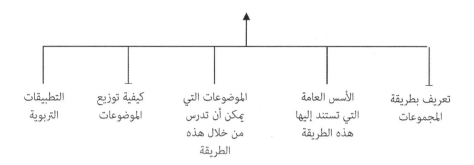

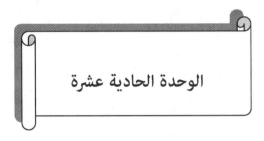

الوحدة الحادية عشرة

التعلم الناشط

* الأهداف

* تمهيد

* غرس التفكير في تدريس المواضيع المختلفة.

* الادارك ما وراء الذهني بالعمليات العقلية.

* التدريب المكثف والموسع بهدف نقل المهارات إلى سياقات أخرى.

* التطبيقات التربوية.

* الخلاصة

أهداف الوحدة الحادية عشرة

* أن يتعرف الطالب على كيفية تدريس المواضيع المختلفة بطريقة التعلم الناشط.

* أن يدرك الطالب العمليات الذهنية.

* أن يحدد خطوات نقل المهارات المخصصة بالتعلم الناشط.

الوحدة الحادية عشرة

التعلم الناشط

تمهيد

يشير "كيفن أورايلي" (Kevin oreilly)، مدرس التاريخ في إحدى مـدارس الولايـات المتحدة الأمريكية، إلى أن التعلم الناشط يتمثل في طرح مقدمة أو مشـكلة، قابلـة للنقـاش، فمن خلاله يتهيأ نشاط بين الطلبة، ويمكن أن يستمر ذلك خارج غرفة الصف، والهـدف مـن هذا النشاط زيادة دافعية التعلم لدى طلبة الصف واستثارة التفكير لديهم.

إن الأسلوب الذي اتبعه المدرس "كيفين" يمثل إحدى الإستراتيجيات المستخدمة لتضمين تعلم التفكير، التي تعّد من الطرق الحديثة، التي تنمي عند الطلبة مهارات التفكير الناقد، وهي ذات أهمية عظيمة في جميع مجالات الحياة الأكاديمية والحياتية.

ويمكن تسمية توجيه التفكير بالتعلم الناشط، وأن غرس تعليم التفكير في تـدريس المواضيع المختلفة يتم بواسطة إعادة تركيب وتنظيم المنهاج التقليدي وطرق تطبيـق مـواد المنهاج، ويهدف هذا النوع من التعلم إلى إنهماك الطلبة في تحديد الـتعلم وزيـادة فعاليتـه، بمعنى آخر إن التركيز على التذكر والاسترجاع يؤدي إلى تثبيت التعلم.

وتشير الدراسات في هذا المجال إلى أن الـتعلم الناشـط يسـتخدم إسـتراتيجيات تثـير التفكير بشكل فعّال وتؤدي إلى تنمية المهارات في جميع مجالات الحيـاة الأكاديميـة، ويمكـن من خلال ذلك غرس التفكير العلمي الذي يؤدي إلى الاكتشاف والدقة.

وسنتطرق في هذا الفصل إلى عدة مواضيع من أهمها غرس التفكير بشكل علمي حتى يؤدي إلى تحديد مهمات تعليمية دقيقة، وتنمية الإدراك المعرفي المتكامل لدى التلاميذ.

غرس التفكير في تدريس المواضيع المختلفة

لا تقتصر مهارات المعرفية على التفكير الإبداعي الناقد وحتما تتعدده لتشمل أنماطا تفكيرية اخرى عديدة، يمكن التحكم بها وتنظيمها.

ويشمل ذلك استخدام استراتيجيات تقوم على تنمية المعرفة لدى التلاميذ، عن طريق الربط بين العلاقات المختلفة التي لها علاقة بين الأشياء والقضايا، ولذلك يمكن ربط كل مفهوم بما يناسبه عند تقديمه للطالب، بحيث يؤدي ذلك إلى فعالية التعلم، ويتم ذلك عن طريق ربط السبب بالنتيجة، والكل بالجزء، والجزء بالكل. والتسلسل الزمني، والعكسية والطردية والكلمة وضدها ومرادفها ومثال على ذلك الجدول رقم (١١-١٠) الذي يوضح ذلك:

مثال	سبب ونتيجة	التعرض للشمس	حروق	الإفراط في الأكل	التخمة
١	صنف المفهوم	التمساح	الزواحف	القطة	الثديات
٢	شيء ووظيفة	قلم	كتابة	تركتور	حراثة
٣	جزء من كل	بيت	باب	ستائر	قماش
٤	كلمة وضدها	يساعد	يعيق	يتمتع	يعل
٥	كلمة ومرادفها	نذير	بشير	غذاء	أكل
٦	العامل والعمل	أستاذ	مدرسة	طبيب	عيادة

إن الأمثلة التي وردت في الجدول رغم بساطتها، إلا أنها تشكل قاعدة عامة لتعويد الطالب على التفكير الناشط، ويمكن من خلالها طرح أمثلة أخرى تؤدي إلى استثارة التفكير.

ويمكن طرح مثال آخر في الرياضيات:

سبب ونتيجة	٠	٥ □ ٣=٨	+	×	÷	-

ويمكن تشكيل خط القاعدة للتفكير الناشط عن طريق النقاط التالية:

١. عمل لائحة بعناصر الموضوع المراد تدريسه.

٢. استخدام التقويم التكويني مع التعزيز.

إليك المثال التالي الذي يمكن تطبيقه على هذه الناحية: أمامك الجدول التالي يمثل مجموعة من الحيوانات من خلال ذلك ميّز أيهما من الثديات وأيهما من غيرها؟

الكلب	الأفعى	البقرة	اللقلق	الدجاج	الاسد	النسر	الخروف	العصفور

بعد الإجابة على هذا السؤال يمكن تبين الأسباب التي جاءت وراء هذا التفسير بصورة منطقية.

ويمكن للمعلم أن ينظم النشاطات الأساسية الهادفة إلى زيادة مستوى ملكات التفسير عند الطلبه عن طريق استخدام الوسائل المعينة، واستخدام التعزيز المتنوع لخلق مناخ يجعل الطلبة يتفاعلون بشكل إيجابي، ويمكن توضيح ذلك من خلال الشكل رقم (١١-٤٧):

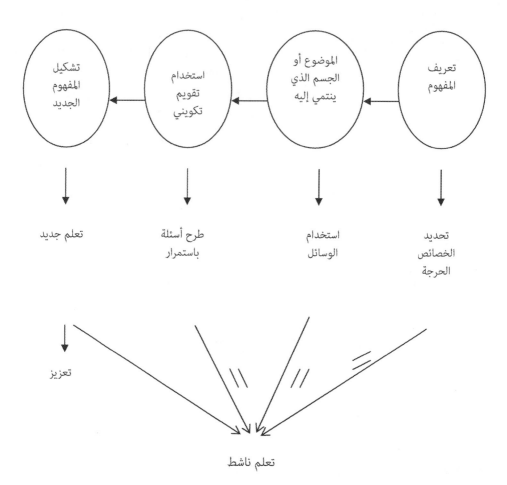

الإدراك ما وراء الذهني بالعمليات العقلية

يتم ذلك باستخدام عدد كبير من أهداف النشاطات والفعاليات في أسلوب التعليم المراد تدريسه، يتعلق بالاستيعاب أو بالتمثل "Assimilation"، هذا يعني بأن الطلبة لا يهتمون بالتعلم إلا باستخدام استراتيجيات والمهارات التفكيرية معتمدة على النشاطات الذهنية تكون على شكل تفكر تأملي، بمعنى آخر فإنهم لا يهتمون بالتفكير الا عن طريق التأمل.

ويكون الشكل التأملي ما هو إلا محاولات لانعكاس تفكير الطلبة، ويتمثل في تحديد فرصة الإدراك بشكل منطقي. وتنبع أهمية هذه الممارسة من كونها جزءاً هاماً ومتكاملاً من أسلوب تعليم التفكير ثبت تجريبياً تأثيره القوي على تعلم واستخدام الاستراتيجيات في سياقات تعليمية وحياتية.

إحدى الطرق الممكن استخدامها في زيادة إدراك ووعي الطلبة بعمليات التفكير التي يقومون بها هي "تحديد" المهارات التي تتم من خلال استخدام "مفردات مهارات التفكير" مثل "إيجاد السبب بثبات مصداقية شهود العيان ومصادر المعلومات".

ويجدر القول إن المعلم يستطيع تقديم هذه الإرشادات "قبل وخلال وبعد" النشاط أو الفعاليات الصفية المركزية. ومن الممكن أيضاً زيادة وعي الطلبة بأنماط تفكيرهم عن طريق "التأمل الذاتي" (Self Reflction) الذي يمكن تحقيقه عن طرق كتابة المذكرات الشخصية والتعليقات عن سير عملية التفكير.

ويمكن أيضاً زيادة وعي الطلبة عن طريق تعريضهم لمواقف وسياقات تتطلب استعمال أنماط تفكير متنوعة والتي من خلالها يتوجب على الطلبة الاختيار بين عدد من الاستراتيجيات واختيار أصلحها وأنسبها مما يعزز المعرفة الشرطية (Conditional Knowledge).

التدريب المكثف والموسع بهدف نقل المهارات إلى سياقات أخرى

خاصية أخرى للدروس التي تركز على تعليم التفكير وهي تفعيل دور الطلبة من خلال نشاطات وتدريبات تطبيقية/ عملية متنوعة وملائمة للسياق. وهذه الأمثلة يمكن ان تتضمن نشاطات وامثلة أكاديمية الطابع، وأخرى تتعلق بأوضاع وسياقات من خارج الصف (مدرسية أو مجتمعية/ عملية). فمثلاً ومن خلال دراسة مصداقية مصادر المعلومات يمكن للمعلم أن ينتقل بالطلبة إلى سياقات غير تربوية/ اكاديمية بسؤالهم عن مصداقية المعلومات ومصادرها حول قضية سياسية أو

اقتصادية، مثلاً. وبالتحديد الطلب من التلاميذ مشاهدة نشرة الأخبار المسائية في أكثر من محطة إرسال، ومتابعة أكثر من محطة/ نشرة ، ومتابعة نفس الخبر أو القضية كما ظهرت في المحطات المختلفة وتحديد أي التقارير كان أكثر ثباتاً ومصداقية بناء على الأسس المذكورة سابقا للحكم على دقة وصحة المعلومات.

إن التنوع في السياقات والخبرات التربوية/ الأكاديمية والحياتية هو أمر في غاية الأهمية في تحديد قدرة الطلبة على نقل وتطبيق المهارات الذهنية في سياقات مختلفة.

وفي محاولة لتلخيص المعلومات الواردة في هذا الموضوع يمكن تحديد ثلاثة مظاهر هامة لأسلوب تعليم مهارات التفكير وهي:

١. الاستخدام/ التطبيق النشط والمنظم لمهارات التفكير.

٢. خلق وعي/ إدراك بالعمليات الذهنية التي يقوم بها الطلبة.

٣. تدريب متنوع وتأملي في محاولة تطبيق المهارات الذهنية.

ولممارسة هذه الاستراتيجيات بشكل جيد، على المعلم معرفة وتحديد أي الأسئلة التي سيطرحها بالإضافة إلى الطريقة/ الوسيلة التي من خلالها يمكنه توجيه النشاطات الصفية والتي تؤهل الطالب لاستخدام العمليات والاستراتيجيات الذهنية المحددة والتفكير بها.

اما كيفية تطبيق هذه الاستراتيجيات في غرفة الصف فإن هذا يعتمد على متغيرات وعوامل عديدة تتعلق:

أولاً: بالمرحلة التعليمية/ عمر الطلبة.

ثانياً: القدرات العامة للطلبة موضع النقاش.

ثالثاً: أساليب تدريس المعلمين المشاركين.

رابعاً: خصائص المعلم الشخصية.

خامساً: الفترة الزمنية المتاحة لتطبيق البرنامج.

سادساً: اهتمامات واحتياجات الطلبة.

سابعاً: طبيعة المادة/ الموضوع.

تعليقات نهائية حول "غرس تعليم التفكير" في المواضيع الدراسية المختلفة

إن الأمثلة التي عرضناها في هـذا الفصـل تظهـر وجـود إمكانيـات عظيمـة في مـواد المنهاج المختلفة لتنظيم نشاطات وفعاليـات تربويـة تنطـوي عـلى تعلـيم التفكـير (الـتعلم الذهني). ولقد برزت من خلال عرضنا للأمور التالية:

١. إن الخبرة في استعمال استراتيجيات التفكير ممكنة لجميع المدرسين.

٢. هناك ضرورة لوجود توجه ذهني إيجابي عند المدرس والطلبة لتحقيق أفضل النتائج.

٣. الانتقال من الأسالـيب التقليديـة إلى أسـلوب تعلـيم التفكـير الـذي يجـب أن يكـون تـدريجياً ويمكن أن يأخذ بعض الوقت.

٤. يجب توفير المواد والأجهزة المساعدة لنجاح الأسلوب (موسوعات، أجهزة حاسـوب، خـبراء من المجتمع مستعدين لإسداء النصح والإرشاد).

٥. إمكانية تطبيق مبادئ المنهاج التكاملي من خلال تعليم أساليب التفكير.

٦. العمل الجماعي أمر ضروري لنجاح الأسلوب.

٧. تبادل الآراء والخبرات التدريسية (داخل وخارج المدرسة) يساعد في تنميـة تعزيـز قـدرات المدرس.

٨. هذا التوجه ليس مناسباً بالضرورة لجميع أنواع المدارس وجميع أنماط التفكير عند الطلبة.

٩. يمكن تضمين أسلوب تعليم التفكير كعنصر متكامل في المنـاهج أو تعليمـه ضـمن برنامج خاص.

١٠. يمكن التوفيق بين أساليب التدريس التقليدية وأسلوب تعليم التفكير.

ويمكن توضيح ذلك عن طريق النموذج رقم (١١-٤٨)

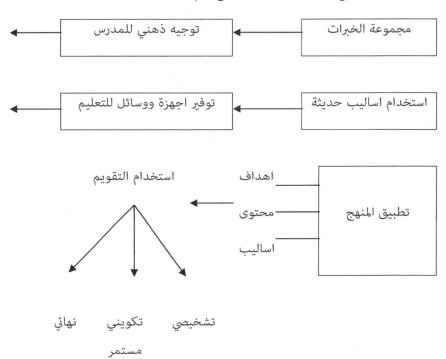

تطبيقات تربوية

يمكن القول بـأن الـتعلم النـاشـط لـه أهميـة كبيرة في تفعيل دور التلاميـذ ضمن صفوفهم، لا سيما انه يهيّئ الفرص التي تؤدي الى تفعيل دورهم، وله علاقة في استثارة ذاكرة الطلبة والقضاء على الملل والروتين اللذين يشكلان العقبة امام التعلم الفعـال. ولـذلك يمكن ذكر أهم النقاط التي يمكن ان تستفيد منها في استخدام التعلم الناشط.

١- تفعيل دور التلاميذ، وذلك من خلال طرح امثلة تستجر استجابتهم وتؤدي الى تصويبها بشكل صحيح.

٢- استخدام وسائل تعليمية لها علاقة في هذا التعلم بشكل التعلم وتؤدي الى ربطـه بالحيـاة اليومية.

٣- توفير فرص للطلبة لكي يكتشفوا الحقائق بحيث يؤدي الى تشكيل مفهوم تعلم متكامـل وشامل والإلمام بالموضوع المراد طرحه من جميع الجوانب.

الخلاصة

تم التطرق في هذا الفصل الى عدة موضوعات، كان لها أهمية في تفعيل دور التعلم، وزيادة مستوى الادراك الذهني المتكامل الذي يؤدي الى تشكيل منظومة لها أهمية في تحديد الاطر التربوية التعليمية الحديثة.

من خلال ما تقدم يمكن توضيح ذلك بالمخطط التالي:-

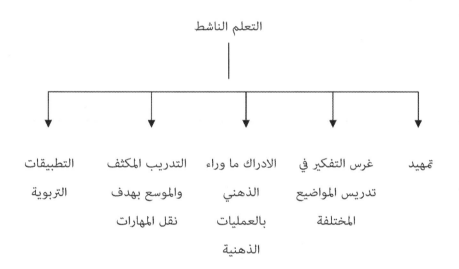

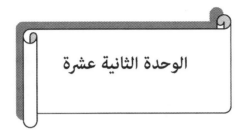

الوحدة الثانية عشرة

خلق الاثارة والدافعية في غرفة الصف عن

طريق التعلم الناشط

* أهداف الوحدة

* تمهيد

* ما هو التعلم الناشط؟

* لماذا يعتبر اسلوب التعلم الناشط هاما للعملية التربوية.

* كيف يمكن التغلب على المعوقات التي تقف في وجه تطبيق اساليب التعلم الناشط؟

* استراتيجيات التعلم الناشط لتحسين اسلوب المحاضرة.

* اسلوب حل المشكلات في الصفوف وخلق متعلمين ذاتيين مدى الحياة.

* تعليم خطوات التفكير.

* كيف تساعد الطلبة على اكتساب مهارات التخطيط؟

* نماذج تطبيقية على التعلم الناشط.

* الخلاصة.

أهداف الوحدة الثانية عشرة

أن يتعرف المتعلم على النقاط التالية:

* إثارة الدافعية عن طريق التعلم الناشط.

* كيف يتغلب على المعوقات التي تقف في وجه المتعلم.

* أهم الاستراتيجيات التي تستخدم في هذا المجال.

* أفضل اسلوب حل المشكلات في هذا المجال.

* أفضل النماذج التطبيقية المستخدمة.

الوحدة الثانية عشرة

خلق الإثارة والدافعية في غرفة الصف عن طريق التعلم الناشط

تمهيد

يعّد التعلم الناشط من الاستراتيجيات الحديثة والاساليب الهامة في نقل المعارف والمعلومات لدى المتعلمين، لا سيما وأن هذا النوع من التعلم له أهمية في اثارة الدافعية لدى المتعلمين وتشكيل سلوكهم التعليمي، وتشير الدراسات في هذا المجال إلى أن هذا النوع من التعلم يؤدي الى تفعيل دور الطلبة الذين يعانون من بطء في التعلم، ويفعّل دورهم ضمن غرفة الصف بشكل مباشر، ويكون له أهمية في تحديد مستوى أدوارهم التعليمية.

إن هذا النوع من التعلم يؤدي الى تفعيل دور العاملين في مجال التربية والتعليم، وعدهم بالأساليب التي تؤدي الى تحسين أدائهم في اسلوب المحاضرة والمناقشة، وهذا النوع من التعلم يساعد على حل المشكلات التعليمية، ويعلم الطلبة كيفية التفكير بشكل علمي.

وستعالج هذه الوحدة عدة موضوعات من أهمها اثارة الدافعية عن طريق التعلم الناشط، كيف نتغلب على المعوقات التي تقف في وجه المتعلم، واستراتيجيات التعلم الناشط لتحسين اسلوب المحاضرة، اسلوب حل المشكلات، وتعلم خطوات التفكير، كيف تساعد الطلبة على اكتساب مهارات التخطيط، ونماذج تطبيقية.

* ما هو التعلم الناشط؟

في سياق التعليم والتعلم المدرسي تظهر بعض الخصائص المميزة والمرتبطة بالتعلم الفعّال. بعض الخصائص المرتبطة باستراتيجيات التعلم الناشط تتضمن:

● الطلاب يشتركون في العملية التعليمية / التعلمية بصورة فعّالة تتعدى كونهم متلقين سلبيين.

● الطلاب يشتركون في النشاطات والفعاليات الصفية بصور مختلفة عن طريق القراءة والكتابة والنقاش وطرح الأسئلة والتعليق عليها.

● هناك تركيز أقل عند نقل المعلومات وإيصالها للطلبة في حين يزداد التركيز على تطوير مهارات الطلبة الأساسية والمتقدمة وتنميتها.

● هناك مزيد من التركيز على استكشاف القيم والتوجهات والمعتقدات لدى الطلبة.

● دافعية الطلبة مرتفعة وخاصة لدى البالغين منهم.

● حصول الطلبة على التغذية الراجعة الفورية من المدرس.

● تفعيل دور الطلبة في مهارات واستراتيجيات التفكير العليا / المتقدمة كالتحليل، والتركيب والتقييم وحل المشكلات.

*لماذا يعّد أسلوب التعلم الناشط هاماً للعملية التربوية؟

● تشير الأبحاث العلمية إلى أن قدرة الطالب على التركيز تتضاءل بعد مرور (١٠ – ١٥) دقيقة من زمن المحاضرة. ويتبع هذا انخفاض في كمية المعلومات التي يستطيع الطلبة الاحتفاظ بها.

● الأبحاث والدراسات التي قارنت بين اسلوبي المحاضرة والنقاش، خلصت في نتائجها إلى أن احتفاظ الطلبة بالمعلومات بعد نهاية الفصل وقدرتهم على حل المشكلات التعليمية كان ذلك لصالح اسلوب النقاش على اسلوب المحاضرة.

● هناك أبحاث علمية وتقارير تربوية صادرة عن مؤسسات تربوية حكومية وخاصة تظهر المنفعة الكبيرة من استخدام أساليب التعلم النشط التي تظهر في التعليقات والاقتراحات التالية:

"إن نوع التعليم الذي نقترحه يتطلب منا تشجيع استراتيجيات التعلم الناشط لقدرة هذه الأساليب والاستراتيجيات على إعطائنا صوراً واضحة ومعلومات نافعة عن الطرق والأنماط التي يستخدمها الطلبة في الاستماع، والفهم، وتحليل المعلومات وتفسيرها وتكامل الأفكار".

"الطلاب يتعلمون باشتراكهم بالعملية التعليمية، ويعني كمية ونوعية الجهد الجسدي والنفسي والذهني الذي يكرسه الطلبة أثناء اشتراكهم في الخبرات التربوية والأكاديمية".

"والتعلم ليس رياضة تعتمد على المشاهدة، فالطلاب لا يتعلمون كثيراً لمجرد جلوسهم في الصف واستماعهم للمعلم وحفظهم لواجبات وخبرات تربوية معدة مسبقاً وبلفظ المعلومات في الامتحان. عليهم أن يتحدثوا عن ماهية ما يتعلموه، وما يكتبون عنه، ويربطونه بتجاربهم الخاصة ويطبقونه في حياتهم اليومية. يجب أن يجعلوا ما تعلموه جزءاً من أنفسهم ومن كينونتهم".

"الطلاب يتعلمون الأمور والمفاهيم والمعلومات التي تثير اهتمامهم ويتذكرون ويسترجعون الأمور التي فهموها".

"الفرد منا يتعلم عن طريق العمل وتفعيل المعرفة لأنه يمكن للمرء أن يظن أنه قد عرف الشيء ولكن لا مجال للتأكد من ذلك إلا عن طريق ممارسة ما تعلمه".

هناك عدد من المعوقات التي تبرز في كل نقاش حول التعلم الناشط أهمها:

١- لا يمكن تغطية كمية كافية من المنهاج المقرر في الفترة الزمنية المحددة.

٢- تصميم استراتيجيات ونشاطات التعلم الفعّال تأخذ وقتاً طويلاً في التحضير المسبق.

٣- أعداد الطلبة الكبيرة في الصفوف تجعل من تطبيق استراتيجيات التعلم الناشط أمراً صعباً.

٤- أكثر المعلمين يعتقدون أنهم محاضرون أكفاء، ولهذا يحبذون أسلوب التعليم المباشر.

٥- هناك نقص في المواد والمعدات اللازمة لدعم التوجه للتعلم الناشط.

٦- الطلاب يقاومون الأساليب التعليمية التي لا تتوافق مع التعليم الشرحي المباشر عن طريق المحاضرة.

*كيف يمكن التغلب على المعوقات التي تقف في وجه تطبيق أساليب التعلم الناشط؟

هناك اعتقاد قوي بوجود مجموعتين من العقبات التي يمكن أن تمنع التربويين من استخدام استراتيجيات التعلم الناشط في غرف التدريس:

● المعوقات / تتعلق بالمتعلم.

● معوقات تتعلق بحقيقة استخدام أساليب التعلم الناشط تنطوي على نوع من المجازفة.

بالنسبة للعقبات الأكثر وروداً في تعليقات التربويين، علينا ملاحظة الأمور التالية:

١- يقيناً إن استخدام استراتيجيات التعلم الفعّال / الناشط تقلل من الوقت المتاح للتدريس المباشر، أي عن طريق إعطاء المحاضرة والذي يكون عادةً مكرساً لتغطية أكبر قدر ممكن من محتوى / مضمون المادة. إن أعضاء الهيئات التدريسية الذين يستعملون استراتيجيات التعلم النشط بشكل منتظم يجدون، في أغلب الأحيان، طرقاً ووسائل أخرى للتأكد من أن الطلبة قد تعلموا المحتوى. ويمكن أن يتم هذا عن طريق القراءات والأنشطة البيتية أو من خلال تضمين المادة في الامتحانات العامة، أو بطرق أخرى.

٢- إن الوقت اللازم للتحضير للنشاطات التي تتطلبها استراتيجيات التعلم الناشط هو بالتأكيد إضعاف الوقت اللازم للقيام بإعادة صياغة وتنظيم مادة المحاضرات القديمة، ويمكن القول بأن هذا الوقت لن يزيد عن الوقت المطلوب لابتكار مادة محاضرات جديدة بصورة متعمقة وفعّالة وتنظيمها.

٣- إن أعداد الطلبة في الصفوف الكبيرة يمكن أن يعيق أو أن يحد من القدرة على استخدام استراتيجيات التعلم الناشط. فعلى سبيل المثال ليس من الممكن إشراك ٣٠ طالباً في جلسة نقاش في مجموعة واحدة. لكن هذا لا يعني أن التحديدات تنطبق على جميع أنماط النشاطات في أسلوب التعلم الناشط. يستطيع المعلم مثلاً تقسم الصف إلى مجموعات صفية بهدف النقاش وكتابة التقارير التي يمكن أن تقرأ ويعقب عليها من قبل الطلبة أنفسهم بالمشاركة وتحت إشراف المعلم.

٤- هناك ظاهرة عامة تتعلق بالمدرسين الذين يؤمنون بأنه لا ضرورة لتغيير أسلوب التدريس حيث أنهم يعتبرون أنفسهم محاضرين مهرة. وبالرغم من أن أسلوب المحاضرة هو أسلوب يحمل في طياته منفعة كبيرة في مجال نقل المعرفة إلى الطلبة، فإنه من الجائز القول بأن تقديم المادة عن طريق إعطاء المحاضرات لا يعني بالضرورة تعلمها. هذا الأمر يظهر بوضوح من خلال الظاهرة التي تتجلى في التفاوت والتباين بين ما نعتقد بأننا قد قدمناه بطريقة جيدة وفعالة وبين ما يظهر الطلبة من تعلم يقيّم من خلال الامتحانات.

٥- يعّد النقص في المواد والأجهزة اللازمة لدعم التعلم الناشط (الفعال) من المعوقات نحو تطبيق هذا الأسلوب. وهذا لا يعني بأن جميع نشاطات وفعاليات أسلوب التعلم الناشط تحتاج إلى مواد وأجهزة مساندة، فمثلاً الطلب من التلاميذ القيام بعمل تلخيص كتابي لمادة مقروءة أو العمل بشكل مجموعات صغيرة على تقييم بعض الأفكار لا يحتاج إلى أية مواد أو أجهزة مساعدة.

٦- يقاوم الطلبة في معظم الأحيان طرائق التدريس التفاعلي الـذي يتطلـب مـنهم مشاركة فعلية، لأن هذه الأساليب تتناقض مع تلك التي اعتادوا عليها، والتي تتطلب منهم دوراً أقل تفاعلاً مع المدرس والمادة من التفاعل والمشاركة داخل الصف، يمكـن أن تـؤدي إلى انحياز الطلبة إلى الأساليب الحديثة الأكثر تفاعلية في طبيعتها.

هناك مجموعة ثانية من المعوقات الأكثر صعوبة للتعامل معها والتغلب عليها. هذه المجموعة من المعيقات والإجراءات تنطوي على نوعين من أنواع المجازفة أحدهما يتعلق بالطلبة والآخر بالمدرسين:

● **هناك مخاوف من أن الطلبة لن:**

* يشاركوا بفعالية وبنشاط.

* يتعلموا مادة ذات محتوى كافٍ.

* يستخدموا مهارات التفكير المتقدمة.

* يستمتعوا بالخبرات التربوية المعروضة.

● **هناك أيضاً مخاوف من أن أعضاء الهيئات التدريسية:**

* لن يشعروا بقدرتهم في السيطرة على مجريات الأمور داخل غرفة الصف.

* لا يشعرون بالثقة بأنفسهم كمدرسين أكفاء.

* لا يملكون المهارات التعليمية المناسبة.

* لن ينظر إليهم من قبل المدرسين الآخرين أو من إدارة المدرسة على أنهـم يتبعون أسـاليب تقليدية مجربة ومضمونة.

بالرغم مـن أن تطبيـق استراتيجيات التـعلم الناشـط قـد ينطوي عـلى درجـة مـن المخاطرة، فإن الاختيار الدقيق والحذر للاستراتيجيات التي تنطوي عـلى مستوى مقبول من المخاطرة يمكن أن يزيد من إمكانية نجاح الاستراتيجية المستخدمة.

في الجزء التالي يبين الجدول رقم (١٢-١١) أوجه الاختلاف في الأبعاد المختلفة لاستراتيجيات التعلم النشط بالمقارنة مع مستوى المجازفة أو المخاطرة في الفشل.

جدول رقم (١٢-١١)

مقارنة بين أنشطة وفعاليات التعلم النشط الأقل والأكثر مجازفة

الرقم	البعد	استراتيجيات ذات نسبة منخفضة مجازفة	استراتيجيات ذات نسبة مجازفة مرتفعة
١	الزمن الصفي اللازم	قصير نسبياً	طويل نسبياً
٢	مستوى التخطيط	تخطيط مسبق	عفوي/لا تخطيط مسبق
٣	مستوى البنية / التنظيم	تنظيم / بنية محددة	تنظيم / بنية أقل تحديداً
٤	محتوى المادة	مادي / واقعي	تجريدي نوعاً ما
٥	احتمال الجدلية	أقل احتمالاً للجدلية	أكثر احتمالاً للجدلية
٦	معرفة الطلبة السابقة للمحتوى	محدودة جيداً	أقل محدودية
٧	معرفة الطلبة المسبقة لأساليب وتقنيات التعليم	مألوفة	غير مألوفة
٨	خبرة سابقة للمدرس في أساليب وتقنيات التدريس	كبيرة / غنية	محدودة
٩	أنماط التفاعل الصفي	بين المدرس والطلبة	بين الطلبة

يمكن تصنيف التوجهات والأساليب التدريسية بشكل فعال عن طريق:

١- ربطها بمستوى النشاط الذي يبذله المتعلم والذي تستثيره هذه التوجهات.

٢- مستوى المجازفة الذي يستلزمه استخدام هذه الأساليب والتوجهات.

ويمكن تصنيف استراتيجيات التدريسية بعدة أنواع لها علاقة بمستوى النشاط الفعّال المتمثل بالنقاش وأدوات المسح والرحلات... الخ، ويمكن توضيح ذلك بالجدول رقم (١٢-١٢).

جدول رقم (١٢-١٢)

تصنيف للاستراتيجيات التدريسية ممثلة بمستوى نشاط الطلبة ومستوى المجازفة بالفشل

	مستوى منخفض من المجازفة بالفشل	مستوى مرتفع من المجازفة بالفشل
الطلبة نشيطون	**- نقاش في مجموعات صغيرة. - استبانات وأدوات مسح. - تمارين مختبر. - نشاطات ذاتية التقييم (من قبل الطلبة). - نشاطات العصف الفكري. - نشاطات كتابية داخل غرفة الصف. - رحلات ميدانية. - امتحانات قصيرة تقويمية. - محاضرة مع مجال للنقاش بعد المحاضرة. - محاضرة مع مجال للتوقف والنقاش.**	**- نشاط لعب الأدوار. - عروض لمجموعات صغيرة. - عروض فردية. - نشاطات تخيلية موجهة. - نقاش في مجموعات صغيرة.**
الطلبة سلبيون / غير متفاعلين	**- عرض فيلم / شريط علمي / تربوي في كامل فترة الصيف. - محاضرة في كامل وقت الصف.**	**- دعوة متحدث ذات مستوى علمي وأكاديمي غير مثبت أو معروف مسبقاً.**

وبما أن أسلوب المحاضرة / التعليم المباشر كانت الاستراتيجية التدريسية الوحيدة المتبعة حتى وقت غير بعيد، فإن معظم المدرسين تنقصهم الخبرة الشخصية في أساليب التعليم التفاعلي الحديث.

تعليمات:

هناك طرق وأساليب عديدة ومختلفة يستعملها التربويون في استغلال زمن الحصـة الصفية، هذا المسح هو محاولة لوصف استراتيجيات وأساليب التعليم التي يتبعها المدرسون بناء على تصوراتهم وردودهم.

● الخطوة الأولى: إقرأ / ي بتمعن لائحة الاستراتيجيات التدريسية وأشر / أشيري بإشارة (Ŏ) إلى جانب كل بند في حالة قيامك باستخدامه في تدريسك في الفترة الأخيرة (الأسبوع الماضي مثلاً).

● الخطوة الثانية: بعد ذلك أشر / أشيري بإشارة (Ŏ) تـدل عـلى رغبتـك في محاولـة استخدام الأساليب المدونة في البنود المختلفة لأداة المسح. ويمكن الإجابة على ذلك مـن خلال الجدول رقم (١٢-١٣).

جدول رقم (١٢-١٣)

مسح لأساليب التدريس في الغرف الصفية

الرقم	استراتيجية التعليم	المرة الأخيرة	المرة القادمة
١	قمت بإلقاء محاضرة طوال الحصة (تعليم مباشر)	( )	( )
٢	عرضت شريط فيديو / فيلم طوال الحصة.	( )	( )
٣	قمت بإلقاء محاضرة مستعيناً بالوسائل السمعية / البصرية بدون نقاش.	( )	( )
٤	خلال المحاضرة، قمت بإعطاء امتحان قصير (بدون علامة تقييم) لفحص مدى استيعاب الطلبة للمادة المقدمة.	( )	( )
٥	عينت نشاطاً كتابياً دون أن تتبعه بجلسة نقاش (كتابة تلخيص في نهاية الحصة).	( )	( )
٦	قام الطلبة بتعبئة استمارة أداة مسح.	( )	( )
٧	قام الطلبة بتعبئة استمارة للتقويم الذاتي (استمارة عن معتقداتهم، القيم التي يؤمنون بها، سلوكياتهم).	( )	( )
٨	قمت مع الطلبة برحلة ميدانية.	( )	( )
٩	قمت بتعيين تمرين مختبر يقوم الطلبة بعمله / إنهائه في المختبر.	( )	( )
١٠	قمت بإعطاء محاضرة تخللتها مدة زمنية (١٥ دقيقة) كرست للمراجعة وطرح الأسئلة بهدف تحديد فهم / استيعاب الطلبة للمادة (تفاعل بين المدرس والطلبة والطلبة مع بعضهم البعض).	( )	( )
١١	قمت بقيادة الطلبة في نشاط مبني على النقاش من خلال استخدام مثيرات سمعية / بصرية (صور، رسوم بيانية، أغاني .. الخ).	( )	( )
١٢	أوعزت إلى الطلبة القيام بنشاط عصف فكري (نشاط جماعي يهدف إلى توليد أكبر عدد ممكن من الأفكار).	( )	( )

الرقم	استراتيجية التعليم	المرة الأخيرة	المرة القادمة
١٣	**أعطيت محاضرة واتيحت لك الفرصة خلال ١٥ دقيقة من وقت الصف لجلسة نقاش اشترك فيها الطلبة بشكل كبير وأبديت بعض الملاحظات والأسئلة من قبلك.**	( )	( )
١٤	**عينت نشاطاً كتابياً قصيراً وأتبعته بحوالي ١٥ دقيقة نقاش حول النشاط.**	( )	( )
١٥	**عينت نشاط قراءة داخل الصف وأتبعته بحوالي ١٥ دقيقة أو أكثر من النقاش.**	( )	( )
١٦	**عينت جلسة نقاش لمجموعات صغيرة أو أعطيت الطلبة مشروع عمل. (مثلاً، دراسة حالة).**	( )	( )
١٧	**كلفت التلاميذ إكمال نشاط حل مشكلات أو نشاط محاكاة / لعب أدوار.**	( )	( )
١٨	**عينت نشاطات فردية للطلبة (خطب، تقارير، إلخ).**	( )	( )
١٩	**عينت نشاط تقديمات ضمن مجموعات صغيرة (جدال، نقاش ضمن مجموعة إلخ).**	( )	( )
٢٠	**عينت جلسة نقاش صفية بإشراف الطلبة (الطلبة طوروا أسئلة النقاش وأداروا النقاش الذي يتبع الأمثلة).**	( )	( )
٢١	**قمت بالمشاركة الفعالة في نشاط لعب الأدوار.**	( )	( )

بإمكانك التغلب بنجاح على معظم العقبات أو المعيقات في وجه استخدام أساليب التعليم الناشط، وتقليل فرصة فشل النشاط بإدراج أو تطبيق النشاطات التي تزيد من دافعية الطلبة ومستوى مشاركتهم، في الوقت الذي تقل فيه فرص الفشل. عليك كمدرس أن تكون استراتيجياً في توجهك بحيث تختار النشاطات والفعاليات الملائمة لطبيعة المادة التي تدرسها، والمناخ الصفي والاستعداد ولقابلية الطلبة للتعلم والمشاركة ولقدرة النشاط أو الفعالية على تحقيق الأهداف المرجوة.

استراتيجيات التعلم الناشط لتحسين أسلوب المحاضرة

*النشاطات المقترح تضمينها في الدقائق العشر الأولى من زمن المحاضرة

١- في نشاط كتابي فردي أطلب من التلاميذ عمل ملخص للأفكار الهامة التي تضمنها الدرس السابق (الحصة السابقة) وعمل افتراضات / توقعات عن طبيعة المادة لذلك اليوم.

٢- أطلب من التلاميذ تحديد سؤال هام من التعيين البيتي (قراءة، مثلاً) الذي يودون الإجابة عليه بصورة فردية. بعد ذلك يمكن أن يتبادل ويشارك الطلبة أسئلتهم مع عدد من الزملاء ويتبع ذلك اختيار سؤال واحد هام يودون طرحه على المدرس للاستفاضة في شرحه (الأسئلة مولدة من قبل الطلبة بدل فرض أسئلة من المدرس).

٣- نظم الطلاب في مجموعات صغيرة من (٣-٤) أشخاص وناقشوا القضايا التي يتوقعون طرحها في محاضرة ذلك اليوم، أو ماذا يتوقعون من ناحية الاستفادة من المحاضرة وكيفية تطبيقهم المعرفة المكتسبة الجديدة في حياتهم العملية.

٤- زود الطلبة بمخطط هيكلي للمحاضرة وابدأ الدرس بالطلب منهم كتابة تأملاتهم الشخصية / الذاتية حول سؤال عن قضية في المادة الجديدة التي ستعرض من خلال المحاضرة في ذلك اليوم. بعد الانتهاء من كتابة التأملات يتوجه كل طالب إلى زميله لمناقشة تأملاتهم.

٥- نظم الطلبة في مجموعات صغيرة (٣-٤) وأطلب منهم تطوير مجموعة من الإجابات الإجماعية (يُجمع الطلبة على صحتها / دقتها) لعدد من الأسئلة تتعلق بموضوع محاضرة ذلك اليوم. بعد تزويد الطلبة بالإجابات الصحيحة، أتبع ذلك بجلسة مناقشة تعزز فيها المجموعة التي اقترحت أفضل الإجابات.

٦- يمكن للطلبة أن يعملوا في مجموعات صغيرة في جلسة عصف فكري بالإضافة إلى إمكانية تنظيم خبرات تعليمية لها علاقة بأهداف الدرس في ذلك اليوم.

٧- قدم مفهوماً أو مجموعة من المفاهيم للطلبة في بداية الدرس وعليهم القيام:

■ بالعصف الفكري لأفكار لها علاقة بالمفاهيم المقدمة.

الربط بين المفاهيم:

■ في نهاية الدرس يمكن القيام بنفس النشاط وبتباين الفرق بالنسبة لعدد ولدقة المفاهيم المقدمة والعلاقات المستنتجة.

٨- في الدقائق العشر الأولى من زمن الحصة، زود الطلبة بمشكلة مطروحة في القراءة المعطاة كتطبيق بيتي. أطلب منهم أن يعرضوا تصوراتهم وفرضياتهم عن طريق / طرق حل المشكلة. أطلب منهم مقارنة اقتراحاتهم وتصوراتهم مع بعضهم البعض وبالحل الحقيقي. أطلب منهم مناقشة العوامل والأمور التي لها علاقة بتباين الفرضيات المقترحة والحل الحقيقي.

النشاطات المقترحة للتطبيق في الدقائق (٣٠-٤٠) من زمن الدرس

٩- وزع الطلاب عشوائياً على مجموعات صغيرة (٤-٦) أشخاص في أول يوم من أيام الفصل الدراسي. في اللقاء الأول للمجموعة يبدأ الطلاب بالتعرف على بعضهم البعض ثم تختار اسماً لكل مجموعة، بالإضافة إلى متحدث باسم المجموعة. بعد ذلك تختار كل مجموعة موضوعاً من عدة مواضيع للعمل عليها خلال الفصل وتقوم بصياغة أسئلة تتطلب توضيحاً وتفسيراً وإجابة من المدرس.

١٠- استخدم استراتيجية عملية وسريعة لتبيان المواضيع التي يحبذ الطلبة مناقشتها. تتم هذه الاستراتيجية عن طريق رفع الأيدي للموافقة على عبارة أو فكرة معينة، وضع الأيدي في حالة عدم الموافقة وتحريك الأيدي إلى الجانب في حالة عدم المعرفة وعدم التأكد من الرأي أو عدم الرغبة

في إعطاء الرأي. يتبع هذا النشاط نقاش حول سبب / أسباب الاختيار (الموافقة، عدم الموافقة، لا رأي).

١١- وزع الطلبة على مجموعات (٤-٥ للمجموعة) أولاً بالتخطيط لنشاط لعب الأدوار ثم يقومون بتطبيقه.

١٢- نشاط / تمرين الطاولة المستديرة: اكتب إجابة عن سؤال محدد، ومن ثم مرر ورقة الإجابة على جميع الطلبة بحيث تتاح الفرص لكل طالب بالتعليق / إعطاء الرأي على الإجابة.

١٣- أوقف المحاضرة واطلب من التلاميذ كتابة تعليق بسيط حول آرائهم في ما تطرقت إليه المحاضرة (٥ دقائق) تتبعه جلسة مناقشة قصيرة (٥-١٠) دقائق.

١٤- بعد قراءة النص يصف ويشرح مفهوم له علاقة بموضوع المحاضرة أو النشاط، يقوم الطلبة بعملية تأمل في كيفية تطبيق المفهوم في حياتهم العملية. يتبادل الطلبة ويتناقشون في آرائهم وهذا يتطلب قيام الطلبة بتزويد الطالب الآخر بالتغذية الراجعة (أسئلة توضيحية، إعادة صياغة) قبل الانتقال إلى الطالب الذي يليه، ويقوم الطالب بعد ذلك باستخلاص النتائج وتبادلها ومناقشتها.

١٥- أطلب من التلاميذ العمل في مجموعات صغيرة لإكمال نشاط "الخريطة المفاهيمية" لمفاهيم نوقشت خلال الدرس / المحاضرة. يتبع ذلك نقاش عام بين جميع أفراد الصف.

١٦- أطلب من التلاميذ إيجاد وتقديم تقرير عن بيانات إحصائية عن موضوع المحاضرة، وأطلب منهم بعد ذلك الخروج بتصميمات مبنية على النتائج. على سبيل المثال وفي درس الجغرافيا استخدم نسخة جديدة من أطلس واجعل كل مجموعة تقوم بعمل لائحة تمثل الدول الأربع الأولى في العالم في إنتاج المعادن (يمكن تحديد المعادن مسبقاً). اكتب هذه المعلومات المصنفة على

السبورة. بعد ذلك أطلب من التلاميذ العمل في مجموعات صغيرة لصياغة عدد من التعميمات المتعلقة بالبيانات والمعلومات المجمعة.

١٧- إذا كان الموضوع / القضية جدلي ويحتمل أكثر من وجهة نظر وموقف وخوفاً من فشل استراتيجية النقاش الصفي بشكل جماعي، وزع الطلبة إلى مجموعات صغيرة (حسب اختيارهم أو اختيارك). تقوم كل مجموعة بمناقشة الموضوع بعد انتخاب مقدم لكل مجموعة. بعد ١٠-١٥ دقيقة من النقاش يطلب من كل مقدم الانتقال إلى مجموعة أخرى وإكمال النقاش من وجهة نظر مجموعته الأصلية.

١٨- بعد تقديم محاضرة لمدة ١٠-١٢ دقيقة لمادة محتوى تتضمن معلومات وبيانات من مصادر خارج المنهاج / الكتاب المقرر. توقف لمدة ٣-٥ دقائق وأطلب من التلاميذ العمل بشكل زوجي وتبادل الآراء في موضوع المحاضرة ومن ثم صياغة ملخصات قصيرة (٣-٤ جمل / فقرة واحدة) والتي يمكن تبادلها ومناقشتها بشكل جماعي داخل الصف.

١٩- قم بنشاط منظم بعد مشاهدة فيلم / شريط تعليمي يناقش قضية جدلية (الأخلاق، الحرية، الديمقراطية، المساواة، الاتفاق المجتمعي، ..الخ). قم بصياغة أسئلة وقدمها على شكل ورقة عمل للطلبة للإجابة عنها في مجموعات صغيرة. على كل مجموعة اختيار منسق للنقاش ومقرر للجلسة.

٢٠- قسم الطلبة إلى مجموعات صغيرة وزود كل مجموعة بمثال من واقع الحياة يتحدث عن مشكلة / قضية لها صلة بمادة الدرس. يقوم الطلبة بمراجعة ومناقشة المشكلة / القضية ونقدها بطريقة منطقية وموضوعية بناء على ما تم دراسته ومناقشته في الصف. يمكن أيضاً تزويدهم باستبيان يبحث في موضوع محدد والطلب منهم نقد بنوده من حيث الصياغة والملاءمة والوضوح والموضوعية .. الخ.

نشاطات يمكن تضمينها في الدقائق العشر الأخيرة من زمن المحاضرة

٢١- وزع على الطلبة بطاقات ملاحظات صغيرة ٤ × ٦ بواقع بطاقة لكل تلميذ وأطلب منهم الكتابة على وجه واحد من البطاقة النقاط / الأفكار الهامة التي عرضت في المحاضرة. بعد ذلك اطلب من كل طالب مراجعة ما كتبه مع زميله (لمدة دقيقتين) يقوم كل طالب بعدها بإعادة كتابة النقاط التي كتبها أصلاً ويقوم الطلبة في نهاية الحصة بتسليم البطاقات.

٢٢- وزع الطلاب في مجموعات صغيرة للقيام بكتابة ملخص للمحاضرة التي عرضت في الدرس.

٢٣- أطلب من التلاميذ التفكير واقتراح طرقاً وأساليب بديلة لتقديم مادة المحاضرة.

٢٤- وزع الطلبة على مجموعات صغيرة (٣-٤ طلاب في كل مجموعة). اعرض مشكلة لها علاقة بموضوع محاضرة ذلك اليوم. اطلب منهم حل المشكلة واقتراح استراتيجيات بديلة لحلها.

٢٥- وزع الطلبة إلى مجموعات صغيرة (٣-٤) واطلب من كل مجموعة تقديم اقتراحات تتعلق بثلاثة أهداف يريدون تحقيقها في المحاضرة التالية.

٢٦- وزع الطلبة إلى مجموعات واطلب من كل مجموعة صياغة ثلاثة أسئلة من نوع الاختيار من متعدد واعرض هذه الأسئلة بواسطة الفانوس ذي الرأس المرتفع (Overhead projectar). ناقش الأسئلة.

٢٧- اطلب من التلاميذ تبادل ملاحظاتهم وتلخيصاتهم لزيادة وتعزيز التعلم.

٢٨- اطلب من التلاميذ الإجابة عن الأسئلة في نهاية الفصل / النص واطلب منهم بعد ذلك شرح وتوضيح إجاباتهم لطلبة الصف كمجموعة واحدة.

٢٩- اطلب من التلاميذ القيام بعمل ملخصات للنقاط الهامة في المحاضرة بحيث لا يتعدى الملخص فقرتين واطلب منهم بعد ذلك ربط المادة الجديدة بالمادة المقدمة في اليوم السابق.

٣٠- نشاط بيئي: وزع صور على الطلبة وكلفهم بالعمل ضمن مجموعات لإعطاء انطباع عام عن محتوى الصور وعمل لائحة بالتفاصيل التي لها علاقة بالنقاط المقترحة. يمكن أيضاً عمل مقارنات بين شيئين أو إعطاؤهم نص دعاية لمناقشته والحكم عليه.

٣١- اطلب من التلاميذ تقييم أعمال زملائهم وإنتاجهم (في الفترة المتاحة / ١٠ دقائق). يمكن مثلاً تقييم ملخصاتهم، مقترحاتهم لمشروع / بحث، الخ. تأكد من تزويد الطلبة مسبقاً بمعايير / محكات للحكم على ما ينتجه زملاؤهم.

٣٢- أطلب من التلاميذ الاحتفاظ بدفتر ملاحظات وكتابة ملاحظاتهم وتأملاتهم الذاتية ومشاعرهم وآرائهم حول الموضوعات والقضايا المتنوعة.

أسلوب حل المشكلات في الصفوف خلق متعلمين ذاتيين مدى الحياة[*]

اسأل نفسك هذا السؤال: ما الذي أثر في حياتك العملية بصورة أعمق وأقوى؟ استراتيجيات التعلم التي اكتسبتها أم الحقائق التي تعلمتها وحفظتها؟ الإجابة يمكن أن تكون مختلفة باختلاف المستجيبين ولكن الإجابة يمكن أن تقول إن كلا الأمرين قد أفادا بنسبة متساوية. لكن في مدارسنا يستطيع الفرد أن يدعي بكل تأكيد أن وقتاً قليلاً نسبياً يصرف في تعليم وتنمية استراتيجيات التعلم.

أمر آخر يمكن تأكيده هو أن اكتساب المعرفة والمعلومات أمر هام وضروري في سنوات الدراسة لكن "تعلم كيف نتعلم" هو أمر مساوٍ في الأهمية وهذا يعني أن هدفاً هاماً من أهداف التعليم هو مساعدة الأطفال في البدء بالقيام بدورهم كمتعلمين ذاتيين لمدى الحياة.

يمكن القول أيضاً إن المدرسة هي المكان الأنسب والأفضل لتعلم كيفية التحول إلى متعلمين فعالين نشطين. هذا الأمر يكتسب أهمية مضاعفة إذا عرفنا أن عادات التعلم التي يكتسبها الأطفال في سني دراستهم تبقى معهم لأمد طويل جداً.

وهنا نقترح بأن إحدى صفات / خصائص المتعلم الكفؤ والفعال هي القدرة على حل المشاكل / المسائل بصورة ابتكارية وخلاقة، والسيطرة على القدرة الابتكارية / الإبداعية عن طريق مهارات تنظيمية وتخطيطية (Organizational & Planning Skills).

فيما يلي سنتوسع في توضيح هذا التعريف للمتعلم الفعال وسنتحدث بعد ذلك عن الوسائل التي يمكن استخدامها من قبل المدرس لمساعدة طلبته في تنمية هذه الخصائص من خلال التركيز على حل المشكلات.

المتعلمون الأكفاء / الفعالون:

قبل الحديث عن صفات المتعلم الكفؤ سنلقي نظرة على خصائص الأفراد القادرين على حل المشاكل بصورة ابتكارية وإبداعية. هؤلاء الطلبة:

١- يتمتعون بخاصية مستمرة لحب التساؤل وحب الاستطلاع (أين يذهب القمر خلال النهار؟).

٢- يستمتعون بفهم الأشياء ووضع الأمور في نصابها (ما هو المدى الذي ستصله النبتة في نموها؟ لماذا لا نقوم بقياس نموها يومياً؟).

٣- يتطلعون إلى الأمور والقضايا التي تتصف بالتحدي (كيف يمكننا جعل هذه الآلة الطابعة تعمل بدون شريط كربوني؟).

٤- مثابرون وعادة ما يعملون ساعات طويلة على مشاريع وفعاليات.

٥- يتصفون بالمرونة وسعة الحيلة في تعاملهم مع النشاطات والفعاليات.

٦- يتمتعون بالاستقلالية ولا يسعون لطلب المساعدة إلا نادراً.

٧- يتمتعون بالثقة بقدراتهم ومستعدون للمجازفة.

والآن سنتحدث عن الخصائص والصفات التي تجعل من الطالب مخططاً فعّالاً.

(*) Casey, M.B. & Tucker, E.C. 1994. Problem-Based Classrooms: Creating lifelong Learners. Phi Delta Kappen 76, pp. 139-

المخطط الفعّال:

١- يفكر بالأمور وبالأشياء بتمعن وجدية: يفهم الخطوات الواجب عملها قبل البدء في أي عمل أو مشروع / نشاط.

٢- ينظم المواد بطريقة منتظمة ويجمع جميع المواد اللازمة للشروع في النشاط ودائماً يجد المكان المناسب لإنجاز العمل.

٣- لديه توجه واستراتيجية منظمة لإنجاز المراحل المختلفة من المشروع / النشاط.

بالإضافة إلى كونهم قادرين على حل المشكلات كونهم منظمين، فإن المتعلمين الأكفاء يشتركون في خاصية أخرى: استعدادهم للمجازفة وتحمل عواقب الفشل. هم بالتأكيد لا يحبون الفشل لكنهم يتفهمون الأمر لأنهم يدركون أن طريق النجاح عادة ما تكون معبدة بتجارب فاشلة.

ما الذي نتعلمه في المدرسة عن الفشل؟ خلال فترة دراستهم يتعلم الكثير من طلبة المدارس الشعور بالغباء في حالة عدم إعطاء إجابة صحيحة أو إنهاء عمل في الوقت المحدد له. وهناك عدد كبير من المعلمين يقوم بعزل طلبتهم عن الفشل عن طريق التدخل المباشر قبل حدوث الفشل. وفي الوقت الذي نؤمن به بأن الأطفال يجب ألا يتعرضوا لحالات إحباط وفشل عديدة فإننا نؤمن في ذات الوقت بالحاجة لتعريض الأطفال للإثارة الجميلة التي تتولد عند محاولاتهم المتكررة والتي تنتهي بالنجاح. يجب علينا، كتربويين، مساعدة الطلبة على إعادة صياغة مفهوم الفشل لإدراك إمكانياتهم عند اتباع أسلوب حل المشكلات، وإن هذا الفشل هو جزء مهم من التعلم وليس لكونه انعكاساً لمحدودياتهم الشخصية.

دور المعلم:

كيف يستطيع المعلم مساعدة طلابه ليصبحوا متعلمين فعالين وأكفاء؟ إن نتائج الأبحاث التجريبية تبين أن برنامجاً تعليمياً ناجحاً يعتمد على أسلوب حل

المشكلات بحاجة إلى تركيز الجهود على أسلوب حل المشكلات ومهارات التنظيم والتخطيط بصورة منتظمة وأكثر تركيزاً عما يحصل في البرامج الحالية. وتحديداً لذلك فإننا نعتقد أن أحد العوامل الهامة للنجاح هو التركيز على مهارات حل المشكلات والتخطيط والتنظيم مرة واحدة على الأقل يومياً بهدف تذويب (Internalization) هذه المهارات وجعلها جزءاً فعالاً من الذخيرة الاستراتيجية للمتعلم والواجب استخدامها بصورة أتوماتيكية بعد التدريب عليها.

باستطاعة المعلم التعليم بأسلوب حل المشكلات بأشكال متعددة:

١- عن طريق طرح أسئلة مفتوحة / تحتمل إجابات متعددة

(Open-ended Questions).

إن دوراً هاماً للمعلم في أسلوب حل المشكلات هو طرح أسئلة مفتوحة. فمثلاً بدل طرح السؤال التالي: ما هي أنواع الغذاء التي تتناولها الأبقار مثلاً؟ يمكن للمعلم أن يسأل "كيف يمكننا أن نتعرف على أنواع الطعام التي تتناولها الأبقار اعتماداً على ملاحظة صفاتها الجسدية؟".

يمكن الإجابة على السؤال الثاني بطرق عديدة ينبع كل منها من خلفية البيئة العلمية واعتماداً على مهارات التفكير التي يستخدمها. من المهم أيضاً في أسلوب حل المشكلات تزويد الطلبة بأنواع مختلفة من المعلومات؛ فعلى سبيل المثال، وخلق مناخ / بيئة لحيوان الجمل يمكن للمعلم أن يزود الطلبة بأشياء تمثل البيئة التي يعيش فيها، وبعض المواد الطبيعية الأخرى الخاصة بالبيئة الصحراوية. والهدف من إضافة مواد مصنعة (مثل الرمال والكثبان) وأن يؤدي هذا إلى تفعيل التفكير عند الطالب حول علم الجمال وعن اختلاف البيئة عن بيئتنا التي ننتمي إليها. بالإضافة إلى توفير المواد، فإن على المعلم أيضاً تزويد الطلبة بمصادر مكتبية عديدة تساهم في الوصول إلى حل للمشكلة. هذا يعني التحول في دور المعلم من مزود وناقل للمعرفة إلى موفر للمصادر اللازمة لحل المشكلة.

وحين يحاول المعلم تقديم / طرح أسئلة مفتوحة فإنه سيتولد عنده انطباع جيد عن الحلول التي يقترحها الطلبة. فعلى سبيل المثال في الصف الأول الإبتدائي في إحدى المدارس الأمريكية زودت المعلمة طالبين ببعض المواد والأشياء وطلبت منهما تقاسمها. وكان من بين الأشياء التي ضمنتها قطعة نقدية من قيمة "ربع دولار" والتي وضعتها ضمن مجموعة الأشياء التي لا يمكن تقاسمها. لكن ذهن الطفلين تفتق عن حل مبتكر يتلخص بشراء حلوى وتقاسمها بطريقة متساوية.

تعليم خطوات التفكير:

من الأمور الحيوية لنجاح أسلوب حل المشكلات تعليم الطلبة خطوات التفكير والتي تتلخص بالتالي:

١- توليد الفرضيات بناء على مبررات عقلية منطقية وعلى ملاحظة سابقة.

٢- عمل تنبؤات / توقعات بناء على الفرضيات.

٣- فحص التوقعات / التنبؤات عن طريق جمع البيانات والمعلومات.

٤- تقييم التنبؤات على ضوء البيانات.

٥- إعادة الدورة باستعمال المعلومات والبيانات الجديدة من التجربة السابقة.

تضمين أسلوب حل المشكلات في المنهاج:

على الرغم من أن المهارات العامة في حل المشكلات ضرورية وذات قيمة إلا أن هذه المهارات تكتسب أهمية أعظم عند تقديمها في سياقات عملية ومن الحياة العملية. أمر آخر مهم هو أن خطوات التفكير لا يقتصر استعمالها على المواد العلمية كالرياضيات. وأن أسلوب حل المشكلات يجب أن يكون جزءاً متكاملاً من المنهاج العام. بالإضافة إلى أن بعض المواد والدروس تتطلب استعمال عدد محدود من الخطوات في حين تتطلب مواد ودروس أخرى كل الخطوات. فعلى سبيل المثال في مادة اللغة الإنجليزية يمكن التركيز على الملاحظة الدقيقة بغرض كتابة وصف دقيق. درس في العلوم الاجتماعية يمكن أن يركز على جمع المعلومات

والبيانات ضمن مشروع يتطلب من التلاميذ أن يقوموا بمقابلة العاملين في مستشفى. ويمكن تضمين واستخدام أسلوب حل المشكلات في عمل المجموعات الصغيرة، في مجموعات كبيرة، وحتى في نشاط فردي ينطوي على التواصل اللفظي بين طالب ومعلم.

ربط مواد الدرس باهتمامات واحتياجات الطلبة:

إذا اختار المعلم مشاكل تحوز على اهتمام الطلبة فإن بإمكانه توقع اندماج الطلبة في النشاط بصورة عميقة وباهتمام شديد. هذا يعني أن طرح مشكلة جيدة ينطوي على ربطها بالحياة العملية للطلبة. فباستطاعة المعلم مثلاً تدريب الطلبة على مفهوم التقدير (estimation) عن طريق خلق نشاط يتطلب من التلاميذ "تقدير" كمية الطعام اللازمة لرحلة مدرسية مثلاً أو لحفلة عيد ميلاد أحد الطلبة.

التحدي في طرح الأسئلة:

لضمان أن لا يتحول حل المشكلات إلى تمرين في التخمين فإن على المعلمين دوماً مطالبة التلاميذ بالدفاع عن اختياراتهم وتوقعاتهم وافتراضاتهم. إن أنماط التفكير التي يستخدمها الأطفال قد تكون بسيطة أو غير صائبة. ولهذا فمن الضروري تذكر الحقيقة الهامة بأن مستوى تفكير الأطفال مرتبط بمستوى نموهم الذهني والاجتماعي والجسدي. مع هذا فإن التحدي المتواصل لتفكير الأطفال هو عنصر هام لنجاح أسلوب حل المشكلات.

هذا بالإضافة إلى أن طرح الأسئلة المثيرة للتفكير هو أمر حيوي حين يصطدم الطفل بمشكلة. طرح السؤال العام "لماذا تعتقد ان هذا الأمر يحدث بهذه الطريقة" سيولد في كثير من الأحيان إجابة "لا أعرف". طريقة أكثر فعالية تنطوي على سؤال الأطفال عن التفصيلات الهادفة إلى تركيز انتباههم على الجوانب المركزية والناقدة من المشكلة. ساعدهم في فحص فرضياتهم. وإذا استمروا في مواجهة الصعوبات يمكنك إعادة صياغة السؤال / المشكلة ووضعها بصيغة أكثر

واقعية بهدف إعطاء لمحة عن طريق حل المشكلة وليس إعطاء الإجابة / الحل. فعلى سبيل المثال يمكن طرح الأسئلة التالية:

"هل هناك أية مواد ضمن هذه المجموعة يمكن أن تساهم أو تساعد في حل المشكلة؟" أو "هل هناك أي شيء في هذه الفقرة يمكن أن يساعدك في الوصول إلى الحل؟".

تكامل المحتوى وحل المشكلات:

هناك مفهوم خاطئ عند الكثيرين مفاده بأن الأساليب التربوية المعتمدة على العمليات (Process-based) كأسلوب حل المشكلات هي أساليب تدعو إلى التخلي عن التعلم المتمركز حول المحتوى. لكن أسلوب حل المشكلات يشكل فرصة هامة لتعليم المحتوى على مستوى أعمق ولتطبيق المعرفة بصورة عملية. ومن ناحية أخرى فإن أسلوب حل المشكلات يعتمد بصورة كبيرة على معرفة قبلية كافية (Background Knowledge) تؤهل الطلبة لخلق وصياغة فرضيات وتوقعات منطقية. هذا السياق يتطلب من المعلم تزويد طلبته بالمعرفة القبلية اللازمة لحل المشكلات بكفاءة وفعالية. هذا يتطلب تدريس المحتوى في نفس السياق الذي تطرح فيه المشاكل.

مثال: لو أراد معلم الاجتماعيات تصميم وحدة محتوى - حل مشكلات فإن بإمكانه الطلب من التلاميذ، مثلاً، أن يصمموا مجسماً يمثل "خط زمني" (Time-Line) بناءً على موضوع وحده حول التاريخي العربي في القرن العشرين. هنا يبدأ الطلبة بنصب حبل يمتد من جانب إلى آخر داخل الصف ويقومون بعد ذلك بتعليق صور وتذكارات تمثل التاريخ العربي منذ بداية القرن العشرين. المشكلة التي ستواجه الطلبة تتلخص في كيفية وضع الصور والتذكارات والمعلومات بصورة تمثل التسلسل التاريخي الصحيح. وهنا يحتاج الطلبة إلى مراجعة مصادر عديدة (كتب، مجلات، مراجع، موسوعات) بالإضافة إلى أفراد من المجتمع (الأهل،

الخبراء، المؤرخون، إلخ). من خلال هذا النشاط ستتحول مادة التاريخ من مادة جافة إلى مشكلة متمتعة بحاجة إلى حل.

فرص للتعليم المفرَد:

يوفر أسلوب حل المشكلات فرصاً عديدة ومفيدة لتفريد التعليم (Individualizing Instruction) مما يعني أن الطلبة ذوي القدرات والاهتمامات والاحتياجات المختلفة قادرين على الإبداع في ظل هذا الأسلوب. هذا الأمر يكتسب أهمية أكبر إذا عرفنا أن العمر الذهني للأطفال يمكن أن يكون بمعدل سنتين أكثر أو أقل من العمر الزمني. لهذا فإن على المدرسة أن تكون مستعدة لتقديم الدعم اللازم لكل تلميذ على الصعيد المعرفي.

أما في الصفوف والامتحانات التي يتوقع فيها من الطلبة تحديد الإجابة الوحيدة الصحيحة فإن ذلك سيكون في مصلحة الطلبة ذوي التفكير الخطي التسلسلي. هؤلاء الطلبة قادرون على فهم تفكير المدرس، وبالتالي فهم قادرون على توقع الإجابة الصحيحة التي حددها المعلم في ذهنه. ومن ناحية أخرى فإن الأسئلة والمشاكل المفتوحة (ليس لها نهاية محددة واحدة) تعطي الفرص للإبداع للطلبة ذوي التفكير المتشعب. وفي أغلب الأحيان فإن أساليب التدريس المتبعة في كثير من المدارس تكافئ التفكير الخطي التسلسلي (غير الإبداعي وغير المتشعب). لهذا فإننا بحاجة إلى إعادة تنظيم عملية التعلم بحيث نعطي نفس الأهمية ونفس التعزيز لذوي التفكير المتشعب.

كيف تساعد الطلبة على اكتساب مهارات التخطيط؟

في الوقت الذي ينجح فيه الطلبة ذوي التفكير الخطي التسلسلي في اختيار الإجابة الصحيحة في اختبارات الاختيار من متعدد وأدوات التقويم المتشابهة فإنهم من أكثر الطلبة تعرضاً للمشاكل المتعلقة بمهارات الدراسة. فهم يجدون صعوبة في البدء في الواجبات / النشاطات المدرسية، وفي التخطيط والتنظيم لبرامجهم

وأعمالهم وفي استخدام المصادر (الموسوعات، القواميس) ولوائح المحتويات والفهارس. هذه التوجهات تجعلهم في وضع سلبي في أعمالهم المدرسية بغض النظر عن درجة ذكائهم.

لقد تبين في أبحاث عديدة أن ما يحدث داخل غرف الصف يمكن أن يؤثر بصورة قوية على قدرات الطلبة على التخطيط والتنظيم. وبالرغم من هذا فإن مهارات التنظيم لا تُدرَس بصورة واضحة ومباشرة في المدارس. لهذا يجب على المدرسين الذين يؤمنون ويطبقون أسلوب حل المشكلات دمج وتضمين هذه المهارات في المنهاج وجعلها بنفس أهمية تدريس القراءة والحساب. فمن واجبنا كمدرسين مساعدة وتشجيع الطلبة على التفكير قبل شروعهم في النشاطات والفعاليات المدرسية. يمكن عمل ذلك بكل بساطة عن طريق سؤالهم عن خططهم وطرق تنظيمهم لأي نشاط. وبناءً على هذا فإن الطلبة سيبدأون بالاعتقاد بأن التخطيط وتنظيم المعرفة والنشاطات هو أمر هام ومحبذ وضروري للنجاح. كما يمكن استخدام استراتيجية أخرى تتلخص بتشجيع الطلبة على تقييم أدائهم ومراجعته كلما دعت الضرورة إلى ذلك عن طريق استخدام استراتيجية "التأمل الذاتي".

عندما يترك الطلبة المدرسة في نهاية العام الدراسي يكونون مزودين بالمهارات المزدوجة (حل المشكلات والتخطيط) فإن هذا يؤهلهم لمواجهة المواقف التربوية وغير التربوية التي سيواجهونها في سنوات دراستهم اللاحقة أو في حياتهم العملية. وفي حال تعرضهم للمشاكل، فإن الطلبة ذوي القدرة على حل المشكلات والتخطيط سيكونون في وضع نفسي وذهني أفضل من أولئك الذين تنقصهم هذه المهارات.

وتنبع دقة هذه الملاحظة من قدرتهم على التأمل وتعريف الأوضاع التي يواجهونها على كونها مشاكل، وبالتالي التعامل معها على هذا الأساس مستخدمين المهارات التي اكتسبوها خلال فترة دراستهم وتدربهم. وتحديداً فإن هؤلاء الطلبة سيكونون قادرين على التفكير المتشعب والنظر إلى المشكلة من أبعاد مختلفة

وطرح بدائل للحلول التقليدية. وفي الوقت ذاته فإن قدرتهم على التخطيط والتنظيم المسبق ستساعدهم على توقع المشكلات أو التنبؤ بها، وبالتالي تجنب الوقوع فيها.

ملخص للاستراتيجيات المستخدمة في أسلوب حل المشكلات:

يمكن للمعلم تضمين وإيصال مفاهيم وأساليب واستراتيجيات حل المشكلات للطلبة في طريقين: من خلال الدروس والمواد المستخدمة والمتضمنة في المنهاج الخفي.

١- تصميم وتخطيط دروس باتباع أسلوب حل المشكلات:

* ركز على تنمية مهارات التفكير عند الطلبة بدلاً من التركيز على دقة الإجابات.

* اعرض مشكلات لها علاقة باهتمامات واحتياجات الطلبة تكون ذات معنى لهم.

* حدد المعرفة القبلية اللازمة لحل مشكلة ما ثم قيّم كم من هذه المعرفة ضمن البنى المعرفية للطلبة (ضمن مجال معرفتهم).

* قدم مواد المحتوى بحيث تكون بمثابة معرفة قبلية لازمة وفي الوقت نفسه لا تشكل محددات لحل المشكلة.

* وفر للطلبة نشاطات ذات طبيعة عملية تطبيقية بدل عرض المادة بشكل مباشر.

* اطلب من التلاميذ إعطاء مبررات وتعليلات للإجابات التي يعطونها.

* ادمج الخطط التدريسية النابعة من الطلبة أنفسهم في تخطيط وتنظيم وعرض المادة الدراسية.

* زود الطلبة بأنواع مختلفة من المواد ذات الطابع المتشعب / ثم احذر من تحديد الطلبة بطريقة واحدة للإجابة.

* خلال عرض الدرس وخلال النشاطات الصفية، اطرح أسئلة إضافية ذات طابع متشعب / متعدد الإجابة بهدف سبر غور تفكير الطلبة.

* افسح المجال للطلبة لاستعمال مصادر عديدة للحصول على المعرفة عن طريق توفير أكبر عدد من المراجع والفهارس والموسوعات والمصادر.

* أعد صياغة الأسئلة في حال عدم قدرة الطلبة على الإجابة.

* افسح المجال للطلبة لفحص فرضياتهم التي وضعوها من تلقاء أنفسهم.
* أشْعِر الطلبة بالنجاح في نهاية الدرس، وذلك بالتركيز والتكلم عن الأساليب والمعرفة والاستراتيجيات التي استخدموها في حل المشكلة (حتى إذا لم يتوصل الطلبة إلى الحل الأمثل / للمشكلة).

٢- استخدام المواد في الصفوف التي تتبع أسلوب حل المشكلات:

* وفّر للطلبة أكبر قدر من المواد وأكثرها تنوعاً (مواد جاهزة ومواد من تحضيرك وتصميمك) وأفسح المجال للطلبة لاستعمال هذه المواد بحرية.
* وفر للطلبة مواد وأجهزة بحالة تحث على التفكير والتحليل وطرح الأسئلة (جهاز كهربائي / آلة تظهر أجزاؤها الداخلية).
* كوّن مجموعة متنوعة من "مراكز التعلم" و "محطات تخصص" داخل الصف.
* اجعل البيئة المادية داخل الصف منظمةً ومرتبة قدر الإمكان (ضع ملصقات تبين محتويات كل صندوق أو زاوية من زوايا الصف.
* شجع الطلبة على البحث عن استخدام مواد وأجهزة ومصادر معلومات غير التي تقوم بتزويدهم بها.
* شجع الطلبة على استعمال / استخدام المواد والأجهزة بأكثر من طريقة ولأكثر من هدف.
* استعمل جدران الصف لعرض نتاجات الطلبة وبين الطرق والأساليب والتوجهات المختلفة التي اتبعت لحل المشكلة أو للقيام بالنشاط.

نماذج تطبيقية على التعلم الناشط

مثال: الرياضيات

هل خطر لك أن تفكر وأنت في سن الدراسة عن الأسباب التي تدعو وزارة التربية والمدارس إلى تعليم الرياضيات؟. إذا كان الجواب بالإيجاب، تمعن في ما يقوم به أحد المدرسين في الصف السادس الأساسي لتعليم الكسور.

* عند تعليم "الكسور المتساوية" (Equivalent Fractions) يعطي المدرس طلابه طريقة تحضير ومقادير طبق طعام بالإضافة إلى ملاعق لقياس المقادير، ويطلب منهم أن يتصوروا أنهم لا يحبون غسل الأواني والأطباق المنزلية، ولهذا يودون استخدام أقل عدد ممكن من الأواني والأدوات لقياس المقادير. من خلال النشاطات يكتشف الطلبة أن باستطاعتهم استخدام ملعقة مقدار ١/٤ كوب ست مرات للحصول على كوب ونصف (١.٥ كوب من الطحين، مثلاً).
* لمساعدة طلبته على تعلم جمع وطرح الكسور، يستعمل المعلم صفحات الجريدة في قسم البورصة (سوق المال) ويطلب من الطلبة متابعة ارتفاع وهبوط الأسهم بالكسور (مثلاً من ٧/٨ ٦١ إلى ٣/٤ ٦١). وبما أنهم في طور تعلم أي الكسور، فإن الإشارة في الجريدة إلى الكسور، يساعد الطلبة على فهمها بطريقة أفضل[1].
* لبيان الحجم النسبي للكسور، فإن المعلم يستعمل مجموعة من المفاتيح الإنجليزية (مفاتيح الشق) لإظهار أن مفتاح الـ ٥/١٦ (إنش) مفتاح صغير في حين أن مفتاح ½ مفتاح أكبر. ويطلب المعلم من الطلبة تقدير أي المفاتيح من حيث حجمه هو أفضل للاستعمال في حالة محددة يذكرها للتلاميذ.

إن مادة الرياضيات يمكن أن تكون ذات معنى للطلبة عند ربطها في الحياة. فالمعلم الذي يستخدم الأساليب والنشاطات المذكورة أعلاه يريد لطلبته أن "يختبروا"

---

[1] Willis, S. & Checkley, K. Bringing Mathematics to life. Curriculum Update.

الرياضيات وليس فقط حفظ أرقامها ومعاملاتها، يريد أيضاً أن يعرف طلبته في أي المجالات الحياتية والعملية سيستعملون الرياضيات.

في محاولته لإعطاء مادة الرياضيات بعداً حياتياً؛ فإن المعلم سيقوم من تلقاء نفسه مدفوعاً بالتوجه الجديد لتعليم الرياضيات والذي تقوده مؤسسات تربوية تعمل في مجال المناهج الحديثة. التي وضعت من قبل الجمعيات والمؤسسات وفقا للمعايير محددة للصفوف الأساسية والثانوية تركز في هدفها على تعليم الرياضيات بأساليب واستراتيجيات حل المشكلات، المنطق الرياضي، والتطبيقات العملية الحياتية.

إحدى الطرق التي من خلالها يطبق المعلمون مادة الرياضيات في سياقات عملية هي استعمال / استخدام أشياء ومواد يمكن للطلبة استخدامها لاستكشاف المفاهيم المتعلقة بالأرقام. هذه الأدوات تساعد الطلبة على فهم المجرد بطريقة دقيقة.

فعلى سبيل المثال، وفي أحد الصفوف سألت المعلمة طلبة الثاني الأساسي سؤالاً يتعلق بالدائرة ومساحتها، كان مفاده "إذا حدثت زيادة في قطر الدائرة، هل يتبع ذلك زيادة في محيطها؟ وأجاب الطلبة بأن هذا غير صحيح. وعندها أخذت تفاحة من على الطاولة وأوضحت لهم ماذا كانت تعني بسؤالها. وهنا وضعت السؤال بصورة مباشرة عن طريق استخدام المادة.

وتقليدياً لتعلم الطلبة الرياضيات في مدارسهم لا بد من إجراءات يجب اتباعها في حل المسائل الحسابية كالجمع والضرب والقسمة، أو إيجاد الجذر التربيعي، مثلاً، لكنهم لم يدركوا ولم يعرفوا حقاً لماذا كانوا يتبعون هذه الطرق والإجراءات الرياضية. وعلى عكس ذلك وفي حال قيام الطلبة بالعمل من خلال المواد والأشياء الملموسة فإنهم سيدركون وسيرون بأعينهم لماذا تنجح طريقة حسابية ولماذا تفشل أخرى.

ويمكن أيضاً استخدام مثل هذه المواد والمجسمات لتوضيح عدد من المفاهيم عند الطلبة في الصفوف العليا. في الجبر، مثلاً، مفهوم "المتغير" هو مفهوم مجرد في حين أن عدداً كبيراً من الطلبة في سن (١٤-١٥) غالباً ما يكونون ماديين في تفكيرهم، ولهذا يقوم بعض المدرسين باستخدام "بلاط" لتقريب مفاهيم مجردة لمستوى التفكير المادي عند بعض الطلبة. هذه "البلاطات" تأتي بأحجام وأشكال مختلفة وكل شكل منها يمثل مفهوماً أو شيئاً مختلفاً. "بلاطة" على شكل مثلث يمكن أن تمثل (س)، ومربع يمثل (ص)، ودائرة تمثل (س٢)، وهكذا. وبإمكان الطلبة استعمال هذه الأشكال الهندسية (والتي تمثل رموزاً رياضية) في حل المعادلات، في عملية الضرب وملاحظة أنماط من الأشكال حين تكوين معادلة رياضية ما. هذا الأمر يمكن أن يسهل عليهم عملية تمثيل المعلومات الرمزية (الرياضية مثل س، ص الخ) بصورة أخرى .. صورية ومادية.

توفير الفرصة للتعرف على مسائل تطبيقية:

عدا عن استعمال المجسمات والأشكال، فإن بإمكان المعلم ربط الرياضيات بالحياة العملية وجعلها أكثر ارتباطاً بأفكار الطلبة عن طريق "المسائل التطبيقية" لتدريب طلبته على عمليات الحساب المختلفة، وخاصة عملية الجمع، تقوم إحدى المعلمات باستخدام لوائح الطعام في المطاعم المحلية وتطلب من تلاميذها حساب كلفة وجبة من شرائح اللحم والبطاطا ومشروب بارد وقطعة حلوى. مثلاً. وتطلب أيضاً من طلبتها "صرف" كمية من النقود التي تحددها مسبقاً لاختيار هدايا صغيرة من كاتالوج محلات لبيع الهدايا عن طريق البريد. والهدف من هذه النشاطات تقريب المفاهيم الرياضية لأذهان الطلبة وجعلها مرتبطة بأمور يعرفونها ويقومون بعملها في حياتهم اليومية.

معلمة أخرى تعلم صفوف غير متجانسة (طلاب من فئات عمرية متباينة) تستمد المسائل الرياضية من أحداث عالمية (اقتصادية، مناخية، الخ) مثل كمية

الأمطار أو الثلوج التي هطلت في منطقة جغرافية ما في العالم ومقارنتها مع مناطق أخرى لحساب النسبة، مثلاً.

مدرس آخر استمد نشاطات لتدريس مادة الرياضيات لمدة (٣ أيام) من خبرات وتجارب تلاميذه الشخصية ومن خبرات آخرين. وقد قام المدرس بتقديم مفاهيم السرعة والتسارع، الخ، عن طريق إيجاد أي العربات الجليدية تنساب (الانسياب) بسرعة أعظم على الجليد. وقام الطلبة بإحضار سبعة من أنواع الزلاجات الجليدية بأشكال مختلفة (مربعة، مستديرة، مستطيلة، مستوية القاع، الخ). وقام الطلبة بالتصويت حول أسرع الزلاجات حسب رأيهم (بدون تجربة وبدون تحليل منطقي رياضي) وقام الطلبة بعدها بإجراء مسابقة تزلج حللوا من بعدها نتائج السباق واكتشفوا عملياً سبب كون بعض الزلاجات أسرع من الأخرى. هذا النوع من النشاطات الأصلية تساعد الطلبة على إدراك أن الرياضيات مرتبطة بالحياة العملية اليومية وليس مجرد تعامل مع الأرقام والمعادلات الرمزية المجردة.

وبشكل عام فإن وضع مسائل الرياضيات في سياقات واقعية محتملة قد يزيد من اهتمام ومشاركة الطلبة في النشاطات. ويمكن للمعلم أن يستمد المسائل الرياضية من مصادر حياتية وعملية عديدة منها الجرائد اليومية. فعلى سبيل المثال قرأ الطلبة خبر "قيام أحد رجال الأعمال الأثرياء باستعمال بطاقة الاعتماد (الفيزا) لشراء لوحة زيتية ثمينة يقدر ثمنها بمليون دولار". والهدف من وراء استعمال بطاقة الاعتماد هو حصوله (مقابل استعمال "بطاقة فيزا") على "أميال جوية" يمكن استخدامها للطيران بدون مقابل. وهكذا طلبت المعلمة من التلاميذ في الصف الرابع الأساسي وضع مخطط للسفر بحيث يستهلك "الأميال" المكتسبة. نفس المعلمة استخدمت خبراً عن رجل جمع مليون بنس أمريكي، مما أتاح الفرصة للتلاميذ لمعرفة مفهوم المليون وكم من المئات والآلاف وعشرات ومئات الآلاف في المليون، وأسئلة عن كم يزن المليون بنس أمريكي وكم يكون ارتفاع الكومة إذا وضعت النقود على شكل هرمي.

في نشاط آخر طلبت معلمة للصف السابع الأساسي من التلاميذ حساب تكلفة طابع البريد الداخلي في سنة ٢٠١٠ بناء على مراجعة تاريخية لسعر طابع البريد في الإصدار الأول / الأساسي. وتوصل الطلبة لاستنتاجاتهم بطرق عديدة (رسوم بيانية، نسب مئوية، الخ). طبعاً لم تكن هناك إجابة صحيحة محددة لكن كان على الطلبة التفكير واستعمال معرفتهم الرياضية السابقة، وكان عليهم أيضاً تعليل إجاباتهم / والدفاع عنها.

مادة الهندسة أيضاً من المواد التي يسهل التعامل معها على أسس تطبيقية عملية. فعلى سبيل المثال طلب مدرس من تلاميذه تصميم حاوية / علبة صغيرة بإمكانها احتواء ٣ كرات تنس. وشدد المعلم على أن الحاوية الصغيرة يمكن أن تأخذ أي شكل بشرط أن لا تكون هناك مساحات فراغية غير ضرورية. هذا النشاط الذي يتطلب من التلاميذ استخدام وتطبيق معادلات المساحة والسعة وإلى بناء/ تصميم نماذج، تطلب استخدام جميع أنواع المعرفة التي اكتسبها الطلبة في الفترة السابقة لبدء هذا النشاط التكاملي، هذا بالإضافة إلى أنه كان بمثابة استراحة محببة من الكتاب المدرسي.

في مدرسة أخرى استخدم المدرس آلة الموسيقى (البيانو) لشرح وتوضيح وتطبيق مفاهيم في الوظائف الحسابية والإحصاء وعلم المثلثات. جهاز البيانو يحتوي على (٨٨) مفتاحاً ووتراً كل منها ذو درجة تذبذب / تردد مختلفة. قام أحد أصحاب محلات بيع الأجهزة الموسيقية بتزويد المعلم بلائحة تحتوي على جميع الترددات / الذبذبات وكان على الطلبة استخراج معادلات بخصوص الارتباط / العلاقة بين موقع المفتاح على لوحة المفاتيح ودرجة تردده. قرأ الطلبة أيضاً مقالة عن أنواع أخرى من أجهزة البيانو الألمانية التي تحوي (٨) مفاتيح إضافية، حيث اكتشفوا تأثير هذا العدد الإضافي على درجة التردد الوتري.

وللتكنولوجيا أيضاً دور هام في التطبيقات العملية. فعلى سبيل المثال قامت معلمة في مدرسة ثانوية باستخدام بيانات أصيلة / حقيقية من واقع المختبرات

العلمية واستخدمت جهازاً لقياس درجة شدة الضوء من مصادر ضوئية مختلفة البعد والقوة وقام الطلبة بعمل رسوم بيانية توضح وتحدد درجات شدة الضوء. وقام الطلبة بعد جمع البيانات وتوضيحها بيانياً باستخدام الآلة الحاسبة لإيجاد المعادلة الملائمة وذات العلاقة. هكذا نرى أنه باستعمال التقنيات الحديثة فإننا نستطيع جعل الرياضيات مادة علمية اختبارية / مخبرية مما يشجع الطلبة على العمل ويزيد من دافعيتهم لإنجاز النشاطات المدرسية.

إعطاء الأولوية للتفكير والمنطق:

إن الوقت الذي يقضيه الطلبة في التدرب على حل المسائل / المشكلات هو حسن استخدامه لأن أسلوب حل المشكلات يجبر الطالب على الخروج من بوتقة الأساليب التقليدية والانطلاق في تفكيره المنطقي الرياضي للوصول إلى إدراك ما يفعله لحل المسائل الرياضية التطبيقية. هذا يعني أن التعليم من أجل الفهم الواعي بدل الحفظ الآلي للخوارزميات يجب أن يشكل القاعدة في تعليم وتعلم الرياضيات. لهذا السبب وبناء على المعايير الجديدة لتعليم التفكير الرياضي، فإن عدداً متزايداً من المعلمين يقدم العمليات الحسابية على كونها وسيلة لغاية عظمى ألا وهي تنمية مهارات التفكير الرياضي.

في عدد كبير من المدارس التي تتبع الأسلوب التقليدي في تدريس الرياضيات، يجبر الطلبة على "تقليد" أو "محاكاة" طريقة وأنماط تفكير المعلم في حل المسائل الرياضية. الأسلوب الجديد، يعطي للطالب الفرص لإظهار أنماط واستراتيجيات تفكيره الخاصة والتي يمكن أن تكون خلاقة وإبداعية في طبيعتها، عكس ما يعتقد كثير من المدرسين. أفكار الطلبة والأساليب التي يتبعونها في معالجة المسائل الرياضية يمكن أن لا تكون متوافقة مع أنماط تفكير المدرس لكن من المؤكد أن بعضها ستكون منطقية ومبتكرة. هذا يعني أن على المدرس أن يستمع إلى أفكار الطلبة وأن يبني على قاعدة معارفهم واستراتيجياتهم القائمة بدلاً

من البدء من نقطة الصفر. هذه الأساليب تتفق مع مفاهيم التعلم ذي المعنى الذي ينطوي على الربط بين المادة الجديدة وما يعرفه الطالب. بالإضافة إلى المنفعة الذهنية والمعرفية فإن اتباع هذا الأسلوب يسهم في زيادة دافعية الطلبة وتعزيز مفهوم الذات لديهم الأمر الذي يمكن أن يرفد عملية التعلم، هذا بالإضافة إلى أن الاستماع إلى أفكار وأنماط تفكير الطلبة يمكن أن يساعد المعلم في تشخيص مشاكل التعلم والمفاهيم الخاطئة.

إعطاء قيمة لاستراتيجيات التفكير الخاصة بالطلبة:

يلاحظ عند أي معلم متمرس بأن الطلبة يقومون عادة بابتكار طرقهم الخاصة في حل المسائل وفي تطبيق العمليات الحسابية. وحتى يتمكن المعلم من تنمية التفكير بدلاً من التذكر والتعلم الآلي فإن عليه ترك الطلبة يقومون باستكشاف استراتيجياتهم الخاصة لفهم الرياضيات بدل تزويدهم بالخوارزميات "المفضلة" وهذا يعني أنه يدفع الطلبة إلى اتباع اساليبه واستراتيجياته الذهنية وبذلك لا يخدم الطلبة إطلاقاً وإنما يعزز الإتكالية والخمول الذهني.

وعلى سبيل المثال وفي تعليم الخوارزميات بطريقة تقليدية فإن القيام بعملية جمع ٢٩ + ٣٦ يتطلب من التلميذ "حمل الرقم ١" لكن في أساليب التعليم التطبيقية العملية فإن بإمكان الطلبة تحويل "٢٩" إلى "٣٠" وإضافة "٣" عشرات وجمع "٥" للحصول على العدد "٦٥" إن قام المعلم بإتاحة الفرص للطلبة بتجريب استراتيجياتهم أمام زملائهم يساهم في عرض أكبر عدد من الاستراتيجيات ومن ثم تحديد واختيار أفضلها للسياق أو المسألة قيد الحل.

استثارة التواصل اللفظي (الخطاب الصفي / التفاعل الصفي)

إن التواصل اللفظي عن طريق النقاش بين الطلبة حول حل المسائل وحول المفاهيم الرياضية المنطقية هو أمر هام بنفس أهمية تدريب وتعريف الطلبة باستراتيجيات التفكير. إن أهمية التواصل اللفظي تنبع من الرأي بأن

الطالب لا يعرف مدى معرفته حتى يقوم بصياغة المعرفة بطريقة لفظية. ان التفاعل اللفظي بين الطلبة يساعدهم على توضيح أفكارهم ويُسهل على المعلم تحديد معالجات لمعلومات لديهم. هذا التوجه هو على نقيض التوجه القديم الذي كان يعاقب فيه المعلم الطالب الذي يعطي رأيه وتفسيراته. حين يتحدث الطلبة عن المفاهيم والمعالجات الرياضية فإنهم بعملهم هذا يقومون "بتذويت" (Internalize) المفاهيم وبناء قاعدة معرفية طويلة المدى.

بعض المعلمين يبدأون الدرس بطرح مشكلة ويتركون المجال للتلاميذ بتجميع أفكارهم المختلفة حيث بعملهم هذا يدرك الطلبة التناقضات في المفاهيم عند بعضهم البعض، ويضطر التلاميذ في هذا النشاط إلى الدفاع عن مفاهيمهم وتعليل استخدام استراتيجية محددة لحل المشكلة. ومن خلال النقاش يتعرف الطلبة على مواطن سوء الفهم والخلط بين المفاهيم ويصلون إلى إجماع حول أفضل وأدق الاستراتيجيات والمعالجات الرياضية. وهناك عدد آخر من المعلمين يطلب من التلاميذ التفكير بصوت مرتفع (Think-aloud) حين تم حل المشكلة تحدث مشاركة المجموعات الأخرى للأفكار. وعن طريق هذه النشاطات، فإن الطلبة ينمون مهارات التواصل اللفظي الاجتماعي (Social Communication Skills) الضرورية للعمل التعاوني.

هناك معلمون آخرون يشجعون طلبتهم على الكتابة عن أفكارهم واستراتيجياتهم عن طريق ما يسمى "الكتابة الموجهة" (Guided writing). فعلى سبيل المثال لماذا حاصل جمع ١ +١ + ٣ = ٢ / ٥؟ هنا يقوم الطلبة بإعطاء إجابات بناء على مستوى فهمهم للمادة والمفاهيم الرياضية. للإجابة على هذا السؤال، قال بعض التلاميذ بأن الأعداد المضافة (Addends) يجب أن يكون لها قاسم مشترك، في حين قال البعض بأن المجموع / الناتج يجب أن يكون أكبر من ٢ / ٥، وهكذا. ويعتبر كثير من التربويين أن الكتابة هي طريقة جيدة لمعرفة طرق تفكير الطلبة ومحتوى هذا التفكير. وفي نفس الوقت يجب أن ندرك كمعلمين بأن القدرة على

الكتابة للتعبير على التفكير ولشرح أنماطه واستراتيجياته هو أمر ليس بالهين ولا يتطور تلقائياً. لهذا السبب على المعلم أن يوجه الطلبة عن طريق النمذجة (Modeling) المستمرة من قبل المعلم حتى يتأكد من قدرة الطلبة على القيام بالكتابة بصورة فردية وبفعالية وكفاءة وبوضوح.

طريقة أخرى لتعزيز القدرات والمهارات التعبيرية / الكتابية تتلخص في كتابة "يوميات أو مفكرات" حول الرياضيات ومفاهيمها وحول الجوانب الوجدانية (الدافعية، الاتجاهات، المعتقدات).

وفي النهاية يمكن القول بأن بث الحياة في مواد الرياضيات يتطلب الكثير من الابتكار والتخيل والإبداع، بالإضافة إلى الرغبة والتوجه الإيجابي للمحاولة وللتجربة. وبما أن مادة الرياضيات تدخل ضمن العديد من الأمور والمواضيع التي نواجهها في حياتنا اليومية، فإن باستطاعة المعلم الاستفادة من الارتباطات العديدة بالحياة العملية.

استخدام الرياضيات لتصميم وبناء مدينة (خيالية):

في إحدى المدارس في الولايات المتحدة يقوم الطلبة باستخدام ما تعلموه من مفاهيم وعمليات رياضية بطريقة فريدة ومبتكرة - تصميم مدينة. ومن خلال مشروع دراسي يستمر فصلاً دراسياً كاملاً، يقوم الطلبة في الصف الثاني عشر بتصميم مدينة تتمتع بشبكة طرقات جيدة وفعالة. وعليهم بالإضافة إلى ذلك ابتكار خطة إجرائية لانتخاب مجلس بلدية المدينة تأخذ بعين الاعتبار التمثيل المناسب لجميع سكان المدينة وأحيائها. ويتطلب إتمام المشروع أيضاً ضرورة قيام الطلبة بالاتصال بشركات الإعمار والبناء لعمل مخططات لمدنهم المقترحة وتطبيق ما تعلموه في مادة "الطوبولوجيا" (Typology) عن موضوع "تحليل المسارات".

الخلاصة

تم التطرق الى فعالية التعلم الناشط من حيث استخدام الاساليب المختلفة التي تؤدي الى تفعيل دور الطلبة. وتحديد مستوى الاستراتيجيات التي لها أهمية في تقديم المعلومات لدى الطلبة بشكل لا يؤدي الى الملل والتعب لديهم. كما أن للاساليب أهمية في حل المشكلات ويؤدي الى تطور الاسلوب العلمي لدى الطلبة، ويمكن أن نوضح ذلك عن طريق المخطط التالي:

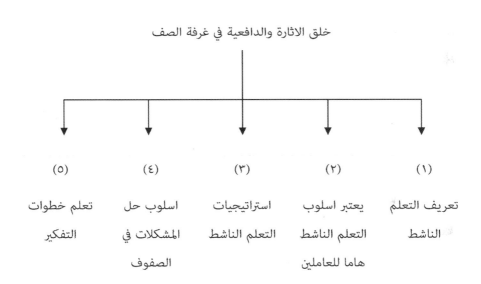

خلق الاثارة والدافعية في غرفة الصف

(٥)	(٤)	(٣)	(٢)	(١)
تعلم خطوات التفكير	اسلوب حل المشكلات في الصفوف	استراتيجيات التعلم الناشط	يعتبر اسلوب التعلم الناشط هاما للعاملين	تعريف التعلم الناشط

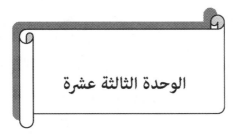

الوحدة الثالثة عشرة

استخدام الألعاب لتحسين مستوى التعليم

* أهداف الوحدة.
* استخدامات لعب الدور.
* الألعاب التظاهرية.

أهداف الوحدة الثالثة عشرة

* أن يتعرف الطالب على طبيعة الألعاب الاجتماعية والعقلية.

* أن يتعرف الطالب على استخدامات اللعب.

* أن يُلّم الطالب بأسلوب لعب الدور.

* أن يتعرف الطالب على خصائص لعب الدور.

* أن يستنتج الطالب اسهامات لعب الدور في تطور التفكير.

* أن يستفيد المعلم من التطبيقات التربوية.

الوحدة الثالثة عشرة

استخدام الألعاب لتحسين مستوى التعليم

تمهيد

يعّد اللعب موقفاً نفسياً اجتماعياً ونشاطاً داخلياً يقوم به الطفل لتحقيق هدف معين، وقد يكون بقصد التسلية، أو بمثابة ترفيه عن النفس، حيث إن اللعب يجذب المتعة والراحة النفسية للطفل. [1]

إن الكثير من الدراسات والابحاث أكدت أن اللعب يؤدي إلى إحداث التوازن والتفريغ الانفعالي عند الطفل، فعن طريق اللعب يمارس خبراته السارة، ويصنع عالمه وأشياءه بطريقته الخاصة، كما يمكن استخدام اللعب كطرق علاجية لبعض الأمراض النفسية وهذا ما أكدته "ميلاني كلين" (Melan Klain) (١٩١٩) بأن اللعب يخلص الفرد من بعض الاضطرابات النفسية.

إن بعض الدراسات تؤكد على أهمية اللعب في تنمية النواحي الحسية والحركية العقلية والانفعالية والاجتماعية، وهذا بدوره يؤدي إلى تنمية الشخصية وبنائها.

***طبيعة الألعاب الاجتماعية والعقلية:**

يُمثل اللعب سلسلة من الحركات الجسدية تستند الى نواح انفعالية عقلية واجتماعية، حيث توجد علاقة وطيدة بين ثقافة المجتمع ونوعية أداء اللعب عند الأطفال، فمن خلال نشاطات اللعب يدركون الأشياء المختلفة والألوان والأحجام. ويتعرفون على البيئة المحيطة بهم.

إن اللعب يعتبر صفة تظهر عند الطفل منذ ولادته لذلك يتصل بالنواحي السيكولوجية والاجتماعية، ويرى "جروس" بأن اللعب تمتاز به صغار الحيوانات

والإنسان على حد سواء لذلك يعتبره صفة غريزية، وللبيئة الاجتماعية أثرا في تحديد الإطار العام للعب، حيث يتحول من الناحية الغريزية العشوائية إلى الناحية المنظمة.

أما أهمية اللعب من الناحية العقلية، فتشير النظرية المعرفية وبالذات (نظرية جان بياجيه)، إلى أنّ اللعب نشاط حركي للطفل له علاقة بالنمو العقلي، ويرتبط بمرحلة النمو، وينمو بصورة متدرجة، فعلى سبيل المثال نجده في المرحلة الحس حركية عبارة عن حركات عشوائية متمركزة حول الذات، ولكن في مرحلة ما قبل العمليات يقوم على الاكتشاف، بينما في مرحلة العمليات المادية يتخذ من البيئة المحيطة والأدوات أسساً لقيامه ومن ثم يتطور إلى المرحلة الرمزية، ولذلك هناك لعب اجتماعي خيالي أو الايهامي يستند ما يتخيله الطفل في حياته.

إن للبيئة الاجتماعية دوراً كبيراً في تحديد نوعية اللعب، لذلك نجد بأن التنميط الجنسي Sexcial typfication يحدد أنظمة ومسار اللعب، فألعاب الإناث تختلف عن الذكور من حيث النوعية والأنظمة.

إن البيئة الاجتماعية الثقافية لها دورٌ في تحديد مسار اللعب عند الأطفال حيث للثقافة الجزئية (Sub culture) للجماعة تأثيراً واضحا على مسار اللعب.

وقد أكد الخوالدة في كتابه (اللعب الشعبي عند الأطفال) أن للبيئات الاجتماعية أثرا على مسار الألعاب، وهذا لا يأتي بصورة عفوية وتلقائية وإنما يرجع إلى التقاليد الاجتماعية.[(١)]

كما أن للعب دوراً حاسما في بناء العلاقات الاجتماعية، فيصبح الطفل اجتماعيا أكثر عن طريق لعبه مع الآخرين، ويكتسب مكانة بينهم ويتدرب على مهارات التعاون، والأخذ والعطاء، ويوسع الطفل دائرة اتصالاته بالآخرين ويستوعب معايير السلوك الاجتماعي، ويتعرف على جوانب المفاهيم الاجتماعية،

---

(١) محمد الخوالدة، اللعب الشعبي عن الاطفال.

واللعب يمنح الطفل مواقف حياتية تتيح لهم تعلم النموذج الاجتماعي وتكوين نواة العلاقات الاجتماعية كالتعاون والتعارف وتقبل آراء الآخرين.

*أساليب استخدام اللعب العقلي والاجتماعي

إن الألعاب العقلية تكسب التلاميذ خصائص محددة كتنمية القدرات العقلية والاكتشاف والدقة واكتساب المفاهيم التي تساعد على التعبير، وتعلم معرفة العلاقات بين شيئين أو ظاهرتين، وتساعدهم على إدراك مفاهيم جديدة تجعلهم يدركون علاقات متشابهة، ومن خلال هذه الألعاب يمكن أن يتم اكتشاف مواهب وقدرات تؤدي إلى رفع مستوى أدائهم.   تؤدي إلى رفع من مستوى القدرات المعرفية عند الأطفال وتؤدي إلى التعلم الاستكشافي "Discovery Learning" وترفع من مستوى القدرة على التركيز والانتباه واكتساب المهارات اللغوية والحركية.

إن الألعاب الاجتماعية تعمل على مساعدة الأطفال على اكتشاف قدراتهم الذاتية في التعاون مع الآخرين، والالتزام بالمعايير والقواعد الاجتماعية، وتقبل الآخرين والتكيف والتوافق مع البيئة الاجتماعية التي ينتمون لها، واكتشاف مكانتهم وإقامة الصداقات، وبث روح التعاون من خلال هذا اللعب.

*لعب الدور كأسلوب لتطوير التفكير

هذا النوع من اللعب يحدد النمط السلوكي الذي يتفاعل الطفل فيه مع الآخرين وهو يتصل بالتفاعل الإجتماعي، فهذا النمط من اللعب يتصل في ديناميات الجماعات.

إن هناك دراسات كثيرة ومتعددة بينت أهمية هذا النوع من اللعب، حيث يؤدي إلى معرفة السلوك الشخصي عند الأطفال، ومحاولة حل المشكلات التي يتعرض لها الأطفال عن طريق تمثيل الأدوار من خلال عملية اللعب. وهذا يحدد

---

(١) محمد خوالدة، اللعب الشعبي عن الاطفال.

الإطار العام لمشكلة، ويساعد الأطفال على التخلص من مشكلاتهم التي يتعرضون لها.

إن للعب الدور أهمية في تحديد المواقف والأطر العامة التي يتفاعل بها الطفل مع الآخرين، وهذا يتم عن طريق التمثيل لبعض السلوكات المتعلقة بشخصيته، وبعد ذلك يقوم المعلم بتحديد المشكلة التي يتعرض لها الطفل، ولا ننسى أيضاً أن الإرشاد والتوجيه في تعديل السلوك يقوم على هذه الناحية، وهذا ما يسمى باللعب التمثيلي السيكودراما (Psychodram) الــــــــذي مــــــــن خلالــــــــه يــــــــتم معرفــــــــة خصائص سلوك الأطفال ومساعدتهم على تعديل سلوكهم.

كما أنه يؤدي إلى تنمية شخصية الطفل، وتجعله قادراً على حل المشكلات التي يتعرض لها، ومن خصائصه أنه يؤدي إلى التطور العقلي للطفل ويجعله متفاعلاً عاطفياً مع الآخرين.

إن للعب تأثيراً واضحاً على الناحية العاطفية والوجدانية عند الطفل، بحيث يجعله متفاعلاً مع الآخرين ويؤدي إلى تنمية شخصيته بشكل متكامل.

استخدامات لعب الدور:

يمكن أن نستفيد من لعب الدور في تحديد مشكلات الأطفال النفسية والاجتماعية، وبالتالي تشخيصها ومعرفة أسبابها ومسبباتها كما يمكن تحديد طريقة علاجية لها، حيث يستخدم هذا النوع من اللعب في تنمية شخصيته واعطائه نوعاً من الثقة بالنفس. ويؤدي إلى تشكيل سلوك الطفل.

إسهامات لعب الدور:

يسهم هذا النوع من اللعب في تنمية بعض سمات الشخصية، كالتفاعل الإنساني وإقامة العلاقات الاجتماعية بين الأطفال. ويسهم هذا اللعب أيضاً في حل المشكلات الاجتماعية وإنه يزيد من مستوى الخبرة عند الطفل مما يؤدي في المحصلة النهائية إلى مشاركة الآخرين في مواقفهم.

إن المعلم يستخدم لعب الأدوار عند التلميذ مـن أجـل تكـريس العمليـة التربويـة وتطـوير التفكير لديهم، كما أن المعلم يقـوم في هـذا النوع مـن اللعـب بتشكيل سـلوك عـن طريق إصدار الأحكام على سلوكهم، ووضعهم في مواقف تعليمية تستدعي التفكير ومن ثم الوصول إلى الحلول.

لعب الأدوار كموضوع للتعليم:

يعّد الدور بأنه مجموعة من التنظيمات السلوكية التي يفرضها المجتمع على الفـرد، لتتوافق مع الموقف النفسي الاجتماعي، وأن للعب الدور أهميـة في تنميـة شخصية الطفل، لهذا يمكن الاستفادة منه في مجال تعلم الادوار الاجتماعية وتمثيل الأحداث اليومية التـي لهـا أهمية في تعديل سلوكه، وكذلك يمكن استخدامه في ترسيخ مفاهيم يتعلمها الطلبة من خلال المنهاج الدراسي المتمثل في دروس المحادثة والقراءة في اللغة العربية، كما يتعلم التلاميذ عـن طريق لعب الدور مهارة بناء العلاقات الاجتماعية.

الألعاب التظاهرية:

يعتبر هذا النوع من الألعاب الشائعة في مرحلـة الطفولـة المبكـرة، وهـذا يتمثـل في الألعاب الايهامية أو التخيلية ويظهر هـذا اللعـب عـن طريـق اللغـة والسـلوك وأن الألعـاب التظاهرية تعبر عن شعور الطفل ورغباته من حيث أن لكل طفل خلفية نفسية اجتماعيـة تميزه عن الآخرين، وهذا بدوره يكتشف من خلال اللعب الايهامي، وهناك بعض المقـاييس التي تستخدم لمعرفة مستوى التخيل عند الطفل كإضفاء صفات الحيـاة علـى الجمـادات وتكلم الطفل مع دميته.

ومـن أشكال اللعب الايهـامي عـدة موضـوعات كـالتي تختص بالمنزل والأنشطة المتصلة بالمواصلات والبيع والشراء وهذا ما أكده (ميرفي).

وأهم وظائف اللعب الايهامي تنمية قدرات الطفل العقلية وارتباط مستوى تفكيره بالبيئة التي ينتمي إليها، ويعمل هذا النوع من اللعب على تفريغ الانفعالات عند الأطفال، وتنمية مستوى الخيال عند الطفل.

***خصائص لعب الدور**

يمكن القول بأن للعب الدور خصائص تحدد من خلال النقاط التالية:

١- يتحدد لعب الدور بطبيعة الطفل الاجتماعية.

٢- له علاقة بالثقافة الاجتماعية للطفل.

٣- يختلف من الذكور والإناث.

٤- يرتبط بطبيعة المرحلة العقلية التي يمر بها الطفل.

٥- يتصف لعب الدور بعمليات نفسية اجتماعية لها علاقة بتطوير شخصية الطفل مستقبلاً.

التطبيقات التربوية:

من خلال دراسة الوحدة الحالية يمكن التعرف على الأنماط المختلفة للعب المتمثلة بالألعاب الاجتماعية العقلية والألعاب الايهامية، ويمكن توضيح اهمية الالعاب بصورة شاملة وبحيث نستفيد منها في التطبيقات التربوية التالية:

أ- التعرف على سمات شخصية الطفل المتمثلة بالنواح الاجتماعية والعقلية والانفعالية عند الأطفال.

ب- تحديد السمات العامة للعبه ومدى تلاؤمها مع طبيعة المرحلة العقلية التي يمر بها الأطفال.

ج- عن طريق لعب الدور يمكن معالجة بعض المشكلات النفسية والاجتماعية كالخوف والانطواء.

د- تحديد أشكال وأنماط الألعاب المختلفة، من خلال التعرف على الثقافات الجزئية للمجتمع.

الخلاصة

تم التطرق في هذه الوحدة الى عدة نقاط: كطبيعة الالعاب الاجتماعية والعقلية واساليب استخدامها، ولعب الدور كأسلوب لتطوير التفكير، وخصائص اللعب، واستخداماته واسهاماته، والادوار كموضوع للتعلم، والالعاب التظاهرية وفي ضوء ذلك يمكن توضيح ما سبق بالشكل التالي:

استخدام الألعاب لتحسين مستوى التعليم

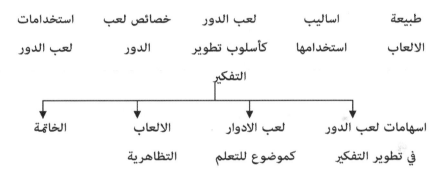

طبيعة الالعاب
اساليب استخدامها
لعب الدور كأسلوب تطوير التفكير
خصائص لعب الدور
استخدامات لعب الدور
اسهامات لعب الدور في تطوير التفكير
لعب الادوار كموضوع للتعلم
الالعاب التظاهرية
الخاتمة

خاتمة الكتاب العامة

استعرض هذا الكتاب عدة موضوعات حول أساليب التدريس المعاصر في غرفة الصف، ففي الوحدة الأولى التي اشتملت عن علاقة طرق التدريس بعلم النفس التربوي، التي كان لها الأثر الهام في تحديد ماهية وأسس هذه الطرق، وضحنا الأسس العامة التي يقوم عليها علم النفس التربوي ثم جاءت الوحدة التي تليها لتحدد الأسس العامة التي تقوم عليها عملية التعلم ، إذ اشتملت على التعزيز كمفهوم في زيادة فعالية التعلم، ثم جاءت بالأسس العامة لعملية التعلم التي تتعلق بالنظرية السلوكية ثم المعرفية، وكان لهذه الوحدة أثر في تحديد وتشكيل ماهية التعلم ضمن اتباع استراتيجيات وطرق تؤدي إلى تفعيل دور كل من المعلم والطالب داخل غرفة الصف، وهذا بدوره يشكل أساساً هاماً في تشكيل استجابات الطلبة بحيث تجعلهم اكثر قدرة على التفاعل الصفي.

أما الوحدة الثالثة فحددت الأسس العامة لماهية الأسس التي يقوم عليها التعلم في رياض الأطفال، حيث حددت الخصائص العامة التي يمتاز بها التعلم في رياض الأطفال من حيث تناسب الطرق مع قدرات وإمكانيات الأطفال العقلية داخل رياض الأطفال.

أما الوحّدة الرابعة فربطت بين التفكير التعليمي ونظريات التعليم، ممثلاً ذلك في النظرية السلوكية والمعرفية من حيث وضع اتجاهات منظري هذه النظريات مثل سكنر في النظرية السلوكية وأزويل في الاتجاه المعرفي، وتطرقنا إلى أساليب التفكير التعليمي التي جاءت بها الاتجاهات الإنسانية، ممثلاً ذلك في آراء كل من فروُمل ونشوري، حيث كان لهذه الموضوعات أهمية في بناء فكرٍ تعليمي له دور هام في بناء استراتيجيات تعليمية تتناسب مع قدرات وإمكانيات الأطفال السيكولوجية والعقلية.

ثم جاءت الوحدة الخامسة لتحدد أهمية أسلوبي الحوار والمناقشة في استخدامها في تعلم التلاميذ، عندما حددنا الأطر العامة في تفعيل الاستراتيجيات التي تتعلق بهذه الأساليب، بحيث تؤدي إلى زيادة دافعية الطلبة للتعلم واستثارة دافعيتهم للتعلم.

ثم طرحت طريقة جانيه في أنماط ثمانيه مترابطة لتحديد ماهية التعلم الفعال، وطرحنا طريقة " هنداتابا" الاستقرائية في تشكيل البناء التعليمي المعرفي لدى التلاميذ ، ثم جاءت هذه الوحدة بنمط " روشكوف" في بناء فعالية معارف الطلبة عن طريق تكليفهم بحل وظائف صرفية وبيتية حتى يرسخ مفهوم التعلم الفعال لديهم .

أما السادسة فتطرقت إلى وضع أسس للتدريب كل التفكير المنطقي، فمثلاً ذلك بالتفكير الحدسي، والتفكير التحليلي المنطقي الذي يؤدي إلى الربط بين شيئين بحيث يؤدي إلى تشكيل الأنشطة التعليمية التي تؤدي إلى زيادة المستوى المعرفي لدى الأطفال فتتشكل قدراتهم المعرفية العالية على الاستنتاج الصحيح، من خلال اتباع عمليتي الاستقراء والاستنباط.

أما السابعة فهي عبارة عن عدة تدريبات تؤدي إلى حل بعض المشكلات التعليمية لتحديد الأسس العامة التي تؤدي إلى تحسين مسّتوى التفكير، لا سيما عندما يتعرض الطالب إلى المواقف التعليمية التي تؤدّي إلى زيادة فعالية التفكير الصّحيح الذي يؤدي إلى حل المشكلات التعليمية بحيث يؤدي ذلك إلى تنمية مستوى التفكير لدّى المتعلم.

أما الوحدة الثامنة فتطرقت إلى معوقات وأسس التفكير الإبداعي، ممثلاً ذلك في مستويات الإبداع وخصائصه ، حيث ربطت ذلك في أنشطة صرفية يقوم بها التلميذ بحيث يؤدي إلى زيادة فعالية الإبداع.

أما الوحدة التاسعة كانت بمثابة الدليل الواضح لزيادة مستوى دافعية الطلبة نحو التعلم، حيث وصفت الأسس العامة لتحقيق الدافعية حيث وضحت بعض

النماذج من التفاعل الصفي، وتطرقت إلى بعض النظريات المعاصرة في هـذا المجـال، واقترحت بعض الأنشطة التي من شأنها أن تؤدي إلى زيادة الدافعية.

أما الوحدة العاشرة فتطرقت إلى ماهية بناء العمل التعاوني الذي يُعد من الأساليب الحديثة في عملية التعليم داخل الصف، حيث وضحت الأسس التي يقوم عليها هـذا النـوع من التعلم وكيفية تقييم الطلبة عن طريق اتباع هذا النوع من التعلم. ولهذا وضعت بعـض الأنشطة التي لها دور هام في تفعيل دور الطلبة داخل غرفة الصـف عـن طريـق اتبـاع هـذا النوع من التعلم.

أما الوحدة الحادية عشرة فتطرقت إلى التعلم الناشط الذي يقوم على غرس التفكـير العلمي في تعليم الموضوعات التعليمية ، ممثلاً ذلك في غرس الإدراك العلمي الصحيح الـذي يقوم على طرح القضايا التعليمية المرتبطة بواقع حياة الطالب، بحيث يصل مـن خـلال ذلك إلى تعلم أفضل.

أما في الوحدة الثانية عشرة ، فتطرقنا إلى إيجاد الدافعية المرتبطـة بـالتعلم الناشـط، حيث طرحت عدة نقاط من أهمها تحديد الأسس التي يقوم عليها تطوير مستوى المعلمـين، وربطها باستراتيجيات تؤدي إلى تشكيل المهارات التعليمية .

أما الوحدة الثالثة عشرة فكانت بعنوان استخدام الألعاب لتحسين مسـتوى التعلـيم وكان البحث فيها منصباً على تعريف الألعاب وربطها بزيادة التطور المعرفي والاجتماعي، وتحديد أنواعها مع ذكر خصائص كل نوع من الألعاب وعلى أية حال يمكننا تقديم مخطـط هيكلي للموضوعات التي جاء بها الكتاب:

نماذج تربوية تعليمية معاصرة

- علاقة طرق التدريس بعلم النفس التربوي.

- أسس التعلم.

- الاتجاهات المعرفية في التعلم لدى مرحلة رياض الأطفال

  والمدارس الابتدائية.

- التدريب على أنماط التفكير.

- أسلوبي الحوار والمناقشة في تنمية التفكير.

- التدريب على التفكير المنطقي.

- التدريب على حل المسألة وتطوير المعلومات.

- مقومات التفكير الإبداعي وأساليب تطويره.

- الدافعية والتفاعل الصفي.

- التعليم التعاوني.

- التعليم الناشط.

- التعلمي الناشط واستثارة الدافعية

- استخدام الألعاب لتحسين مستوى التعلم.

خلاصة القـول إن هـذا الكتـاب جـاء ليحقـق أهـدافاً تعـد ذات أهميـة في تشـكيل
استراتيجيات التعليم متمثلاً ذلك في تعرف المعلم على العلاقة البنائية بين

استراتيجيات التعلم وعلم النفس، وكذلك التعرف على أسس التعلم وفقاً لكـل مـن النظرية السلوكية والمعرفية، والتعرف على الطرق التعليمية والاستراتيجية في تعليـم الأطفـال في كل من رياض الأطفال، والصفوف الابتدائيـة الـدنيا. كـما يهـدف إلى التعـرف عـلى طـرق تعليمية حديثة كالتعلم بطرق المجموعـات والـتعلم الناشـط وكـذلك اسـتخدام الألعـاب في تحسين مستوى أداء الطالب التعليمي.

كما أن هذا الكتاب يُعد من المجالات الهامة خاصة في استخدام الأساليب المعـاصرة من قبل المعلم، بحيث يؤدي ذلك إلى كسر الروتين والملل لدى الطلبة كما يُعـد هـذا الكتـاب الدليل الواضح للتعرف على الطرق المثلى الناجحة التي يمكن اسـتخدامها مـع الطلبـة، حيـث يمكن أن تستفيد من هذا الكتاب فيما يلي:

١- الإلمام ببعض النماذج التربوية التعليمية التي تناسب قدرات وإمكانيات الطلبة.

٢- التعرف على خصائص الأطفال العملية التي يمكن على أثرها تشكيل مناهج متناسبة مـع قدراتهم وإمكانياتهم.

٣- يمكن في ضوء هذا الكتاب أن نضع أساساً عاماً لعملية النمو المعرفي لدى الطلبة.

وفي الخاتمة ، يمكن أن يكون هذا الكتاب في طبعته الثانية محـدداً للأسـس العامـة لعمليات التعلم لدى المعلمين، على أن تأخذ بعين الاعتبار بأننا يمكن أن نسـتثمر موضـوعات هذا الكتاب في تشكيل معارف كلٍ من المعلم والطالب.

المصطلحات

(أ – إ)

(١) ألعاب تظاهرية

مجموعة الالعاب التي تعبر عن شعور الفرد ورغباته، او مجموعـة الانمـاط السلوكية التي يعبر عنها الطفل في موقف معين.

(٢) إبداع

يعرف بأنه تفكير ينتمي إلى نسـق مفتـوح يتميـز بالانتـاج، ويحتـوي عـلى خاصية فريدة، كما أنه يعرف بأنه تفكير مرن غـير جامـد، ويتضـمن وضـع فرضيات واختبارها.

(٣) إبداع تعبيري

يعرف بأنه التعبير الحر المستقل الذي يحتوي على أصالة فكرية.

(٤) إبداع انتاجي

نعني به ضبط الميل وتحديده، وقد نعني به التحسين والاكتشاف.

(٥) أصالة

قدرة الفرد على تجديد القديم دون حذفه كليا، بل تحسينه.

(٦) استدلال

يعدّ نمطاً من التفكير الـذي يتطلـب اسـتخدام اكبر قـدر مـن المعلومـات بهدف الوصول إلى حلول تقاربية.

(٧) اشراط كلاسيكي

ارتباط مثير حيادي مع طبيعي يؤدي الى استجرار العضوية.

(٨) اتجاه

منحى او طريقة يتبعها الباحث في التعامل مع مشكلة أو ظاهرة ما.

(٩) اتجاه جشتلطي

طريقة في التفكير والتعلم تـرى بـأن الكـل المتكامـل مـن النسـق اكبر مـن أجزائه.

(١٠) اتجاه سلوكي

مجموعـة مـن نظريات تفسرـ الـتعلم بأنـه مجموعـة مـن الارتباطـات بـين المثيرات والاستجابات.

(١١) استدلال حسابي

اكتشاف العلاقات ما بين الارقام والعمليات عن طريق عمليتي والاستقراء والاستنباط.

(١٢) استجابة مرجأة

مجموعة السلوكات التي تتحكم بها مجموعة الظروف الخارجيـة ولا تمتـاز بالثبات.

(ت)

(١) تعلم

مجموعة الخـبرات التـي يكتسـبها الفرد بطريقـة ذاتيـة ويؤدي إلى تغـير سلوكه.

(٢) تعليم

تغير في اداء الطالب وفقا لعملية تعليميـة خاصة تشـتمل عـلى الاهـداف والمحتوى والتقويم.

(٣) تعلم اشاري

يقوم على الارتباط بين استجابة عامة ولا ارادية لمثير معين.

(٤) تعلم استقبالي

تعلم يقوم على تلقي المعلومات جديدة وربطها بالخبرات السابقة.

(٥) تعلم استكشافي

تعلم يتعلق في طرح مجموعة من المشكلات والوصول الى حلول.

(٦) تعلم تعاوني

تعمل يرتكز على اتصال افراد المجموعة التعليميـة فيما بينهـا لـكي تشـكل نسقا تعليميا فيما بينها.

(٧) تعلم ناشط

تعلم يرتكز على فعالية الطلبة في استثارة مهارتهم الذهنية.

(٨) تفكير ابتكاري

نمط من التفكير يقوم على الاختراع والتجديد ويعتمد على ميزات سابقة.

(٩) تعزيز

تقديم مثير مرغوب فيه بهدف زيادة سلوك مرغوب فيه.

(١٠) تغذية راجعة

تعديل سلوك المتعلم الحالي على ضوء خبراته السابقة.

(١١) تفاصيل

قدرة المتعلم على دمج اجزاء مختلفة من وحدات جديدة في نسق واحد بناء على المعلومات المعطاة.

(١٢) تفكير داخلي

مجموعة العمليات الفعلية التي تتجه نحو موضوع ما.

(١٣) تداعي حر

سلسلة من الاستجابات حول موضوع معين أو ظاهرة محددة.

(١٤) تفكير حي

نمط من العمليات العقلية يدور حول اشياء محسوسة.

(١٥) تفكير تصوري

نمط من التفكير نستعين من خلاله بالصور المادية والحسية الملموسة.

(١٦) تفكير مجرد

هو ذلك التفكير الذي نعتمد به على الرموز والارقام، وهذا المستوى يكون شائعا عند الاطفال الكبار اكثر منه عند الصغار.

(١٧) تفكير منطقي استدلالي

نمط من العمليات المعرفية يتطلب استخدام اكبر قدر ممكن من المعلومات بهدف الوصول الى حلول تقاربية.

(١٨) تفكير منطقي حدسي

يعرف بأنه عملية ادراك للاشعورية للامكانيات والاحتمالات الكامنة وراء الاشياء.

(١٩) تفكير تحليلي
مجموعة العمليات العقلية التي يتم من خلالها تحليل ظاهرة معينة الى عناصرها.
(٢٠) تفكير ذاتي
نشاط فكري يقوم به الفرد لوصول الى حلول ونتائج وقد تكون بعيدة عن الناحية الموضوعية.
(٢١) تفكير منظم
هو ذلك النمط الذي يعتمد على طريقة علمية متسلسلة مترابطة حتى يتم الوصول الى نتائج دقيقة.

(ح)

(١) حوار
عملية تعليمية تقوم على تحديد اسس المناقشة بين شخصين ويتم التوصل الى حقائق وتعلم مفاهيم جديدة.
(٢) حدس
قدرة الفرد على الوصول الى حلول صحيحة دون ان يعرف كيف وصل إليها او دون مقترحات.

(خ)

(١) خيال ابتكاري
نمط من انواع الخيال يقوم على الانفعال والعاطفة، وهذا يكون موجودا لدى الفنانين والشعراء والادباء.

(س)

(١) سلوكية
نظرية تعرف التفكير بأنه الفترة الواقعة بين كل من المثير والاستجابة التي يرمز لها (R–S)

(ط)

(١) طلاقة

مجموعة الاستجابات الناتجة في وقت محدد مستندة الى مواقف معينة.

(ع)

(١) علم نفس تربوي

هو ذلك العلم الذي يدرس سلوك المتعلم داخل غرفة الصف ويضع النظريات لزيادة مستوى التعلم.

(ف)

(١) فرضية

حل مؤقت يضعه الباحث في قرارة نفسه حتى يصل الى حل.

(ل)

(١) لعب

سلسلة من الحركات الجسدية والانفعالية والعقلية والاجتماعية التي يقوم بها الاطفال بقصد اشباع حاجاتهم.

(٢) لعب ايهامي

هو اللعب الذي يقوم على التخيل.

(م)

(١) مرونة

مجموعة انماط التفكير الذي يتطلب توفير مقدار كبير من المعلومات.

(٢) مناقشة

عملية تعليمية، تؤدي للحصول على معلومات محددة ومتنوعة.

(٣) منطق

فرع من فروع الفلسفة يمارس عندما يحاول الفرد ان يبين الاسباب والمسببات والعلل التي تكمن وراء ظاهرة من الظواهر.

(٤) مشكلة

موقـف نفسيـ اجتماعـي علمـي بحاجـة الى حـل، او تعـرف عـلى مواقـف غامض.

(٥) مرحلة الاحتضان

تعرف بأنها مرحلة التريث والانتظـار وهـي بمثابـة الانطـلاق، حيـث تحـرر العقل من الكثير من الشوائب.

(٦) مرحلة الالهام

تعرف بأنها اللحظات التي تتولد منها افكار جديدة.

(٧) متغير

ظاهرة فيزيائية او اجتماعية او نفسية تؤثر او تتأثر بظاهرة اخرى.

(٨) مرونة

تعني تكيف الفرد وفقا لحوادث او متغيرات جديدة.

(ن)

(١) نموذج

خطة او برنامج لتصـميم معـين حـول موضـوع مـا بحيـث يكـون متكامـل وشامل.

(هـ)

(١) هدف

تصور مستقبلي لما سيقوم به الفـرد او يضـعه في قرارة نفسـه او مـا يريـد تحقيقه.

المراجع

المراجع العربية

(١) الاشول (عادل). - علم النفس النمو . - الطبعة الاولى.- القاهرة: مكتبة الانجلو المصرية، ١٩٨٢.

(٢) ابراهيم (عاطف). - عصمت (ابراهيم). - تعلم الاطفال في دور الحضانة: بين النظرية والتطبيق.- الطبعة الاولى. - القاهرة: مكتبة النهضة المصرية، ١٩٧٦.

(٣) ابو حطب (فؤاد). - سيد (أحمد عثمان). - التفكير. - الطبعة الأولى. - القاهرة: دار النهضة العربية، ١٩٦٣.

(٤) بلقيس (أحمد). - مرعي (توفيق). - الميسر في سيكولوجية اللعب.- الطبعة الاولى.- عمان: دار الفرقان للنشر والتوزيع، ١٩٨٢.

(٥) بياجة (جان).- البنوية ؛ ترجمة عارف منيمة وبشير اوبري.- الطبعة الاولى.- بيروت: منشورات عويدات، ١٩٨٠.

(٦) توق (محي الدين).- عدس (عبد الرحمن).- اساسيات في علم النفس التربوي.- الطبعة الاولى.- عمان: دار النشر العربية للطباعة، ١٩٨٤.

(٧) جون (كونجر) وآخرون.- سيكولوجية الطفولة والشخصية ؛ ترجمة أحمد عبد العزيز. - الطعبة الاولى. - القاهرة: دار النهضة العربية، ١٩٨٥.

(٨) حمدان (محمد زياد). - أدوات ملاحظة التدريس ومناهجها واستعمالاتها في تحسين التربية المدرسية.- الطبعة الاولى.- جده: الدار السعودية للنشر والتوزيع، ١٩٨٤.

(٩) خطاب (محمد). - محاضرات بعنوان توفير دافعية التعلم، آب ١٩٩٦.

(١٠) خطاب (محمد). - محاضرات بعنوان التعلم التعاوني: التعاون داخل الصف وخارجه، التعاون- التنافس- الفرد، ايلول ١٩٩٦.

(١١) خوالدة (محمد). - اللعب الشعبي عند الاطفال. - الطبعة الاولى. - عمان: مطبعة رفيدي. ١٩٨٧.

(١٢) ديورانت (ول). - قصة الفلسفة؛ ترجمة فتح الله محمد المشعشع. - الطبعة الاولى. - بيروت: مكتبة المعارف، ١٩٧٢.

(١٣) ركس (نايت). - الذكاء ومقاييسه؛ ترجمة عطية حنا. - الطبعة الاولى. - القاهرة: مكتبة النهضة العربية، ١٩٦٥.

(١٤) زهران (حامد عبد السلام). - علم النفس النمو. - الطبعة الاولى. - القاهرة: مكتبة النهضة المصرية، ١٩٧٢.

(١٥) زكي (أحمد صالح). - علم النفس التربوي. - الطبعة الأولى. - القاهرة: مكتبة النهضة المصرية، ١٩٧٢.

(١٦) صادق (يسرية) واخرون. - تصميم البرنامج التربوي للطفل. - الطبعة الاولى. - القاهرة: دار الفكر الجامعية، ١٩٨٦.

(١٧) عزت (أحمد راجح). - أصول علم النفس. - الطبعة الاولى. - القاهرة، المكتب المصري الحديث، ١٩٧٢.

(١٨) عبد الحميد (جابر). - علم النفس التربوي. - الطبعة الاولى. - القاهرة: دار النشر العربية، ١٩٨٢.

(١٩) عدس (محمد عبد الرحيم). - وعدنان (عارف). - رياض الاطفال. - الطبعة الاولى. - عمان: دار مجدلاوي للنشر، ١٩٨٣.

(٢٠) عدس (عبد الرحمن)، توق (محي الدين). - المدخل الى علم النفس، الطبعة الثانية. - عمان: مركز الكتب الاردني، ١٩٩٢.

(٢١) عبد الهادي (نبيل). - النمو المعرفي عند الاطفال. - الطبعة الاولى. - عمان: دار وائل للنشر والتوزيع، ١٩٩٩.

(٢٢) عبد الهادي (نبيل).- الملامح الاساسية لخطة تربية الطفل في الست سنوات الاولى في رياض الاطفال في الاردن ومدى ملاءمتها للاستراتيجيات التربية الحديثة، ٤٥٠ صفحة. اطروحة دكتوراة في التربية: جامعة القديس يوسف (بيروت): كلية الاداب والعلوم الانسانية: ١٩٩٥.

(٢٣) عبد الهادي (نبيل).- الوضع التربوي الاجتماعي الاسري واثره في موضوعات رسوم اطفال الصف الرابع الاساسي في منطقة عمان الثانية في الاردن. اطروحة دكتوراة في الاداب فئة أولى (التربية): جامعة القديس يوسف بيروت: معهد الاداب الشرقية: ٢٠٠٣.

(٢٤) فرحان (اسحق)، مرعي (توفيق).- تعليم المنهج التربوي: انماط تعليمية معاصرة.- الطبعة الاولى.- عمان: دار الفرقان، ١٩٨٤.

(٢٥) فيجوتسكي.- التفكير واللغة؛ ترجمة طلعت منصور.- الطبعة الاولى.- القاهرة: مكتبة انجلو المصرية، ١٩٨٦.

(٢٦) قطامي (يوسف).- تفكير الاطفال وتطوره وطرق تعليمه.- الطبعة الاولى.- عمان: الدار الاهلية للنشر والتوزيع، ١٩٩٠.

(٢٧) قطامي (نايفة)، برهوم (محمد).- طرق دراسة الطفل.- الطبعة الاولى. عمان: دار الشروق للنشر والتوزيع، ١٩٨٩.

(٢٨) موسى (عبدالله).- مدخل الى علم النفس.- الطبعة الاولى.- القاهرة: مكتبة انجانجي ١٩٨٦.

(٢٩) مشروع الاعلام والتنسيق التربوي.- ترجمات تربوية في التعلم النشط؛ ترجمة سالم عويس.- الطبعة الاولى.- فلسطين: رام الله، ١٩٩٨.

(٣٠) نشواتي (عبد المجيد).- علم النفس التربوي.- الطبعة الاولى.- عمان: دار الفرقان، ١٩٨٤.

المراجع الأجنبية

* Ausubal D.P, <u>Educational Psychology : Acognitive view</u>. – First Edirion. – New York: America Englewod cliffs, 1968.

* Barbara (Clark). <u>Orgnizing learning</u> First Edition. Merillend: Howell, 1986.

* Bruce (Joyce).- <u>Models of Teaching.-</u> First Edition.- New Jersey: Prenrice Hall. Englewood cliffs 1980.

* Edward (Bone).- <u>Teaching of Thinking.-</u> First Edition.- London: Temple smith, 1976.

* Thorndike (El).- <u>Educational psychology: The psychology of Learning.-</u> New York: Teacher collage pross 1956.

* Richard (Mayer).- <u>Thinking, Problem solving cognition.-</u> Second Edition.- New York, W.H. 1983.

* Ramji, T.- <u>Rating Scales of Personality:</u> Traits of <u>Primary school</u>.- New Delhi: Pupils Nation coucil of Education Research, 1983.

* Subdberg (N.D).- <u>Clinical psychology</u>.- London: Methuen and coltd, 1962.

* Skinner (B.F).- <u>Technology of Teaching</u> New York: Appleton Centary, 1967.

* Werner (H).- <u>Comparative Psychology of Mental Development-</u> First Edition. New York: International Univ Press 1951.